新基準
第5版

居宅ケアマネ
超実務的
現場ルールブック

五訂にあたり

『居宅ケアマネ 超実務的現場ルールブック』初版の刊行から9年，3回の改訂版を重ね，このたび第5版を出版することとなりました。今回の改訂版の刊行に至るまで，多くの皆さまが本書に目を留め，実務にお役立ていただいていることを大変うれしく思っております。

2000年4月，走りながら考えるとして始まった介護保険制度ですが，介護サービスの利用者数は右肩上がりに増加し，併せて求められるサービスの内容が多様化しています。これに応えるように，介護サービスの種類もまた多様化するとともに，基準や通知も複雑になりました。幾度にもわたる介護保険法及び省令並びに通知の改正，数え切れないほどのQ＆Aの発出や整理を経て今日に至っています。

介護報酬についても3年ごとの改定を繰り返し，そのたびに複雑さを増してきました。今後もさらに難解な仕組みの改定が繰り返されるのではないかとの不安を隠しきれません。

そうは言っても，他の介護サービスと同様，居宅介護支援も法令等に基づいた支援を提供し，それによって報酬を得るという"法令ビジネス"ですから，法令通知に則った事業運営に努めなければなりません。だからこそ，ケアマネジメントの知識・技術のみならず，法令通知等に根拠を求めることも大切なのです。

今回の改訂では，これまでの掲載内容を改廃し，『隔月刊誌 達人ケアマネ』に掲載した連載「居宅ケアマネ実務のQ＆A」の2015年8・9月号以降の内容を新たに加えたほか，2018年からの基準に対応した問答を本書のために書き下ろしました。介護支援専門員のみならず，数多くの介護保険に携わる皆さまに本書をお手に取っていただき，適正な業務遂行の一助としていただくことを願ってやみません。

第5版の刊行にあたっても，これまで同様，日総研の石原敏行氏をはじめスタッフの皆さまに力を貸していただきました。記して感謝申し上げます。

2019年6月

成澤正則

発刊にあたって

　思い起こせば，本書を書くきっかけは以前の職場での上司である峯田幸悦氏（山形県老人福祉施設協議会会長／特別養護老人ホームながまち荘荘長）のことばにあるように思います。

　1992年の春，わたしは山形市にある特別養護老人ホーム愛日荘へ寮父（現在の介護員）として就職しました。当時，愛日荘の生活指導員であった峯田氏は，20代前半のまだ若造だったわたしにとても好意的に接してくれ，事あるごとに「先を読んだ仕事をしろ」「とにかく文章を書け」「わからないことは人に聞くだけでなく，自分の目で調べる癖をつけろ」「法令通知を知らないと，この仕事はできないからしっかりと勉強しろ」と，愛情たっぷりに叱咤激励してくれたものでした。

　急速な高齢社会の到来に対応すべく，1994年9月に社会保険方式による公的介護制度創設の必要性を述べた社会保障制度審議会社会保障将来像委員会第二次報告が出され，同年12月には高齢者介護・自立支援システム研究会による「新たな高齢者介護システムの構築を目指して」と題した報告書がまとめられました。そして，1997年12月には介護保険法が成立するにいたりました。その後，介護保険法に関連する数え切れないほどの省令，告示，通知などが出され，「法令通知を知らないとこの仕事はできない」ということばの意味を思い知ることになりました。

　この頃のわたしは別の法人の在宅介護支援センターに籍を置いており，介護保険関連の情報を比較的早く入手することができました。というよりも，所属していた法人でも居宅介護支援事業を開始する関係から必然的に情報が必要であり，意識して情報を集めていました。とにかく新しい制度についていこうと必死でしたので，居宅介護支援や居宅サービスの運営基準，算定基準，解釈通知などが出るたびに，何度も何度も繰り返し目を通したものです。そして，介護支援専門員の業務が明らかになるにつれ，利用者の将来予測や居宅サービス計画作成などの能力が問われる業務であることがわかると，「先を読んだ仕事をしろ」「とにかく文章を書け」と言われたあのことばの重さを実感したのです。

　実際に介護支援専門員の業務が始まると，基準や通知を頭にたたき込んでいると

はいえ，それらには規定されていない数々の疑問が生じたり，あるいは他の介護支援専門員から質問を受けたりということが多くありました。その度に「わからないことは人に聞くだけでなく，自分の目で調べる癖をつけろ」という上司の言葉を思い出し，自分で納得がいくまで調べるようにしましたし，これは現在でも良い癖として身についています。峯田氏がいなければ今日の自分はなく，また本書も存在しなかったといっても過言ではありません。

本書は，このような自分自身が抱いた疑問やこれまでわたしがお受けした質問を書き留めておいたものを整理し，Q＆A形式にまとめた一冊です。できる限りの根拠もしっかりと示しておりますので，実務に携わる中で同じような疑問を抱いている介護支援専門員の方々にご活用いただくことを期待し，さらなる資質向上にお役立ていただきたいと願っております。

最後になりましたが，本書を出版するにあたり，日総研の石原敏行氏をはじめスタッフの皆様には多大なるご尽力を賜りましたこと，厚く感謝申し上げます。

2009年6月

成澤正則

本書活用にあたっての注意

本書は，法令通知等と照らし介護支援専門員が判断に迷ったり悩んだりした時の考え方を提示する内容ではありますが，現に都道府県や市区町村における見解の違いやローカルルールが存在することを考えると，本書の内容と都道府県や市区町村での取り扱いとに差違がないかといえばそうとも言い切れません。

したがって，都道府県や市区町村によって取り扱いが異なる場合もありますので，取り扱いの判断に迷うような個別具体的なケースにつきましては，本書のみに頼るのではなく，都道府県や市区町村へもご確認・ご協議いただいたうえでその対応方法を決定してください。

また，筆者の意向により法令通知等の重要部分を太字で強調してあります。

CONTENTS

居宅サービスの依頼・予約

Q1 要介護状態でも居宅サービスの利用意向がない利用者の場合
居宅介護支援の対象になるの？……… 15

Q2 個人情報を使用するに当たっては，
家族全員分の同意が必要なの？……… 18

Q3 居宅サービス利用に際しての健康診断書の作成は
誰が依頼するの？……… 20

Q4 介護保険被保険者証の写しを居宅サービス事業所へ
提供してもいいの？……… 22

Q5 居宅サービス事業所に主治医意見書のコピーを
提供してもいいの？……… 24

Q6 利用者の内服薬や使用中の薬の詳細まで居宅サービス事業所に
情報提供しなければならないの？……… 29

Q7 ショートステイ事業所側の原因でショートステイを
利用できなくなる場合，代替施設の予約は誰が行うの？……… 30

Q8 地域包括支援センターから新規要介護認定の申請日に
さかのぼって居宅介護支援の依頼を受けてほしいと言われたが，
受けても問題ないの？……… 33

課題分析（アセスメント）

Q9 認定調査とアセスメントを1回の訪問で行ってはいけないの？……… 36

Q10 更新認定に伴う再アセスメントは，
認定の有効期間満了月に行わなければならないの？……… 40

Q11 入院中の方のアセスメントも居宅訪問が必要なの？……… 43

サービス担当者会議・照会

Q12 居宅サービス計画の変更からわずかな間隔で更新認定時期を迎えるが、サービス担当者会議を開催しなければならないの？（第15号関連） ……… 45

Q13 サービス担当者会議には誰の参加が必要なの？ ……… 46

Q14 ケアプランの原案内容を検討するサービス担当者会議には、誰を招集したらいいの？ ……… 49

Q15 現行の居宅サービス計画に新たなサービスを追加する場合、以前から利用しているサービスの担当者にも参加してもらう必要はないの？ ……… 53

Q16 利用者が居宅介護支援事業所を変更する場合、前任の事業所が作成した居宅サービス計画をそのまま使用してもいいの？ ……… 56

Q17 更新認定時に入院中の利用者についても、居宅サービス計画変更の必要性の意見は必要なの？ ……… 59

Q18 短期目標の終了時期を迎えたら、サービス担当者会議の開催が必要なの？ ……… 61

Q19 居宅サービス計画を変更して間もなく更新認定を受けた場合、サービス担当者には照会しなくてもいいの？ ……… 66

Q20 以前の第5表「サービス担当者に対する照会（依頼）内容」を使用してはいけないの？ ……… 70

利用者からの同意

Q21 居宅サービス計画原案への同意の際の押印は、必ず第1表にもらわないといけないの？ ……… 73

Q22 居宅サービス計画原案への同意には、押印が必要なの？ ……… 76

Q23 押印はインキ浸透印では駄目なの？ ……… 78

Q24 理解力が著しく低下している方でも、計画への同意は本人からいただかないといけないの？ ……… 79

Q25 サービス利用票の利用者確認欄は、押印だけでは駄目なの？ ……… 80

居宅サービス計画の交付

Q26 理学療法士，作業療法士または言語聴覚士による訪問看護を利用する場合，訪問看護費を算定しての定期的な看護職員の訪問も居宅サービス計画に位置づけなければならないの？……… 84

Q27 利用者の同意が明記された居宅サービス計画の原本は，写しを居宅サービス事業所に交付しなければいけないの？……… 86

第1表から第3表の取り扱い

Q28 「認知症加算」を算定する通所介護事業所がある場合，利用者や事業所へ交付する居宅サービス計画に認知症自立度を記載しなければならないの？……… 90

Q29 居宅サービス計画書の第1表から第3表も毎月交付するの？……… 94

Q30 居宅サービス事業所に交付する居宅サービス計画は，利用者の同意が記されたものでなければいけないの？……… 95

Q31 主治医が複数いる利用者の場合，居宅サービス計画を複数の医師に交付することになるの？……… 97

Q32 居宅サービス計画書に「長期目標」欄と「短期目標」欄の区別は必要なの？……… 99

Q33 ケアプランの短期目標は必ず記入するものなの？……… 103

Q34 短期目標は3カ月で設定しなければならないの？……… 106

Q35 長期目標と短期目標の「期間」は，○年○月○日〜○年○月○日と記載しなければならないの？……… 108

Q36 計画書のサービス内容欄には，個別加算に関するものを記載しなければならないの？……… 110

Q37 通所介護事業所以外の場所（屋外）でサービスを提供する場合も居宅サービス計画へ位置づけなければならないの？……… 113

- Q38 訪問介護の「身体生活」を居宅サービス計画に位置づける場合も理由欄への記載が必要なの？……… 116
- Q39 医療サービスを位置づける場合，主治医意見書で確認するだけでは駄目なの？……… 122
- Q40 医療サービスの利用にあたって主治医に確認した意見は，居宅介護支援事業所を変更した先でも有効なの？……… 125
- Q41 体調の変化等により，週によってサービス利用回数が変動する方の頻度の記載方法は？……… 129
- Q42 居宅サービス計画を変更する際には，原案の作成からでいいの？…… 130

第6表および第7表の取り扱い

- Q43 サービス利用票を何カ月分かまとめて交付してもいいの？……… 132
- Q44 サービス利用票は月の下旬に交付するの？……… 136
- Q45 月の途中でサービス利用票と別表に変更が生じた場合，交付済みのものは保管の必要があるの？……… 138
- Q46 事業所からの依頼があれば，実績と同じようにサービス提供票を作り直さないといけないの？……… 139
- Q47 予定した居宅サービス計画が区分支給限度基準額を超える場合，1回のサービスに保険適用分と保険外分が混在してはいけないの？……… 142
- Q48 「区分支給限度基準を超える単位数」をどの事業所に割り振るかの決まりはあるの？……… 144

個別サービス計画の提出依頼

- Q49 2015年の介護保険制度改正により，介護支援専門員はサービス事業者に個別サービス計画の提出を求めることになりましたが，提供されたら何をすればいいの？……… 148

居宅サービス計画の変更

Q50 厚生労働省が例示しているもの以外は,
軽微な変更にはあたらないの?……… 153

Q51 事業所内で担当の介護支援専門員が交代する場合,
ケアプランの再作成は必要なの?……… 156

Q52 要介護状態区分の変更を申請したら,
ケアプラン内容が大きく変わらなくても
再度ケアプランを作成しなければいけないの?……… 160

Q53 居宅介護支援事業所を移転し,事業所の名称変更もする場合,
居宅サービス計画の変更は必要?……… 164

居宅サービス費の算定

Q54 体験利用と称してサービスを利用した場合,
報酬算定はできるの?……… 167

Q55 2時間以上の間隔を空けない訪問介護の利用を考えているが
可能なの?……… 170

Q56 尿カテーテル挿入後,訪問看護を利用していなくても,
特別管理加算を算定できるの?……… 171

Q57 利用者が通所サービスの利用中に
サービス担当者会議を開催してはいけないの?……… 173

Q58 訪問入浴介護は,寝たきりの状態の人しか利用できないの?……… 175

Q59 利用者がデイサービスの利用を途中でやめることになり,
「2時間以上3時間未満」となったが,
保険算定できないの?……… 178

Q60 通所介護で,入浴を中止し身体清拭を行った場合,
入浴介助加算は算定できるの?……… 181

Q61 年末に送迎と入浴のみの通所介護は可能なの?……… 183

- Q62 通所介護の認知症加算算定終了日はいつ？……… 185
- Q63 「旅行へ行く時に車いすをレンタルしたい」は認められるの？……… 188
- Q64 福祉用具貸与事業所を変更した月の福祉用具貸与費の計算方法は？……… 191
- Q65 特殊寝台と一緒にマットレスもレンタルする場合，マットレスが必要な理由も必要なの？……… 194
- Q66 認知症老人徘徊感知機器は，外出してしまう利用者でなければレンタルできないの？……… 199
- Q67 居宅サービス計画書（2）に位置づけのない短期入所サービスは，介護保険が適用されないの？……… 202
- Q68 「認定の有効期間のおおむね半数」を超えてショートステイを利用することはできないの？……… 205
- Q69 短期入所サービスの有効期間半数超えの必要性は誰が決めるの？……… 207
- Q70 要介護認定の有効期間の半数を超える日数での短期入所サービスは利用できないという取り扱いは適正なの？……… 210
- Q71 介護保険の単位が一部含まれる短期入所サービスは，おおむね半数のカウントに含まれるの？……… 214
- Q72 ショートステイの利用途中に個室から多床室へ移った場合，その日はどちらで算定するの？……… 217
- Q73 短期入所生活介護の予約を忘れており明日から利用したいという場合も，緊急短期入所受入加算に該当するの？……… 219
- Q74 短期入所生活介護に引き続き短期入所療養介護を利用した場合，30日を超えるかどうかはどのようにカウントするの？……… 222
- Q75 短期入所サービスで土日の送迎を実施していないため，利用者・家族が通院等乗降介助を希望されたが算定できるの？……… 224
- Q76 居宅サービス計画を交付する前の居宅サービス利用は可能なの？……… 227

モニタリング

Q77 モニタリングではどのような事柄を把握しなければ
ならないの？……… 232

Q78 モニタリングは，家族とも毎月面接していないと
指導の対象になるの？……… 233

Q79 再アセスメントを行った月は，
モニタリングを行わなくても減算にならないの？……… 236

Q80 連続してショートステイを利用し，居宅を訪問してのモニタリングが
できない利用者は減算が適用になるの？……… 240

Q81 サービス利用を開始する月にモニタリングできなければ
減算なの？……… 243

Q82 利用者がインフルエンザに罹患していても，
モニタリング訪問しなければならないの？……… 247

居宅介護支援の加算算定・減算適用

Q83 特定事業所加算を算定する場合，利用者を担当しない管理者も
介護支援専門員の数に含まれるの？……… 250

Q84 「利用者に関する情報又はサービス提供に当たっての
留意事項に係る伝達等を目的とした会議」は，
主任介護支援専門員が行わなければならないの？……… 253

Q85 口頭での情報伝達でも，入院時情報連携加算は算定可能なの？……… 255

Q86 居宅サービス計画交付前にサービスを利用した場合は，
居宅介護支援運営基準減算が適用されてしまうの？……… 259

Q87 前任者の書類不備が見つかりました。どう対応したらいいの？…… 261

書類の保存

Q88 保存義務のある書類は，紙でなければならないの？……… 265

Q89 居宅介護支援の終了日から2年間は
記録を保存しなければならないの？……… 267

入院中の方への対応

Q90 退院後は在宅ではなく施設利用を希望されている方に対し，
介護支援専門員が施設を紹介しなければならないの？……… 270

Q91 入院中で在宅生活の再開を予定している利用者については
課題分析を行わなくてもいいの？……… 272

要介護認定の申請

Q92 認定の申請はどのような利用者であれ，
介護支援専門員が申請を代行しなければならないの？……… 274

Q93 要支援から要介護への変更は，
どうして区分変更認定じゃないの？……… 276

要介護認定の訪問調査

Q94 認定調査員が事実と異なることを調査票に記載しても
問題ないの？……… 280

要介護認定の認定結果

Q95 要支援状態と見込んでいたが要介護状態との認定結果だった場合，
前月の給付管理票はどうしたらいいの？……… 284

国保連請求

Q96 居宅サービス事業所が過剰に保険請求してしまった場合，居宅介護支援事業所からも再度国保連へ書類を提出しないといけないの？……… 286

居宅介護支援事業所の変更

Q97 居宅介護支援事業所を変更する場合，どのような書類を交付しなければならないの？……… 289

居宅サービス事業所との関係

Q98 お中元やお歳暮を受け取ってはいけないの？……… 292

Q99 居宅サービス事業所から「支払いが滞っている利用者がいるので次の訪問時に集金してきてほしい」と言われたが，介護支援専門員が行うべきなの？……… 294

居宅介護支援の人員体制

Q100 常勤専従の介護支援専門員は，39件まで担当してもいいの？……… 297

Q101 日直時に併設事業所の業務に入っているが，専従の取り扱いになるの？……… 301

Q102 管理者が月をまたいで入院する予定だが，管理者変更の手続きは必要なの？……… 304

Q103 月の途中で介護支援専門員が減員となり，補充されずに1人当たり40件以上を担当することになった場合，その月の居宅介護支援費はどうなるの？……… 308

居宅サービスの依頼・予約

Q1 要介護状態でも居宅サービスの利用意向がない利用者の場合居宅介護支援の対象になるの？

本人と妻，息子の3人暮らし。本人は寝たきりの状態で要介護4の認定を受けています。要介護認定を受けてはいますが，初めて認定を受けてからこれまで，居宅サービスを利用したことは一度もありません。介護用ベッドや床ずれ防止用具は，介護保険制度が始まる以前に日常生活用具給付等事業で給付を受けています。車いすも知人から譲り受けたものがあり，これを使用しています。

居宅サービスを利用していないにもかかわらず，なぜ更新認定を受けているのかといえば，居宅サービスを利用していない重度の要介護状態にある方の介護者を対象にした介護手当を妻が受けているからです。

この方の担当になった当初から居宅サービスの定期的な利用意向はありませんでしたし，現在でも居宅サービスを定期的に利用するお気持ちはありません。介護支援専門員からみても問題なく介護をされているので，無理に居宅サービスを利用する必要はないと考えています。

実はこの方との初めての面接の際，居宅介護支援の契約を結び，居宅サービス計画作成依頼届出書を保険者に提出済みです。こちらの保険者には居宅サービス計画作成終了届出書のようなものはないので，一度提出したらそのままになっていることがよくあります。

このように，担当になった当初から現在も居宅サービスの利用に結び付く方ではないのですが，要介護状態にあり居宅サービス計画作成依頼届出書を提出しているのであれば，居宅サービスの利用意向がなくても居宅介護支援の対象になるのでしょうか。

A1 居宅サービスを利用する見込みがない方は，居宅介護支援の対象とはならないでしょう。

ご質問にある方は，契約上は居宅介護支援事業所の利用者になるかもしれませんが，何も介護報酬（居宅介護支援費）に結び付かないという理由からではなく，居宅介護支援とは何かを考えた時，その対象にはならないと考えられます。なぜなら，

介護保険法にある居宅介護支援の定義に照らしてみると、この定義からは外れると考えられるからです。

　介護保険法第8条第24項によると、居宅介護支援とはまず、居宅要介護者が対象であることが規定されています。この方は要介護4の認定を受けておりますし、居宅において介護を受けていますので、居宅要介護者の規定に合致します。なお「居宅」には、いわゆる居宅（自宅）に限らず、養護老人ホーム、軽費老人ホーム、有料老人ホームも含まれます。

　また同項には、指定居宅サービス等の適切な利用等をすることができるよう、居宅サービス計画を作成することも規定されていますが、焦点になるのはこの部分です。「指定居宅サービス等」とは何かというと、①指定居宅サービスまたは特例居宅介護サービス費に係る居宅サービス若しくはこれに相当するサービス、②指定地域密着型サービスまたは特例地域密着型介護サービス費に係る地域密着型サービスもしくはこれに相当するサービス、③その他の居宅において日常生活を営むために必要な保健医療サービスまたは福祉サービスを指しています。①と②は介護保険法に規定があるのですが、③の「保健医療サービス」「福祉サービス」については明確な規定がありません。このことから、市町村が実施する保健医療サービスや福祉サービスを指すと考える方もいらっしゃいます。

　しかし、介護保険法第1条や第2条第3項を読むと、それほど広いとらえ方ではないようです。第1条には「必要な保健医療サービス及び福祉サービスに係る給付を行うため」、第2条第3項には「第1項の保険給付は、（略）適切な保健医療サービス及び福祉サービスが、多様な事業者又は施設から、総合的かつ効率的に提供されるよう」とあるように、いずれの条項においても「保健医療サービス」「福祉サービス」は、保険給付される範疇にあることがわかります。「その他の居宅において日常生活を営むために必要な保健医療サービス・福祉サービス」として具体的にどのようなものがあるかといえば、市町村特別給付として市町村が条例で定めた独自のサービスなどが該当するでしょう。

　このように考えると、介護保険法上の居宅介護支援の対象者は、保険給付されるサービスを利用する居宅要介護者であることがわかります。ご質問にある利用者は、現状では居宅介護支援の対象にはならないと考えられます。

【参考】

介護保険法

第1条 この法律は，加齢に伴って生ずる心身の変化に起因する疾病等により要介護状態となり，入浴，排せつ，食事等の介護，機能訓練並びに看護及び療養上の管理その他の医療を要する者等について，これらの者が尊厳を保持し，その有する能力に応じ自立した日常生活を営むことができるよう，必要な保健医療サービス及び福祉サービスに係る給付を行うため，国民の共同連帯の理念に基づき介護保険制度を設け，その行う保険給付等に関して必要な事項を定め，もって国民の保健医療の向上及び福祉の増進を図ることを目的とする。

第2条 介護保険は，被保険者の要介護状態又は要支援状態（以下，「要介護状態等」という。）に関し，必要な保険給付を行うものとする。

［略］

3 第1項の保険給付は，被保険者の心身の状況，その置かれている環境等に応じて，被保険者の選択に基づき，適切な保健医療サービス及び福祉サービスが，多様な事業者又は施設から，総合的かつ効率的に提供されるよう配慮して行われなければならない。

第8条

2 この法律において「訪問介護」とは，要介護者であって，居宅（老人福祉法（昭和38年法律第133号）第20条の6に規定する軽費老人ホーム，同法第29条第1項に規定する有料老人ホーム（第11項及び第20項において「有料老人ホーム」という。）その他の厚生労働省令で定める施設における居室を含む。以下同じ。）において介護を受けるもの（以下「居宅要介護者」という。）について，その者の居宅において介護福祉士その他政令で定める者により行われる入浴，排せつ，食事等の介護その他の日常生活上の世話であって，厚生労働省令で定めるもの（定期巡回・随時対応型訪問介護看護（第15項第2号に掲げるものに限る。）又は夜間対応型訪問介護に該当するものを除く。）をいう。

24 この法律において「居宅介護支援」とは，居宅要介護者が第41条第1項に規定する指定居宅サービス又は特例居宅介護サービス費に係る居宅サービス若しくはこれに相当するサービス，第42条の2第1項に規定する指定地域密着型サービス又は特例地域密着型介護サービス費に係る地域密着型サービス若しくはこれに相当するサービス及びその他の居宅において日常生活を営むために必要な保健医療サービス又は福祉サービス（以下この項において「指定居宅サービス等」という。）の適切な利用等をすることができるよう，当該居宅要介護者の依頼を受けて，その心身の状況，その置かれている環境，当該居宅要介護者及びその家族の希望等を勘案し，利用する指定居宅サービス等の種類及び内容，これを担当する者その他厚生労働省令で定める事項を定めた計画（以下この項，第115条の45第2項第3号及び別表において「居宅サービス計画」という。）を作成するとともに，当該居宅サービス計画に基づく指定居宅サービス等の提供が確保されるよう，第41条第1項に規定する指定居宅サービス事業者，第42条の2第1項に規定する指定地域密着型サービス事業者その他の者との連絡調整その他の便宜の提供を行い，並びに当該居宅要介護者が地域密着型介護老人福祉施設又は介護保険施設への入所を要する場合にあっては，地域密着型介護老人福祉施設又は介護保険施設への紹介その他の便宜の提供を行うことをいい，「居宅介護支援事業」とは，居宅介護支援を

行う事業をいう。
第18条　この法律による保険給付は，次に掲げる保険給付とする。
一　被保険者の要介護状態に関する保険給付（以下「介護給付」という。）
二　被保険者の要支援状態に関する保険給付（以下「予防給付」という。）
三　前2号に掲げるもののほか，要介護状態又は要支援状態の軽減又は悪化の防止に資する保険給付として条例で定めるもの（第5節において「市町村特別給付」という。）
第62条　市町村は，要介護被保険者又は居宅要支援被保険者（以下「要介護被保険者等」という。）に対し，前2節の保険給付のほか，条例で定めるところにより，市町村特別給付を行うことができる。

介護保険法施行規則
（法第8条第2項の厚生労働省令で定める施設）
第4条　法第8条第2項の厚生労働省令で定める施設は，老人福祉法（昭和38年法律第133号）第20条の4に規定する養護老人ホーム（以下「養護老人ホーム」という。），同法第20条の6に規定する軽費老人ホーム（以下「軽費老人ホーム」という。）及び同法第29条第1項に規定する有料老人ホーム（以下「有料老人ホーム」という。）とする。

Q2 個人情報を使用するに当たっては，家族全員分の同意が必要なの？

　私は最近，6年間勤めたA居宅介護支援事業所を退職し，現在はB居宅介護支援事業所に籍を置いています。現在の事業所では25人の利用者を担当していますが，B居宅介護支援事業所で仕事をするようになってしばらくたち，仕事にも慣れてきたことから，新規の利用者を任されることになりました。この利用者は子夫婦と同居しており，3人暮らしです。現在は要支援2の認定を受け，B居宅介護支援事業所と併設のデイサービスセンターを週2回利用しています。先月初めに更新認定の申請を行ったところ，認定結果は要介護1であり，介護予防支援事業所から紹介がありました。来月から私が担当することになります。

　介護予防支援事業所の職員と一緒にこの利用者宅を訪問した時のことです。要介護1で利用できる居宅サービスの説明，重要事項説明書の内容説明，契約の締結など，居宅介護支援の開始にあたっての必要な手続きをとりました。併せて個人情報使用の同意も書面によりもらったのですが，現在の事業所で使用している個人情報使用同意書の同意欄には「利用者」と「家族代表」の2人分の記入欄しかありません。その場では「利用者」欄にのみ記入してもらい，事業所へ戻って先輩に「本人以外に同居の家族が2人いるのですが，代表者からの同意だけでよいのでしょう

か。家族全員分の同意はいらないのですか」と確認しました。すると，その先輩から「自分が着任した時にはすでに『家族代表』という書式であり，これで問題ないと思って使ってきた。実地指導があった際に個人情報使用同意書も確認されているが，この内容についての指導はなかったので，現在のままでよいのではないか」という答えが返ってきました。

「指定居宅介護支援等の事業の人員及び運営に関する基準」には「利用者の家族の個人情報を用いる場合は当該家族の同意を，あらかじめ文書により得ておかなければならない（第23条第3項）」とあります。ですから，私は，今回の利用者の場合には子夫婦のそれぞれから同意を得ておかなければならないと考えるのですが，実際のところどうなのでしょうか。

A2 「家族の代表」からの同意で差し支えありません。

居宅介護支援の実務においては，本人のことだけを知っていればよい，あるいはサービス提供機関と情報共有していればよいということではなく，家族の状況や生活環境も情報共有することが求められます。したがって，家族の個人情報を使用するにあたっては家族の同意も得ることになるわけですが，個人情報を取り扱う介護支援専門員の立場で考えれば，その取り扱いには慎重にならざるを得ないことも容易に察することができます。

質問にあるように，個人情報を使用するにあたりあらかじめ同意を得なければならないことは，「指定居宅介護支援等の事業の人員及び運営に関する基準」（運営基準）の第23条第3項に「秘密保持」として規定されています。ただし，この規定では，質問内容にある子夫婦のそれぞれからの同意が必要なのか，それとも子夫婦のいずれかからの同意が必要なのかが，はっきりしません。

そこで，運営基準をより明確にした「指定居宅介護支援等の事業の人員及び運営に関する基準について」（解釈通知）を見ると，「利用者及びその家族の代表から，連携するサービス担当者間で個人情報を用いることについて包括的に同意を得ることで足りる」というように，「家族の代表」からの同意で足りるとされています。

このことから，子夫婦のいずれかからの同意でよいことになります。本人が家族の代表者であるような場合は，「利用者」と「家族代表」の両方の欄に本人の氏名が入っても差し支えないでしょう。

【参考】

指定居宅介護支援等の事業の人員及び運営に関する基準

(秘密保持)

第23条

3 指定居宅介護支援事業者は，サービス担当者会議等において，利用者の個人情報を用いる場合は利用者の同意を，利用者の家族の個人情報を用いる場合は当該家族の同意を，あらかじめ文書により得ておかなければならない。

指定居宅介護支援等の事業の人員及び運営に関する基準について

第2の3の（15） 秘密保持

③ 基準第3項は，介護支援専門員及び居宅サービス計画に位置付けた各居宅サービスの担当者が課題分析情報等を通じて利用者の有する問題点や解決すべき課題等の個人情報を共有するためには，あらかじめ，文書により利用者及びその家族から同意を得る必要があることを規定したものであるが，この同意については，指定居宅介護支援事業者が，指定居宅介護支援開始時に，利用者及びその家族の代表から，連携するサービス担当者間で個人情報を用いることについて包括的に同意を得ることで足りるものである。

Q3 居宅サービス利用に際しての健康診断書の作成は誰が依頼するの？

利用者からデイサービスの新規利用相談があり，アセスメントの結果から，介護支援専門員の私としてもデイサービスの利用が必要と判断しましたので，利用者が希望するデイサービスセンターへ空き状況の確認や申し込みにあたっての注意事項などの問い合わせをしました。

すると，問い合わせ先のデイサービスセンターの生活相談員から「利用にあたっては，健康診断書を提出してもらうことにしています。最近の3カ月間で作成した健康診断書があればそのコピーでも結構ですが，ないようでしたら当センターの健康診断書様式をお渡しするので，介護支援専門員から利用者に対して作成を依頼してください」と言われました。

利用者に確認したところ，最近作成した健康診断書はないとのことで，新たに健康診断書を作成することになりそうなのですが，私としては，どうも納得がいきません。このような場合，利用者に対して介護支援専門員が健康診断書の作成を依頼しなければならないのでしょうか。

A3 居宅サービス事業所が利用者へ依頼します。健康診断書は，利用者と居宅サービス事業所との合意の下で作成しなければなりません。

　ご相談の中には，大きく2つの疑問があるように思います。

　1つ目は，ご相談にあるように「**利用者に対する健康診断書の作成を誰が説明するのか**」との疑問です。

　これは，健康診断書の作成にかかる費用を，利用者とデイサービスセンターのどちらが負担するかを協議する必要もあることから，介護支援専門員が間に入って便宜を図るのではなく，デイサービスセンター職員からの直接の説明により当事者間でお話しされるとよいでしょう。

　2つ目は，「**居宅サービスの利用にあたって，健康診断書の作成を求めることは適当なことなのか**」との疑問です。

　これは，デイサービスに関していえば安易に健康診断書の作成を求めることは望ましいとはいえず，まずはサービス担当者会議における情報の共有や主治医からの情報提供等，他の方法で健康状態に関する情報の収集に努める必要があります。それでもなお健康診断書による把握が必要であれば，その必要性を説明し，費用負担方法についても合意を得て，利用者が納得のうえで作成されなければならないものでしょう。

【参考】
運営基準等に係るQ&A
Ⅱサービス利用前の健康診断の扱い

> 1【サービス利用前の健康診断の費用負担とサービス提供拒否について】
> 　サービスを提供する前に利用者に健康診断を受けるように求めることはできるか。また，健康診断書作成に係る費用の負担はどのように取り扱うべきか。

（答）
1　施設系サービス並びに認知症対応型共同生活介護及び特定施設入所者生活介護の場合の取扱いについて

　介護老人福祉施設，介護老人保健施設，認知症対応型共同生活介護，特定入所者生活介護については，利用者が相当期間以上集団的な生活を送ることが想定されることから，健康診断書の提出等の方法により利用申込者についての健康状態を把握することは必要と考えられ，主治医からの情報提供等によっても必要な健康状態の把握ができない場合には，別途利用者に健康診断書の提出を求めることは可能であり，その費用については原則として利用申込者が負担すべきものと考えられる。また，こうした求めに利用申込者が応じない場合はサービス提供拒否

の正当な事由に該当するものと考えられる。

2　1以外のサービスの場合の取扱いについて

　その他の居宅サービス（訪問介護，訪問入浴介護，通所介護，短期入所生活介護及び介護老人保健施設における短期入所療養介護）については，通常相当期間以上にわたって集団的な生活を送るサービスではないことから，必ずしも健康診断書の提出等による事前の健康状態の把握が不可欠であるとは言えないが，サービス担当者会議における情報の共有や居宅療養管理指導による主治医からの情報提供等によっても健康状態の把握ができない場合に事業所として利用申込者に健康診断書の提出を求めることは可能であり，その費用の負担については利用申込者とサービス提供事業者との協議によるものと考える。しかし，そうした求めに利用申込者が応じない場合であっても，一般的にはサービス提供拒否の正当な事由に該当するものではないと考えられる。

　なお，短期入所生活介護，介護老人保健施設における短期入所療養介護については，集団的なサービス提供が相当期間以上にわたる場合も考えられるが，居宅サービスとして位置づけられ，利用者からの緊急な申込みにも対応するという役割を担うべきことから，**利用申込者からの健康診断書の提出がない場合にもサービス提供を拒否することは適切ではない。**

3　現行制度の活用について

　事業者が利用申込者に関する健康状態を把握する場合には，利用申込者の負担軽減の観点からも，**第一にサービス担当者会議における情報の共有や居宅療養管理指導による主治医からの情報提供といった現行制度の活用に努めることが望ましい。**

　なお，事業者が安易に健康診断書の提出を求めるといった取扱いは適切でない。

　また，以上のことは市町村等において健康診断及び健康診断書作成に係る費用の肩代わりや補助を妨げるものではない。

Q4 介護保険被保険者証の写しを居宅サービス事業所へ提供してもいいの？

　新規の居宅介護支援の依頼があり，暫定居宅サービス計画に基づいて訪問介護の利用を開始した利用者がいます。その利用者が「認定の結果が出たからあなたに見せたい」と，居宅介護支援事業所へ訪ねてきましたので，介護保険被保険者証をお借りしてコピーを取らせていただきました。そして，その場ですぐにコンピュータへ情報を再入力し，「認定済」とした居宅サービス計画一式をお渡ししました。

　すぐに訪問介護事業所へも居宅サービス計画を持参したのですが，その際，「介護保険被保険者証の写しがあるのだったら，うちの事業所にコピーを分けてくれないか」と言われました。しかし，「利用者の許可を得ているわけではないので，応じることはできません」とお断りすると，嫌な顔をされてしまいました。

A4 居宅サービス事業所自らが介護保険被保険者証を確認しなければなりません。

　介護支援専門員が作成する居宅サービス計画には，介護保険被保険者証から転記する部分が数多くありますので，これによりある程度の記載内容を把握することはできます。しかし，転記の誤りも考えられますし，転記を要しない記載事項もあるため，やはり介護保険被保険者証そのものを確認するのは必要なことだと思います。

　さて，その写しを居宅サービス事業所へ提供しても差し支えないかとのご質問ですが，これは望ましいことではありません。利用者の同意がない状況ではなおさらです。

　介護保険法並びに介護保険法施行規則の規定により，利用者は被保険者証を提示して居宅サービスを利用しなければならないことになっておりますので，居宅サービス事業所としては，利用者からの提示がない場合には，これを求めるように努めなければならないといえるでしょう。

　利用者の死亡やサービスの中止などにより，今後は直接的に被保険者証を確認するのが難しいなどの特別な状況を除いては，居宅サービス事業所が直接確認すべき事柄です。

【参考】

介護保険法

（居宅介護サービス費の支給）

第41条

　3　指定居宅サービスを受けようとする居宅要介護被保険者は，厚生労働省令で定めるところにより，自己の選定する指定居宅サービス事業者について，**被保険者証を提示して，当該指定居宅サービスを受けるものとする。**

介護保険法施行規則

（被保険者証の提示等）

第63条　居宅要介護被保険者は，**指定居宅サービス**（法第41条第1項に規定する指定居宅サービスをいう。以下同じ。）**を受けるに当たっては，その都度，指定居宅サービス事業者に対して被保険者証及び負担割合証を提示しなければならない。**

Q5 居宅サービス事業所に主治医意見書のコピーを提供してもいいの？

利用者からデイサービスの利用相談がありました。要介護認定の申請は済ませており，申請の際に市役所の窓口で居宅介護支援事業所を紹介されたとのことで，当事業所に利用者から直接電話がかかってきました。

この利用者の知人がデイサービスを利用しており，知人からの誘いがあったのでデイサービスを利用してみようと思ったとのこと。このような利用の動機ですので，知人と同じ曜日の利用を希望しています。

早速ご希望のデイサービスセンターへ問い合わせをしたところ，利用定員には余裕があるので利用は可能との返事をいただき，数日後に自宅でサービス担当者会議を開催する約束をしました。

約束の当日，サービス担当者会議は何事もなくスムーズに終わり，要介護認定の結果が出ていませんが，要介護1を見込んでの暫定居宅サービス計画に基づいて，4日後からデイサービスの利用を開始することになりました。

サービス担当者会議の終了後，デイサービスセンターの生活相談員から呼び止められて「介護支援専門員が市町村から主治医意見書を入手し，これのコピーをデイサービスセンターへも提供してほしい」と言われたのですが，介護支援専門員の判断で居宅サービス事業所へ主治医意見書をコピーして渡してもよいものなのでしょうか。

A5 介護支援専門員が持っている主治医意見書をコピーして居宅サービス事業所に提供するのは不適切です。

主治医意見書は，主として介護認定審査会での審査（二次判定）に用いるために作成する書類ですが，厚生労働省の通知によると，介護サービス計画の作成に利用するとの目的で，なおかつ本人および主治医の同意がある場合には，地域包括支援センター，居宅介護支援事業者，居宅サービス事業者，介護保険施設の関係人などに提示できることになっています。

「介護サービス計画」というと「介護サービス計画書の様式及び課題分析標準項目の提示について（老企第29号）」に定める居宅サービス計画書と施設サービス計画書を指すものと考える向きがありますが，市町村が主治医意見書を提示できる機関には地域包括支援センター，居宅サービス事業者が位置づけられていることか

ら，ここでは広く，介護予防サービス計画書や個別援助計画書（訪問介護計画や訪問看護計画書など）も含むものととらえることができます。また，その目的に照らした場合，小規模多機能型居宅介護事業者や認知症対応型共同生活介護事業者など，地域密着型サービスを提供する事業者も市町村が主治医意見書を提示できる機関に含むと考えます。

さて，「介護支援専門員の判断で居宅サービス事業所へ主治医意見書をコピーして渡してもよいものか」についてですが，これは，居宅介護支援事業者が居宅サービス計画の作成に利用するとの目的で提示を受けた主治医意見書を，その目的の範疇を超えて利用するという目的外利用にあたるため，コピーは渡すべきではないでしょう。この扱いについて，市町村によっては条例を定めているところもありますので，介護支援専門員としては慎重に取り扱うことが求められます。

厚生労働省の通知に従って介護認定審査会資料を提示している市町村でしたら，デイサービスにも提示してもらうことはできるわけですから，介護支援専門員に対してコピーを求めるのではなく，市町村に対して直接提示を求めるようにアドバイスしたらよいのではないでしょうか。

また，デイサービスセンターの生活相談員が欲しいのは主治医意見書ではなく，そこに記載された「傷病に関する意見」や「心身の状態に関する意見」「生活機能とサービスに関する意見」などであるとしたら，主治医意見書のコピーを提供することはできなくても，情報を共有することはできます。

「介護支援専門員は，サービス担当者会議（介護支援専門員が居宅サービス計画の作成のために，利用者及びその家族の参加を基本としつつ，居宅サービス計画の原案に位置付けた指定居宅サービス等の担当者（以下この条において「担当者」という。）を召集して行う会議をいう。以下同じ。）の開催により，利用者の状況等に関する情報を担当者と共有するとともに，当該居宅サービス計画の原案の内容について，担当者から，専門的な見地からの意見を求めるものとする。ただし，利用者（末期の悪性腫瘍の患者に限る。）の心身の状況等により，主治の医師又は歯科医師（以下この条において「主治の医師等」という。）の意見を勘案して必要と認める場合その他のやむを得ない理由がある場合については，担当者に対する照会等により意見を求めることができるものとする」（運営基準第13条第9号）というように，サービス担当者会議の規定に「利用者の状況等に関する情報を担当者と共有」することが位置づけられていますので，サービス担当者会議を有効活用する方法もあります。

【参考】
要介護認定・要支援認定・要介護更新認定・要支援更新認定申請書

介護保険 要介護認定・要支援認定・要介護更新認定・要支援更新認定 申請書

○○市（町村）長　様

次のとおり申請します。

申請年月日　令和　　年　　月　　日

<table>
<tr><td rowspan="8">被保険者</td><td colspan="2">被保険者番号</td><td></td><td colspan="2">個人番号</td><td></td></tr>
<tr><td colspan="2">フリガナ</td><td></td><td>生年月日</td><td colspan="2">明・大・昭　年　月　日</td></tr>
<tr><td colspan="2">氏名</td><td></td><td>性別</td><td colspan="2">男　・　女</td></tr>
<tr><td colspan="2">住所</td><td colspan="4">〒

電話番号</td></tr>
<tr><td colspan="2">前回の要介護認定の結果等
・要介護・要支援更新認定の場合のみ記入</td><td colspan="4">要介護状態区分　1　2　3　4　5　　要支援状態区分　1　2

有効期限　令和　年　月　日から令和　年　月　日</td></tr>
<tr><td rowspan="4">過去6月間の介護保険施設医療機関等入院，入所の有無</td><td>介護保険施設の名称等・所在地</td><td colspan="2"></td><td>期間</td><td>年　月　日～　年　月　日</td></tr>
<tr><td>介護保険施設の名称等・所在地</td><td colspan="2"></td><td>期間</td><td>年　月　日～　年　月　日</td></tr>
<tr><td>医療機関等の名称等・所在地</td><td colspan="2"></td><td>期間</td><td>年　月　日～　年　月　日</td></tr>
<tr><td>有・無</td><td>医療機関等の名称等・所在地</td><td colspan="2"></td><td>期間</td><td>年　月　日～　年　月　日</td></tr>
</table>

<table>
<tr><td rowspan="2">提出代行者</td><td>名称</td><td>該当に○（地域包括支援センター・居宅介護支援事業者・指定介護老人福祉施設・介護老人保健施設・指定介護療養型医療施設）

印</td></tr>
<tr><td>住所</td><td>〒

電話番号</td></tr>
</table>

<table>
<tr><td rowspan="2">主治医</td><td>主治医の氏名</td><td></td><td>医療機関名</td><td></td></tr>
<tr><td>所在地</td><td colspan="3">〒

電話番号</td></tr>
</table>

第二号被保険者（40歳から64歳の医療保険加入者）のみ記入

医療保険者名		医療保険被保険者証記号番号	
特定疾病名			

　介護サービス計画の作成等介護保険事業の適切な運営のために必要があるときは，要介護認定・要支援認定にかかる調査内容，介護認定調査会による判定結果・意見，及び主治医意見書を，○○市（町村）から地域包括支援センター，居宅介護支援事業者，居宅サービス事業者若しくは介護保険施設の関係人，主治医意見書を記載した医師又は認定調査に従事した調査員に提示することに同意します。

本人氏名

【参考】
要介護認定・要支援認定区分変更申請書

介護保険　要介護認定・要支援認定区分変更申請書

○○市（町村）長　様
次のとおり申請します。

申請年月日　令和　　年　　月　　日

被保険者	被保険者番号				個人番号		
	フリガナ				生年月日	明・大・昭　年　月　日	
	氏名				性別	男　・　女	
	住所	〒　　　　　　　　　　　　電話番号					
	前回の要介護認定の結果等	要介護状態区分　1　2　3　4　5　要支援状態区分　1　2					
		有効期限　令和　年　月　日　から　令和　年　月　日					
	変更申請の理由						
	過去6月間の介護保険施設医療機関等入院，入所の有無　有・無	介護保険施設の名称等・所在地			期間　年　月　日～　年　月　日		
		介護保険施設の名称等・所在地			期間　年　月　日～　年　月　日		
		医療機関等の名称等・所在地			期間　年　月　日～　年　月　日		
		医療機関等の名称等・所在地			期間　年　月　日～　年　月　日		

提出代行者	名称	該当に○（地域包括支援センター・居宅介護支援事業者・指定介護老人福祉施設・介護老人保健施設・指定介護療養型医療施設）　　　　　　　　　　　　　　　印
	住所	〒　　　　　　　　　　　　電話番号

主治医	主治医の氏名		医療機関名	
	所在地	〒　　　　　　　　　　　　電話番号		

第二号被保険者（40歳から64歳の医療保険加入者）のみ記入

医療保険者名		医療保険被保険者証記号番号	
特定疾病名			

　介護サービス計画の作成等介護保険事業の適切な運営のために必要があるときは，要介護認定・要支援認定にかかる調査内容，介護認定調査会による判定結果・意見，及び主治医意見書を，○○市（町村）から地域包括支援センター，居宅介護支援事業者，居宅サービス事業者若しくは介護保険施設の関係人，主治医意見書を記載した医師又は認定調査に従事した調査員に提示することに同意します。

本人氏名

【参考】
指定地域密着型サービスの事業の人員，設備及び運営に関する基準
(定期巡回・随時対応型訪問介護看護計画等の作成)
第3条の24　計画作成責任者は，利用者の日常生活全般の状況及び希望を踏まえて，定期巡回サービス及び随時訪問サービスの目標，当該目標を達成するための具体的な定期巡回サービス及び随時訪問サービスの内容等を記載した定期巡回・随時対応型訪問介護看護計画を作成しなければならない。
(夜間対応型訪問介護計画の作成)
第11条　オペレーションセンター従業者（オペレーションセンターを設置しない場合にあっては，訪問介護員等。以下この章において同じ。）は，利用者の日常生活全般の状況及び希望を踏まえて，定期巡回サービス及び随時訪問サービスの目標，当該目標を達成するための具体的な定期巡回サービス及び随時訪問サービスの内容等を記載した**夜間対応型訪問介護計画を作成しなければならない。**
(認知症対応型通所介護計画の作成)
第52条　指定認知症対応型通所介護事業所（単独型・併設型指定認知症対応型通所介護事業所又は共用型指定認知症対応型通所介護事業所をいう。以下同じ。）の管理者（第43条又は第47条の管理者をいう。以下この条及び次条において同じ。）は，利用者の心身の状況，希望及びその置かれている環境を踏まえて，機能訓練等の目標，当該目標を達成するための具体的なサービスの内容等を記載した**認知症対応型通所介護計画を作成しなければならない。**
(居宅サービス計画の作成)
第74条　指定小規模多機能型居宅介護事業所の管理者は，介護支援専門員に，登録者の居宅サービス計画の作成に関する業務を担当させるものとする。
2　介護支援専門員は，前項に規定する居宅サービス計画の作成に当たっては，**指定居宅介護支援等基準第13条各号に掲げる具体的取組方針に沿って行うものとする。**
(小規模多機能型居宅介護計画の作成)
第77条　指定小規模多機能型居宅介護事業所の管理者は，介護支援専門員（第63条第12項の規定により介護支援専門員を配置していないサテライト型指定小規模多機能型居宅介護事業所にあっては，研修修了者。以下この条において同じ。）に，小規模多機能型居宅介護計画の作成に関する業務を担当させるものとする。
(認知症対応型共同生活介護計画の作成)
第98条　共同生活住居の管理者は，計画作成担当者（第90条第7項の計画作成担当者をいう。以下この条において同じ。）に認知症対応型共同生活介護計画の作成に関する業務を担当させるものとする。
(地域密着型特定施設サービス計画の作成)
第119条　指定地域密着型特定施設の管理者は，計画作成担当者（第110条第1項第4号の計画作成担当者をいう。以下この条において同じ。）に地域密着型特定施設サービス計画の作成に関する業務を担当させるものとする。
(地域密着型施設サービス計画の作成)
第138条　指定地域密着型介護老人福祉施設の管理者は，介護支援専門員に地域密着型施設サービス計画の作成に関する業務を担当させるものとする。

Q6 利用者の内服薬や使用中の薬の詳細まで居宅サービス事業所に情報提供しなければならないの？

利用者が，昼食介助を主な内容とする訪問介護の利用を開始することになりました。利用者の希望とアセスメントの結果などから総合的に判断しての利用です。

担当介護支援専門員である私が訪問介護事業所に問い合わせをすると，利用は可能とのこと。しかし，利用にあたっての事前情報として「現在使用中の薬をすべて教えてください」と言われました。私は，アセスメントの際に，

- 内服薬が朝・昼・夕の3回あること
- 薬は利用者が管理し，医師の指示どおりに内服していること
- 内服薬による副作用はなく，利用者に合っていること
- 内服薬以外の薬は使用していないこと

は確認しましたが，薬に関連する問題点はないと判断したので，薬の種類や名称までは把握していません。また，主治医意見書の内容も確認しましたが，記載はありません。

このような場合，私が改めて利用者から内服薬の種類や名称，用いる頻度などを把握し，訪問介護事業所へ情報提供しなければならないのでしょうか。

A6 居宅サービス事業所が必要とする情報であれば，その情報は必要な機関が収集するのが適当でしょう。

介護支援専門員が何のために利用者と面接し，課題分析標準項目の内容を満たしたアセスメント方式を用いて利用者の情報を把握するのかといえば，それは利用者が現に抱える問題点を明らかにし，利用者が自立した日常生活を営むことができるように支援するうえで解決すべき課題を把握するためです。

あなたは，内服薬に関する情報について，用いる頻度，用法の順守状況，副作用出現の有無，内服以外の薬剤使用の有無をしっかりと把握し，「問題点はない」と判断しています。把握した情報から，利用者の現在の生活において内服薬による問題は生じていないことを確認できていますので，内服薬の種類や名称，用いる頻度などを把握していないとしても，アセスメントは十分に行ったといえるでしょう。

訪問介護事業所での管理上，あるいは利用者へのサービス提供上など居宅サービ

ス事業所が独自に必要とする情報については，必要としている者が自ら把握すべきものでしょう。

　サービスの利用開始に際し，訪問介護事業所は訪問介護計画を作成することになりますが，この作成にあたっては，サービス提供責任者がアセスメントを行うことが義務づけられています。ご質問の内服薬や使用中の薬の詳細については，その際に把握すべき事柄とみることもできます。

　なお，この利用者の場合，これからサービス担当者会議を行う段階にありますので，サービス担当者会議に訪問介護事業所の職員の参加を得て，その場で利用者から直接情報を得ることも可能でしょう。

【参考】
指定居宅サービス等及び指定介護予防サービス等に関する基準について

第3の一の3の（13）訪問介護計画の作成

① 居宅基準第24条第1項は，サービス提供責任者は，訪問介護計画を作成しなければならないこととしたものである。訪問介護計画の作成に当たっては，利用者の状況を把握・分析し，訪問介護の提供によって解決すべき問題状況を明らかにし（アセスメント），これに基づき，援助の方向性や目標を明確にし，担当する訪問介護員等の氏名，訪問介護員等が提供するサービスの具体的内容，所要時間，日程等を明らかにするものとする。なお，訪問介護計画の様式については，各事業所ごとに定めるもので差し支えない。

Q7 ショートステイ事業所側の原因でショートステイを利用できなくなる場合，代替施設の予約は誰が行うの？

　利用者の家族から，2カ月前に「結婚式に出席するため遠方へ行かなければならないので，ショートステイをお願いしたい」との依頼がありました。すぐにショートステイ事業所へ問い合わせを行ったところ，希望している期間の予約が取れました。

　しかし，ショートステイの利用1週間前に，ショートステイ事業所の相談員から担当介護支援専門員に「感染症が流行しているので，できれば利用を取りやめにしてほしい。どうしても利用しなければならないとすれば，感染した場合の責任は持てない」との連絡がありました。感染症の終息のめども立っていない状況です。

ショートステイ事業所の相談員としては「介護支援専門員が他のショートステイ事業所を探してほしい」とのことでしたが、このような場合、やはり介護支援専門員が他事業所のショートステイを予約しなければならないのでしょうか。

A7 どちらが行うかではなく、介護支援専門員とショートステイ事業所とが協力すべき事態です。

　段取りよく2カ月も前からショートステイを予約したのに、利用直前になって事業所側の事情で施設を変更しなければならない事態なわけですから、介護支援専門員として腑に落ちない気持ちもわかります。

　しかし、ショートステイ事業所側に予約ミスがあったわけでもなく、2カ月も前から感染症の流行を予測することも不可能な不慮の出来事でしょうから、一概にショートステイ事業所を責めるわけにもいきません。

　ショートステイの基準に「提供拒否の禁止」「サービス提供困難時の対応」が規定されていますのでこちらが参考になると思いますが、前述のように「不慮の出来事」であり、感染症対策を講じているにもかかわらず、感染症の流行といった事態に遭遇している状況は、適切なショートステイサービスを提供することが困難な場合に該当するとの見方ができます。

　このようないわば非常事態の場合には、「介護支援専門員が」「ショートステイ事業所が」というように「どちらが」ではなく、「ともに協力して」利用可能な他事業所のショートステイを予約することになると考えます。

【参考】
介護保険法
（指定居宅サービスの事業の基準）
第73条　指定居宅サービス事業者は、次条第2項に規定する指定居宅サービスの事業の設備及び運営に関する基準に従い、要介護者の心身の状況等に応じて適切な指定居宅サービスを提供するとともに、自らその提供する指定居宅サービスの質の評価を行うことその他の措置を講ずることにより**常に指定居宅サービスを受ける者の立場に立ってこれを提供するように努めなければならない。**

(指定居宅介護支援の事業の基準)
第80条　指定居宅介護支援事業者は，次条第2項に規定する指定居宅介護支援の事業の運営に関する基準に従い，要介護者の心身の状況等に応じて適切な指定居宅介護支援を提供するとともに，自らその提供する指定居宅介護支援の質の評価を行うことその他の措置を講ずることにより**常に指定居宅介護支援を受ける者の立場に立ってこれを提供するように努めなければならない。**

指定居宅サービス等の事業の人員，設備及び運営に関する基準
(下線部は，準用による読み替え)
第140条(第9条準用)　指定短期入所生活介護事業者は，正当な理由なく指定短期入所生活介護の提供を拒んではならない。

指定居宅サービス等及び指定介護予防サービス等に関する基準について
(下線部は，準用に伴う読み替え)
第3の八の3の(2) 提供拒否の禁止
　居宅基準第9条は，指定短期入所生活介護事業者は，原則として，利用申込に対しては応じなければならないことを規定したものであり，特に要介護度や所得の多寡を理由にサービスの提供を拒否することを禁止するものである。[略] 提供を拒むことのできる正当な理由がある場合とは，①当該事業所の現員からは利用申込に応じきれない場合，②利用申込者の居住地が当該事業所の通常の事業の実施地域外である場合，その他利用申込者に対し自ら適切な指定短期入所生活介護を提供することが困難な場合である。
第3の八の3の(3) サービス提供困難時の対応
　指定短期入所生活介護事業者は，居宅基準第9条の正当な理由により，利用申込者に対し自ら適切な指定短期入所生活介護を提供することが困難であると認めた場合には，居宅基準第10条の規定により，当該利用申込者に係る居宅介護支援事業者への連絡，適当な他の指定短期入所生活介護事業者等の紹介その他の必要な措置を速やかに講じなければならないものである。
第3の八の3の(16) 準用
　居宅基準第140条の規定により，居宅基準第9条から第13条まで，第15条，第16条，第19条，第21条，第26条，第32条から第34条まで，第35条から第38条まで，第52条，第101条，第103条及び第104条は，指定短期入所生活介護の事業について準用されるものであるため，第3の一の3の(2)から(6)まで，(9)，(11)，(14)，(22)，(24)から(28)まで，第3の二の3の(4)並びに第3の六の3の(5)，(6)及び(7)を参照されたい。[略]

Q8 地域包括支援センターから新規要介護認定の申請日にさかのぼって居宅介護支援の依頼を受けてほしいと言われたが，受けても問題ないの？

介護予防支援の委託を受けている居宅介護支援事業所の介護支援専門員です。地域包括支援センターで担当していた要支援状態の利用者で，要支援状態から要介護状態への変更を見込み，新規要介護認定（要支援と要介護をまたぐ区分変更認定）を受けた方を申請日にさかのぼって担当してほしいとの相談を受けました。実は，申請した段階で居宅介護支援事業所には紹介されておらず，昨日，要介護と認定されたことからの紹介です。具体的には，次のような状況です。

・8カ月前の1日から要支援2（認定の有効期間：1年間）
・先月5日に新規要介護認定を申請（居宅介護支援事業所を紹介せず，暫定居宅サービス計画を作成しないままサービスを利用）
・昨日，要介護1と認定（認定の有効期間：1年間）

「申請日にさかのぼって担当してほしい」と言われれば，そのようにしてもよいのでしょうか。おかしな話ですが，当地では初めての認定で要支援と見込み地域包括支援センターが暫定介護予防サービス計画を作成し，認定結果が要介護だった場合でも，申請日にさかのぼって居宅介護支援事業所で担当できるというルールがあります。つまり，認定前にさかのぼって暫定居宅サービス計画を作成しろということではなく，給付管理票の作成と国保連への提出を行って差し支えないというもので，認定結果の見込み違いは特別な事情に該当するので，居宅介護支援の運営基準減算も適用しない，ただし初回加算は実際に担当した月に算定するというルールです。

今回紹介された利用者は，これと全く同じではありませんが，初めての認定と同じように先月分の給付管理票を作成してほしいというものです。既存の当地ルールに対しても，一連のケアマネジメントを行わず給付管理だけを行って減算なしに居宅介護支援費を算定することに疑問と不安があります。

当地のルールで進めても問題ないでしょうか。

A8 紹介前月については，利用者が自ら居宅サービス計画を作成したものと見なした取り扱いになります。

　2005年度までは要支援者も要介護者も居宅介護支援事業所が担当していましたが，2006年度に地域包括支援センター（介護予防支援事業所）が創設され，要支援1あるいは要支援2に認定された利用者は地域包括支援センターとの契約により介護予防サービスを利用するようになりました。この時に発出されたＱ＆Ａによると，見込みと認定結果で要支援状態と要介護状態の相違があった場合は，計画を当該被保険者が自ら作成したものと見なして取り扱うようにと説明されています。

　このＱ＆Ａの趣旨から考えると，「一連のケアマネジメントを行わず給付管理だけを行って減算なしに居宅介護支援費を算定することに疑問と不安」を抱いているように，ご質問にある当地ルールの取り扱いは問題を含んでいます。基本的な理解として，認定結果の見込み違いは利用者側の事情ではありませんので，特別な事情には該当しないと考えられます。ですから，不適切な事業運営であるとして，実地指導等で居宅介護支援費の返還を指導される可能性があります。Ｑ＆Ａの趣旨に基づき，計画を当該被保険者が自ら作成したものとみ見なして取り扱うべきです。

　また全国的には，要支援と見込んだけれども要介護と認定された場合，申請日にさかのぼって契約書を作成したり，実際には行っていないのに課題分析票を作成したり，実際には作っていないのに暫定居宅サービス計画を作成したりする介護支援専門員がいる，これを認めている地域があるというような話も聞いています。しかしこれは，作成していない文書をあたかも作成したかのように偽る「偽造」や偽って居宅介護支援費を受け取る「詐欺行為」にあたる可能性があります。居宅介護支援費の返還どころか，居宅介護支援事業所の指定が取り消されることもあり得ると肝に銘じ，適正に事業を行ってください。

　このような質問があるのは，保険給付の基本原則が忘れ去られてしまったことが原因のように感じてなりません。保険給付の原則は償還払い方式ですが，介護予防サービス計画あるいは居宅サービス計画を作成することにより代理受領方式（現物給付化）として扱うことができるのです。このことをしっかりと理解していれば，新規要介護認定を申請すると同時に暫定居宅サービス計画も作成しなければならないと強く意識できたかもしれません。本来であれば，2000年3月8日開催の全国介護保険担当者会議資料にあるように，すでに償還払いにより利用したサービスについてはさかのぼって現物給付化されないというのが基本的な考え方なのです。

【参考】
平成18年4月改定関係Q&A　Vol.2

> 52　要介護・要支援認定の新規申請，区分変更申請など，認定申請後に要介護度（要支援度）が確定するまでの間のいわゆる暫定ケアプランについては，どこが作成し，また，その際には，介護給付と予防給付のどちらを位置付ければよいのか。

（答）
　いわゆる暫定ケアプランについては，基本的にはこれまでと同様とすることが考えられる。したがって，要介護認定又は要支援認定を申請した認定前の被保険者は，市町村に届出の上で，居宅介護支援事業者又は介護予防支援事業者に暫定ケアプランを作成してもらい，又は自ら作成し，当該暫定ケアプランに基づきサービスを利用することが考えられる。
　その際，居宅介護支援事業者（介護予防支援事業者）は，依頼のあった被保険者が明らかに要支援者（要介護者）であると思われるときには，介護予防支援事業者（居宅介護支援事業者）に作成を依頼するよう当該被保険者に介護予防支援事業者を推薦することが考えられる。また，仮に居宅介護支援事業者において暫定ケアプランを作成した被保険者が，認定の結果，要支援者となった場合については，当該事業者の作成した暫定ケアプランについては，当該被保険者が自ら作成したものとみなし，当該被保険者に対して給付がなされないことがないようにすることが望ましい。
　なお，いずれの暫定ケアプランにおいても，仮に認定の結果が異なった場合でも利用者に給付がなされるよう介護予防サービス事業者及び居宅サービス事業者の両方の指定を受けている事業者をケアプラン上は位置付けることが考えられる。

【参考】
全国介護保険担当者会議資料－第2分冊－（2000年3月8日開催）42ページ

> 3「給付管理票」作成上の注意事項
> （1）～（3）略
> （4）月の途中から，それまで償還払いによりサービスを受けていた者が新たに居宅介護支援を受ける場合
> ①月の途中で，それまで償還払いでサービスを受けていた者から，居宅介護支援の依頼があった場合は，居宅介護支援事業者は，利用者からサービス提供証明書，領収書等の提示を受け，当月中にすでに受けているサービス内容を確認した上で，残日数分の居宅サービス計画を作成し，その計画を基に給付管理票の作成を行う。
> （5）略

課題分析（アセスメント）

Q9 認定調査とアセスメントを1回の訪問で行ってはいけないの？

私が所属する居宅介護支援事業所では，要介護認定の認定調査を受託しています。このことから，私が担当する居宅介護支援の利用者の認定調査を行うことが毎月のようにありますので，業務効率を考慮して再アセスメントも同時に実施するようにしています。

しかし，一方は本来であれば市町村職員が行うべきことを受託して行っている業務，もう一方は居宅介護支援事業としての本体業務であり，これらを同時に行うのは不適切であり，本当であれば時間や日にちを別にし，明確に区切って行うべきことなのではないかと疑問に思っています。

同じ居宅介護支援事業所の介護支援専門員に私の疑問を話したところ，「利用者の立場になって考えれば，別の日に同じ人から同じような内容を聞かれることになるのだから面倒に思うだろうし，何で1回の訪問で聞かないのかと不審に思われるのではないか」という意見もあり，どうしたらよいのかわからなくなっています。

A9 利用者が引き続き居宅介護支援を依頼するのであれば，同時に行っても差し支えありません。

居宅サービス計画の作成にあたっては，アセスメントを行うことが義務づけられ，課題分析標準項目を具備した課題分析方式（アセスメント票）を用いることとされています。課題分析方式は，さまざまな団体や個人により開発されており，中には要介護認定の認定調査で使用する認定調査票の項目をそのまま使用しているものも多数ありますので，再アセスメントも同時に行うといったお気持ちはよくわかります。

さて，認定調査とアセスメントを同時に行ってもよいかとのご質問についてですが，1999年9月14日発出事務連絡「指定居宅介護支援事業者等の事業の公正中立な実施について」により明らかにされております。この中の「6．要介護認定の認定調査の際の居宅サービス計画作成に係る課題分析の実施」では，原則としては認められないとしながらも，「利用者が引き続きこれまでどおりに居宅介護支援を依頼することがあらかじめ明らか」であれば認められることになっています。

【参考】
介護サービス計画書の様式及び課題分析標準項目の提示について
別紙4：課題分析標準項目について

Ⅰ 基本的な考え方
[略]

Ⅱ 課題分析標準項目（別添）

(別添)

課題分析標準項目

No.	標準項目名	項目の主な内容（例）
\multicolumn{3}{c}{基本情報に関する項目}		
1	基本情報（受付，利用者等基本情報）	居宅サービス計画作成についての利用者受付情報（受付日時，受付対応者，受付方法等），利用者の基本情報（氏名，性別，生年月日，住所・電話番号等の連絡先），利用者以外の家族等の基本情報について記載する項目
2	生活状況	利用者の現在の生活状況，生活歴等について記載する項目
3	利用者の被保険者情報	利用者の被保険者情報（介護保険，医療保険，生活保護，身体障害者手帳の有無等）について記載する項目
4	現在利用しているサービスの状況	介護保険給付の内外を問わず，利用者が現在受けているサービスの状況について記載する項目
5	障害老人の日常生活自立度	障害老人の日常生活自立度について記載する項目
6	認知症である老人の日常生活自立度	認知症である老人の日常生活自立度について記載する項目
7	主訴	利用者及びその家族の主訴や要望について記載する項目
8	認定情報	利用者の認定結果（要介護状態区分，審査会の意見，支給限度額等）について記載する項目
9	課題分析（アセスメント）理由	当該課題分析（アセスメント）の理由（初回，定期，退院退所時等）について記載する項目
\multicolumn{3}{c}{課題分析（アセスメント）に関する項目}		
10	健康状態	利用者の健康状態（既往歴，主傷病，症状，痛み等）について記載する項目
11	ADL	ADL（寝返り，起きあがり，移乗，歩行，着衣，入浴，排泄等）に関する項目
12	IADL	IADL（調理，掃除，買物，金銭管理，服薬状況等）に関する項目
13	認知	日常の意思決定を行うための認知能力の程度に関する項目
14	コミュニケーション能力	意思の伝達，視力，聴力等のコミュニケーションに関する項目
15	社会との関わり	社会との関わり（社会的活動への参加意欲，社会との関わりの変化，喪失感や孤独感等）に関する項目
16	排尿・排便	失禁の状況，排尿排泄後の後始末，コントロール方法，頻度などに関する項目
17	褥瘡・皮膚の問題	褥瘡の程度，皮膚の清潔状況等に関する項目
18	口腔衛生	歯・口腔内の状態や口腔衛生に関する項目
19	食事摂取	食事摂取（栄養，食事回数，水分量等）に関する項目
20	問題行動	問題行動（暴言暴行，徘徊，介護の抵抗，収集癖，火の不始末，不潔行為，異食行動等）に関する項目
21	介護力	利用者の介護力（介護者の有無，介護者の介護意思，介護負担，主な介護者に関する情報等）に関する項目
22	居住環境	住宅改修の必要性，危険個所等の現在の居住環境について記載する項目
23	特別な状況	特別な状況（虐待，ターミナルケア等）に関する項目

【参考】
要介護認定・要支援認定・要介護更新認定・要支援更新認定申請書

事務連絡
平成11年9月14日

各都道府県介護保険主管課（室）　殿

厚生省老人保健福祉局介護保険制度施行準備室

指定居宅介護支援事業者等の事業の公正中立な実施について

　介護保険制度の施行準備については，種々ご尽力いただき厚く御礼申し上げます。
　さて，要介護認定調査の本格実施の時期が迫り，居宅介護支援事業者の指定が進んでいること等により，最近においては，指定居宅介護支援事業者の事業活動が活発化する傾向があります。特に，同一系列事業体がより多くの利用者を獲得するため，指定居宅介護支援事業者を窓口に，要介護認定の申請代行を無料で行うことを強調したり，その後の居宅サービス計画の作成や同一系列事業体による居宅サービスの利用の予約まで勧誘するような活動が散見されることは誠に遺憾であります。居宅介護支援事業者等は個々のサービス事業者の事業とは独立した公正中立の遵守が極めて重要であり，これに違反することがないよう，特に下記の事項についてご指導いただきますようお願いいたします。

記

1．要介護認定調査類似行為の禁止
　要介護認定調査類似行為について，被保険者に市町村が行う要介護認定のための認定調査との誤認を与えるような方法で実施することは，混乱を惹起する可能性があるため認められない。

2．要介護認定申請の代行
　指定居宅介護支援等の事業の人員及び運営に関する基準（平成11年3月31日厚生省令第38号）（以下「指定基準」という。）第8条においては，指定居宅介護支援事業者に対し，要介護認定等の申請について，利用申込者に必要な協力を行うことを義務づけているが，この協力は，あくまでも利用申込者の意思を踏まえてとしており，利用申込者からの依頼があることが前提である。居宅サービス計画作成の利用者獲得を意図して申請代行の勧誘を行うことは認められない。

3．居宅サービス計画作成の予約
　いずれの居宅介護支援事業者を選択するかは利用者の自由な選択によることが基本である。このため，居宅サービス計画の作成の開始に当たっては，利用申込者又はその家族に対して，居宅介護支援事業所の運営規程の概要や，介護支援専門員の勤務体制，秘密の保持，事故発生時の対応，苦情処理の体制等の利用者が居宅介護支援事業者を選択するために必要な重要事項を記した説明書を交付して説明すべきこととなっている。利用者の獲得誘導のため，このような手続きを行わないまま居宅サービス計画作成の予約を先行して受けることは認められない。

4．居宅サービス利用の予約

　指定基準上，居宅サービス計画の作成開始に当たって，介護支援専門員は，利用者の課題分析を行うとともに，地域の指定居宅サービス事業者に関するサービスの内容，利用料等の情報を適正に利用者又はその家族に提供し，利用者にサービスの選択を求めることとなっているものであり，このようなことがないまま，特定の居宅サービス事業者によるサービスの利用予約を先行して行う場合には，指定基準違反として指定が取り消されることがあり得る。

　なお，指定居宅介護支援事業者は，居宅サービス計画原案を作成する以前に，特定の居宅サービス事業者に対しサービス利用の予約を行うことができないことは言うまでもない。

5．指定居宅介護支援事業者の広告

　指定居宅介護支援事業者に係る広告については，あくまで当該居宅介護支援事業の範囲にとどめるべきであり，運営の方針，職員の職種，営業日，営業時間，居宅介護支援の提供方法，内容及び利用料，事業の実施地域等の事業内容については認められるが，例えば，同一系列事業体のサービスの営業活動をも併せて行うことは，指定基準における特定の居宅サービス事業者等によるサービスを利用すべき旨の指示等の禁止，居宅サービス事業者のサービス内容等の情報の適正な提供の規程に違反する恐れがあり認められない。

6．要介護認定の認定調査の際の居宅サービス計画作成に係る課題分析の実施

　継続事例において，引き続き当該指定居宅介護支援事業者に居宅介護支援を依頼する意思があらかじめ明らかとなっている場合を除き，要介護認定の認定調査の際に併せて居宅サービス計画作成のための課題分析を実施することは原則として認められない。

7．要介護認定の認定調査の際の営業活動の禁止

　要介護認定に係る調査を指定居宅介護支援事業者等に委託する場合においては，調査自体が公平公正に行われる必要があることのみならず，その後の指定居宅介護支援事業者及び指定居宅サービス事業者の選択について，被保険者を勧誘し予断を与える行為があってはならないことは当然である。

　要介護認定の認定調査は，本来市町村が行うべきものであり，介護保険法上も，市町村職員に代わって認定調査に従事する者を刑法その他の罰則の適用については公務員とみなす旨定めている。認定調査実施時に，居宅サービス計画作成の予約を行うこと，居宅サービス利用の予約を行うこと，特定の指定居宅介護支援事業者の広告を行うこと等の行為は，指定基準に違反するものであり指定が取り消されることがあり得るものである。

　このため，市町村が認定調査を指定居宅介護支援事業者等に委託する場合にあっては，サービス選択に不適切な影響がある行為を行ってはならないことについて，ご指導いただくとともに，万が一認定調査員としてあるまじき行為があった場合には，必要に応じて認定調査委託契約の見直し等の対応を含め，厳正に対応していただきたい。

Q10 更新認定に伴う再アセスメントは、認定の有効期間満了月に行わなければならないの？

1年前から担当している利用者がいます。この利用者は、昨年初めて要介護認定の申請を行い、要介護1と認定されました。現在の認定の有効期間は、昨年の6月20日から今年の7月31日までです。

私が担当してからの1年間、おおむね予定どおりに居宅サービスを利用し、大きな心身の変化もなく経過してきました。また、大病を患ったり入院したりすることもなく、健康状態を維持できています。利用者の心身状態に加え、家族にも大きな変化は見られず、介護状況も変わらないことから、1年前と同じく要介護1と見込んで居宅サービス計画の変更に必要な業務に取り掛かりました。

認定の有効期限を迎えるにあたり、具体的には、表のように動きました。

この一連の流れの中で、「更新認定の場合、認定の有効期限を迎える前月に再アセスメントを行っても問題ないのか」という問題が生じました。別の言い方をすると、「再アセスメントは、認定の有効期限を迎える月に行うのが適切なのか」ということです。居宅サービス計画の変更にあたり、この原案は再アセスメントの結果などから作成されるものなので、原案作成に先だって再アセスメントが必要なことは理解しています。

ただし、どのようなタイミングで再アセスメントを行えばよいのか、アセスメントの実施月に言及した規定を見つけることができず、「更新認定の場合、認定の有効期限を迎える前月に再アセスメントを行うことに問題はないのか」と不安に思っています。

私の仕事の仕方は、間違った判断だったのでしょうか。

表　居宅サービス計画変更の流れ

6月10日	要介護更新認定の申請（家族が市町村窓口に出向いて申請）
6月18日	認定調査実施（市町村の認定調査員が実施）
6月22日	モニタリング訪問と同時に再アセスメントを実施
7月12日	新しい介護保険証を確認 認定結果：要介護1　　認定日：7月9日 有効期間：8月1日〜7月31日（1年間） 審査会の意見およびサービス種類の指定：なし　　給付制限：なし
7月20日	サービス担当者会議開催、居宅サービス計画交付、個別サービス計画の提供を依頼
7月31日	個別サービス計画を受領

A10 更新認定に伴う再アセスメントは，認定の有効期間満了月の前月に行っても差し支えありません。

「介護保険法」「介護保険法施行規則」「指定居宅介護支援等の事業の人員及び運営に関する基準」「指定居宅介護支援等の事業の人員及び運営に関する基準について」といった法令通知を見ても，再アセスメントを行うタイミングについての具体的な規定は，確かにどこにも見当たりません。

例えば，「指定居宅介護支援等の事業の人員及び運営に関する基準」の第13条に「第3号から第12号までの規定は，第13号に規定する居宅サービス計画の変更について準用する」とあります。これにより，居宅サービス計画を変更するに当たっては第6号と第7号に定めるアセスメントを行わなければならないことが明確ですが，更新認定のみならず要介護状態の区分変更認定に伴う居宅サービス計画の変更，職権による認定に伴う居宅サービス計画の変更もあり得ることを考えると，アセスメントのタイミングを厳密に規定するのは困難なように思います。

実は，介護保険制度の開始にあたり，1999年9月14日に，厚生省老人保健福祉局介護保険制度施行準備室より事務連絡として「指定居宅介護支援事業者等の事業の公正中立な実施について」という通知が出されており，この中に次のような記述があります。

> 6．要介護認定の認定調査の際の居宅サービス計画作成に係る課題分析の実施
> 　継続事例において，引き続き当該指定居宅介護支援事業者に居宅介護支援を依頼する意思があらかじめ明らかとなっている場合を除き，要介護認定の認定調査の際に併せて居宅サービス計画作成のための課題分析を実施することは原則として認められない。

「継続事例において，引き続き当該指定居宅介護支援事業者に居宅介護支援を依頼する意思が明らかな場合は，認定調査の際に，併せて課題分析を実施することも可能」という内容です。

通常は，認定の有効期限満了の60日前の早期に更新認定申請を行い，申請からそれほど時間を空けずに認定調査が実施されることを考えると，認定調査は認定の有効期限を迎える前月に行われることになります。

認定調査と課題分析を併せて実施可能としているということは，課題分析を認定の有効期限を迎える前月に行っても差し支えないということになります。

【参考】
指定居宅介護支援等の事業の人員及び運営に関する基準
第13条
16 第3号から第12号までの規定は、第13号に規定する居宅サービス計画の変更について準用する。

> ※著者注釈
> 第3号　継続的かつ計画的な指定居宅サービス等の利用
> 第4号　総合的な居宅サービス計画の作成
> 第5号　利用者自身によるサービスの選択
> 第6号　課題分析の実施
> 第7号　課題分析における留意点
> 第8号　居宅サービス計画原案の作成
> 第9号　サービス担当者会議等による専門的意見の聴取
> 第10号　居宅サービス計画の説明及び同意
> 第11号　居宅サービス計画の交付
> 第12号　担当者に対する個別サービス計画の提出依頼

指定居宅介護支援事業者等の事業の公正中立な実施について

1．要介護認定調査類似行為の禁止　［略］
2．要介護認定申請の代行　［略］
3．居宅サービス計画作成の予約　［略］
4．居宅サービス利用の予約　［略］
5．指定居宅介護支援事業者の広告　［略］
6．要介護認定の認定調査の際の居宅サービス計画作成に係る課題分析の実施
　　継続事例において、引き続き当該指定居宅介護支援事業者に居宅介護支援を依頼する意思があらかじめ明らかとなっている場合を除き、要介護認定の認定調査の際に併せて居宅サービス計画作成のための課題分析を実施することは原則として認められない。
7．要介護認定の認定調査の際の営業活動の禁止　［略］

Q11 入院中の方のアセスメントも居宅訪問が必要なの？

1カ月前に入院となり，もうすぐ退院を予定している方から新規の居宅介護支援の依頼がありました。一人暮らしなのですが，今後も自宅での生活を続けていきたいとの意向で，居宅サービスを利用したいとのお話でした。要介護認定の申請は済ませており，認定結果が出るのを待っている状況です。暫定で居宅サービス計画を作成してサービスの利用開始となります。

ところで，この居宅サービス計画作成にあたってのことなのですが，相談者は入院中であり，利用者の居宅を訪問しての面接を行うことができません。自宅への外出や外泊などの機会をとらえることができれば可能なのでしょうが，今のところそのような予定もありません。

指定居宅介護支援等の事業の人員および運営に関する基準では，アセスメントは利用者の居宅を訪問し面接して行わなければならないとされていますが，もしもこれが行われていない場合には指導を受けてしまうことになるのでしょうか。

A11 入院中の方の場合は必要ありません。現在居宅で生活している利用者と退院予定の要介護者では異なります。

指定居宅介護支援等の事業の人員および運営に関する基準の第13条第7号では，居宅での面接によるアセスメント（課題分析）の実施が規定されていますが，これは，現に居宅で生活している利用者に対する規定です。入院中で，自宅への外出や外泊の予定もない方にこの基準を適用することには無理があります。

それでは，入院中の方に対する退院や退所時の援助はどこに規定されているかというと，同基準の第13条第18号にあります。この規定によると居宅での面接は必須ではなく，「居宅での生活における介護上の留意点等の情報を介護保険施設等の従業者から聴取する等の連携」を図り，「居宅での生活を前提とした課題分析を行った上で居宅サービス計画を作成する」としています。

このように，退院予定の要介護者では居宅での面接は行わずに家族や関係者からの情報で居宅サービス計画を作成することが可能ですが，病院などで本人とお会いし，本人の希望などをうかがわなければならないのはいうまでもありません。また，退院前に住宅改修を行う，退院時からすぐに特殊寝台などの福祉用具貸与を利用す

る場合などは，やはり自宅環境を実際に確認しないと具体的なことは決められないことから，たとえ本人が自宅への外出や外泊ができない場合であっても，家族の立ち会いを得るなどして可能な限り訪問による環境確認を行うようにします。もしも退院前に居宅を訪問できなかった場合には，退院後の早期に訪問するようにしましょう。

そもそも入院中の方のアセスメントについて，居宅での面接は必須条件ではありませんので，これを行っていないことをもってただちに指導を受けることはないでしょう。

【参考】
指定居宅介護支援等の事業の人員及び運営に関する基準
第13条
7　介護支援専門員は，前号に規定する解決すべき課題の把握（以下「アセスメント」という。）に当たっては，利用者の居宅を訪問し，利用者及びその家族に面接して行わなければならない。この場合において，介護支援専門員は，面接の趣旨を利用者及びその家族に対して十分に説明し，理解を得なければならない。
18　介護支援専門員は，介護保険施設等から退院又は退所しようとする要介護者から依頼があった場合には，居宅における生活へ円滑に移行できるよう，あらかじめ，居宅サービス計画の作成等の援助を行うものとする。

指定居宅介護支援等の事業の人員及び運営に関する基準について
第2の3の（7）　指定居宅介護支援の基本取扱方針及び具体的取扱方針
⑱　介護保険施設との連携（第18号）
　介護支援専門員は，介護保険施設等から退院又は退所しようとする要介護者から居宅介護支援の依頼があった場合には，居宅における生活へ円滑に移行できるよう，あらかじめ，居宅での生活における介護上の留意点等の情報を介護保険施設等の従業者から聴取する等の連携を図るとともに，居宅での生活を前提とした課題分析を行った上で居宅サービス計画を作成する等の援助を行うことが重要である。

サービス担当者会議・照会

Q12 居宅サービス計画の変更からわずかな間隔で更新認定時期を迎えるが，サービス担当者会議を開催しなければならないの？（第15号関連）

　居宅介護支援の事業の解釈通知が改正され，2012年4月から，居宅サービス計画の変更から間もない場合で利用者の状態に大きな変化が見られない場合には，必ずしもサービス担当者会議を開催し，居宅サービス計画の変更の必要性についての専門的意見の聴取を行わなくてもよいことになりました。

　これについて私の周りでは，居宅サービス計画の変更の必要性についての専門的意見の聴取（確認）自体を行わなくてもよいと解釈する人がいるのですが，この改正内容についてどのように考えたらよいのでしょうか。

A12 利用者の状態に大きな変化が見られないのであればサービス担当者会議を開催する必要はありませんが，居宅サービス計画の変更の必要性についての事業所意見は確認しておく必要があります。

　居宅サービス計画の変更から間もない場合のサービス担当者会議開催要否の規定は，「やむを得ない理由がある場合については，サービス担当者に対する照会等により意見を求めることができるものとする」にある「やむを得ない理由」を具体的に例示したものです。したがって，何も行わなくてもよい（居宅サービス計画の変更の必要性についての専門的意見の聴取自体を行わなくてもよい）と規定しているのではなく，サービス担当者会議の開催に代えてサービス担当者に対する照会等により意見を求める必要があります。

　何も行っていない場合には運営基準減算が適用されますので，十分に気をつけてください。

> 【参考】
> **指定居宅介護支援等の事業の人員及び運営に関する基準について**
> 第2の3の（7） 指定居宅介護支援の基本取扱方針及び具体的取扱方針
> ⑮ 居宅サービス計画の変更の必要性についてのサービス担当者会議等による専門的意見の聴取（第15号）
> 　介護支援専門員は，利用者が要介護状態区分の変更の認定を受けた場合など本号に掲げる場合には，サービス担当者会議の開催により，居宅サービス計画の変更の必要性について，担当者から，専門的な見地からの意見を求めるものとする。ただし，やむを得ない理由がある場合については，サービス担当者に対する照会等により意見を求めることができるものとする。なお，ここでいうやむを得ない理由がある場合とは，開催の日程調整を行ったが，サービス担当者の事由により，サービス担当者会議への参加が得られなかった場合や居宅サービス計画の変更から間もない場合で利用者の状態に大きな変化が見られない場合等が想定される。
> ［略］
>
> **厚生労働大臣が定める基準**
> 82　居宅介護支援費における運営基準減算の基準
> 　指定居宅介護支援等の事業の人員及び運営に関する基準第4条第2項並びに第13条第7号，第9号から第11号まで，第14号及び第15号（これらの規定を同条第16号において準用する場合を含む。）に定める規定に適合していないこと。

Q13 サービス担当者会議には誰の参加が必要なの？

　要介護更新認定を受けた利用者がおり，これに伴い，新たな認定の有効期間を考慮して居宅サービス計画原案を再度作成しました。原案のサービス種別には，通所介護，福祉用具貸与，短期入所生活介護が位置づけられています。この原案の内容について意見を求めるためにサービス担当者会議を開催することにし，「引き続きサービスを利用するにあたっての留意点があればお聞きしたい」との理由で医師へも参加をお願いしたのですが，「その利用者特有の留意点はない。ところで，単に定期的に受診している医療機関の医師というだけでサービス担当者会議に参加しなければならないのか。業務の都合が合わないので，今回は電話での回答としたい」と言われてしまいました。

　結局は参加してもらえず，サービス担当者への照会結果として通所介護，福祉用具貸与，短期入所生活介護の各担当者へ特有の留意点はないことを伝えましたが，医師の「単に定期的に受診している医療機関の医師というだけでサービス担当者会

議に参加しなければならないのか」という一言が引っ掛かっています。サービス担当者会議には，どのような立場の方が参加することになっているのでしょうか。

A13 基準上は，居宅サービス計画の原案に位置づけた指定居宅サービス等の担当者へ出席を依頼します。

　基準上，サービス担当者会議はどのようなものかというと「介護支援専門員が居宅サービス計画の作成のために居宅サービス計画の原案に位置付けた指定居宅サービス等の担当者を召集して行う会議」と定義されています。

　このことからいえば，医師が抱く「単に定期的に受診している医療機関の医師というだけでサービス担当者会議に参加しなければならないのか」との疑問に対しての答えは「原案に医師の位置づけがないので，参加しなければならないものではない」ということになります。

　しかし，助言者や関係者の参加を認めないという会議ではありませんし，原案への位置づけがないことに固執すると，位置づけられていない支援提供者は参加できないことになってしまいます。サービス担当者会議へは，居宅サービス計画の原案に位置づけた指定居宅サービス等の担当者については原則として参加してもらう必要がありますが，会議の内容によってはこれ以外の方の参加を妨げるものではないと理解してよいでしょう。

　なお，居宅サービス計画原案の作成後に行うサービス担当者会議については，利用者の状態に大きな変化が見られず，計画内容の変更も軽微などのやむを得ない理由がある場合には，サービス担当者に対する照会等により意見を求めることができることになっているので，介護支援専門員としては，サービス担当者会議を開催するのがよいのか，あるいはサービス担当者に対する照会がよいのかを見極めることも重要です。

【参考】
指定居宅介護支援等の事業の人員及び運営に関する基準
第13条
9　介護支援専門員は，サービス担当者会議（介護支援専門員が居宅サービス計画の作成のために，利用者及びその家族の参加を基本としつつ，**居宅サービス計画の原案に位置付けた指定居宅サービス等の担当者**（以下この条において「担当者」という。）を召集して行う会議をいう。以下同じ。）の開催により，利用者の状況等に関する情報を担当者と共有するとともに，当該居宅サービス計画の原案の内容について，担当者から，専門的な見地からの意見

を求めるものとする。ただし，利用者（末期の悪性腫瘍の患者に限る。）の心身の状況等により，主治の医師又は歯科医師（以下この条において「主治の医師等」という。）の意見を勘案して必要と認める場合その他のやむを得ない理由がある場合については，担当者に対する照会等により意見を求めることができるものとする。

指定居宅介護支援等の事業の人員及び運営に関する基準について
第2の3の（7）　指定居宅介護支援の基本取扱方針及び具体的取扱方針
⑨　サービス担当者会議等による専門的意見の聴取（第9号）

　介護支援専門員は，効果的かつ実現可能な質の高い居宅サービス計画とするため，各サービスが共通の目標を達成するために具体的なサービスの内容として何ができるかなどについて，**利用者やその家族，居宅サービス計画原案に位置付けた指定居宅サービス等の担当者からなるサービス担当者会議の開催**により，利用者の状況等に関する情報を当該担当者と共有するとともに，専門的な見地からの意見を求め調整を図ることが重要である。なお，利用者やその家族の参加が望ましくない場合（家庭内暴力等）には，必ずしも参加を求めるものではないことに留意されたい。また，やむを得ない理由がある場合については，サービス担当者に対する照会等により意見を求めることができるものとしているが，この場合にも，緊密に相互の情報交換を行うことにより，利用者の状況等についての情報や居宅サービス計画原案の内容を共有できるようにする必要がある。なお，ここでいうやむを得ない理由がある場合とは，利用者（末期の悪性腫瘍の患者に限る。）の心身の状況等により，主治の医師又は歯科医師（以下「主治の医師等」という。）の意見を勘案して必要と認める場合のほか，開催の日程調整を行ったが，サービス担当者の事由により，サービス担当者会議への参加が得られなかった場合，居宅サービス計画の変更であって，利用者の状態に大きな変化が見られない等における軽微な変更の場合等が想定される。

　また，末期の悪性腫瘍の利用者について必要と認める場合とは，主治の医師等が日常生活上の障害が1ヶ月以内に出現すると判断した時点以降において，主治の医師等の助言を得た上で，介護支援専門員がサービス担当者に対する照会等により意見を求めることが必要と判断した場合を想定している。なお，ここでいう「主治の医師等」とは，利用者の最新の心身の状態，受診中の医療機関，投薬内容等を一元的に把握している医師であり，要介護認定の申請のために主治医意見書を記載した医師に限定されないことから，利用者又はその家族等に確認する方法等により，適切に対応すること。また，サービス種類や利用回数の変更等を利用者に状態変化が生じるたびに迅速に行っていくことが求められるため，日常生活上の障害が出現する前に，今後利用が必要と見込まれる指定居宅サービス等の担当者を含めた関係者を招集した上で，予測される状態変化と支援の方向性について関係者間で共有しておくことが望ましい。

　なお，当該サービス担当者会議の要点又は当該担当者への照会内容について記録するとともに，基準第29条の第2項の規定に基づき，当該記録は，2年間保存しなければならない。

Q14 ケアプランの原案内容を検討するサービス担当者会議には、誰を招集したらいいの？

　介護支援専門員の実務に就いて7年目になる居宅介護支援事業所の管理者です。日頃から法令を遵守した業務を行うように心がけ，さまざまな研修会に参加したり，疑問に思うことがあれば法令通知を調べたりするようにしています。しかし，自分なりに努力してもなかなか答えを見いだせないことがありますので教えてください。

　それは，サービス担当者会議の開催にあたり，居宅サービス計画の原案に位置付けたインフォーマルサービスの担当者も招集しなければならないのかということです。これまでに参加した研修会でのお話や購読雑誌の記事では，「インフォーマルサービスの担当者も含め，居宅サービス計画の原案に位置付けた支援提供者はサービス担当者会議へ参加していただくように働きかけましょう」と学んできました。ところが先日，ほかの居宅介護支援事業所の介護支援専門員と仕事の話をしていたところ，「私が働く地域の指導では，市区町村が実施する保険給付以外の福祉サービスや医療保険サービス，インフォーマルサービスの担当者を招集していなくても指導の対象にはならなかった」と言われました。理由としては「介護保険の給付対象サービスではないから」だそうです。

　「指定居宅介護支援等の事業の人員及び運営に関する基準」第13条第9号では，サービス担当者会議を「介護支援専門員が居宅サービス計画の作成のために，利用者及びその家族の参加を基本としつつ，居宅サービス計画の原案に位置付けた指定居宅サービス等の担当者（以下この条において「担当者」という。）を召集して行う会議をいう」と定義されています。規定中の「指定居宅サービス等」というのは，指定居宅サービスに限らず，「等」にはインフォーマルサービスなどの保険給付対象外サービスが含まれると理解し，保険給付対象外サービスの担当者もサービス担当者会議へ招集していたのですが，その介護支援専門員の話によると，これまでの私の「等」の理解が違っていたようです。

　本当のところ，どこまでの範囲の担当者をサービス担当者会議へ招集する必要があるのでしょうか。

A14 法令通知上は「保険給付対象サービス」の担当者と考えられます。

　居宅介護支援は，介護保険法上に位置付けられた保険給付対象サービスですので，日頃から法令を遵守した業務を行うように心がけ，居宅介護支援の適正な事業運営に努めるというのはとても大事なことです。居宅介護支援とは，法令通知に規定された業務を適切に行うことにより介護報酬を受け取ることができる介護保険制度上の事業ですから，法令通知の理解なしに行うことはできません。また介護保険は，「走りながら考える」としてはじまり，制度自体が変わり続けますので，常に最新の情報を得るように努めなければなりません。

　さて，居宅サービス計画原案に保険給付対象サービスと保険給付対象外サービスが混在する場合，サービス担当者会議の開催にあたり，どこまでの範囲の担当者をサービス担当者会議へ招集する必要があるかとの質問ですが，これは法令通知を読み進めていくことで分かります。

　「居宅サービス計画の原案に位置付けたインフォーマルサービスの担当者も招集しなければならないのか」ということですので，「指定居宅介護支援等の事業の人員及び運営に関する基準」（以下，運営基準）第13条第9号のサービス担当者会議に関する質問だと理解して説明を進めます。運営基準第13条第9号の中に「介護支援専門員は，サービス担当者会議（介護支援専門員が居宅サービス計画の作成のために，利用者及びその家族の参加を基本としつつ，居宅サービス計画の原案に位置付けた指定居宅サービス等の担当者（以下この条において「担当者」という。）を召集して行う会議をいう。以下同じ。）の開催により」とあり，「指定居宅サービス等」との文言があることから「指定居宅サービスに限らず，ほかのサービスの担当者も招集する必要がある」と考えたのでしょう。

　それでは，ここで言う「指定居宅サービス等」とはどのようなサービスを指すのでしょうか。これについては，運営基準第1条の2第3項に「指定居宅サービス等（法第8条第24項に規定する指定居宅サービス等をいう。以下同じ。）」という確固たる定義があります。そして，介護保険法第8条第24項を見ると「①指定居宅サービス（特例居宅介護サービス費に係る居宅サービス若しくはこれに相当するサービスを含む）」「②指定地域密着型サービス（特例地域密着型介護サービス費に係る地域密着型サービス若しくはこれに相当するサービスを含む）」「③その他の居宅において日常生活を営むために必要な保健医療サービス又は福祉サービス」が「指定居宅サービス等」であることが分かります。

ここで「③に保険給付対象外サービスが該当するのではないか」との疑問が生じることと思います。しかし，介護保険法第1条を見ると「必要な保健医療サービス及び福祉サービスに係る給付を行うため，国民の共同連帯の理念に基づき介護保険制度を設け，その行う保険給付等に関して必要な事項を定め，もって国民の保健医療の向上及び福祉の増進を図ることを目的とする」とあります。これは「必要な保健医療サービス及び福祉サービスに係る給付」を行うために介護保険制度を設けたことが明記された一文であり，このことから介護保険制度で言う「保健医療サービス」「福祉サービス」は，保険給付対象サービスであることが分かります。現に，保険給付の対象にならないサービスについては，運営基準第13条第4号において「介護給付等対象サービス以外の保健医療サービス又は福祉サービス」というように，わざわざ「介護給付等対象サービス以外の」を付け加えて説明しています。

　そうすると，保険給付対象サービスとしての「③その他の居宅において日常生活を営むために必要な保健医療サービス又は福祉サービス」とは具体的にどのようなサービスを指すかとの疑問が生じますが，これは市町村特別給付サービスを指すと考えられます。

　このように，法令通知で用いる用語の定義を確認しながら読み進めることにより，「指定居宅サービス等」とは保険給付対象サービスを指し，運営基準から考えれば保険給付の対象にならないサービスの担当者の参加は必須ではありませんが，実務から考えれば利用者の生活を支える重要なメンバーですので，参加していただくのが望ましいと言えます。

【参考】
指定居宅介護支援等の事業の人員及び運営に関する基準
第13条
9　介護支援専門員は，サービス担当者会議（介護支援専門員が居宅サービス計画の作成のために，利用者及びその家族の参加を基本としつつ，居宅サービス計画の原案に位置付けた指定居宅サービス等の担当者（以下この条において「担当者」という。）を召集して行う会議をいう。以下同じ。）の開催により，利用者の状況等に関する情報を担当者と共有するとともに，当該居宅サービス計画の原案の内容について，担当者から，専門的な見地からの意見を求めるものとする。ただし，利用者（末期の悪性腫瘍の患者に限る。）の心身の状況等により，主治の医師又は歯科医師（以下この条において「主治の医師等」という。）の意見を勘案して必要と認める場合その他のやむを得ない理由がある場合については，担当者に対する照会等により意見を求めることができるものとする。

指定居宅介護支援等の事業の人員及び運営に関する基準
第1条の2
3 指定居宅介護支援事業者（法第46条第1項に規定する指定居宅介護支援事業者をいう。以下同じ。）は，指定居宅介護支援の提供に当たっては，利用者の意思及び人格を尊重し，常に利用者の立場に立って，利用者に提供される指定居宅サービス等（法第8条第24項に規定する指定居宅サービス等をいう。以下同じ。）が特定の種類又は特定の指定居宅サービス事業者（法第41条第1項に規定する指定居宅サービス事業者をいう。以下同じ。）等に不当に偏することのないよう，公正中立に行われなければならない。

介護保険法
第8条
24 この法律において「居宅介護支援」とは，居宅要介護者が第41条第1項に規定する指定居宅サービス又は特例居宅介護サービス費に係る居宅サービス若しくはこれに相当するサービス，第42条の2第1項に規定する指定地域密着型サービス又は特例地域密着型介護サービス費に係る地域密着型サービス若しくはこれに相当するサービス及びその他の居宅において日常生活を営むために必要な保健医療サービス又は福祉サービス（以下この項において「指定居宅サービス等」という。）の適切な利用等をすることができるよう，当該居宅要介護者の依頼を受けて，その心身の状況，その置かれている環境，当該居宅要介護者及びその家族の希望等を勘案し，利用する指定居宅サービス等の種類及び内容，これを担当する者その他厚生労働省令で定める事項を定めた計画（以下この項，第115条の45第2項第3号及び別表において「居宅サービス計画」という。）を作成するとともに，当該居宅サービス計画に基づく指定居宅サービス等の提供が確保されるよう，第41条第1項に規定する指定居宅サービス事業者，第42条の2第1項に規定する指定地域密着型サービス事業者その他の者との連絡調整その他の便宜の提供を行い，並びに当該居宅要介護者が地域密着型介護老人福祉施設又は介護保険施設への入所を要する場合にあっては，地域密着型介護老人福祉施設又は介護保険施設への紹介その他の便宜の提供を行うことをいい，「居宅介護支援事業」とは，居宅介護支援を行う事業をいう。

介護保険法
第1条
この法律は，加齢に伴って生ずる心身の変化に起因する疾病等により要介護状態となり，入浴，排せつ，食事等の介護，機能訓練並びに看護及び療養上の管理その他の医療を要する者等について，これらの者が尊厳を保持し，その有する能力に応じ自立した日常生活を営むことができるよう，必要な保健医療サービス及び福祉サービスに係る給付を行うため，国民の共同連帯の理念に基づき介護保険制度を設け，その行う保険給付等に関して必要な事項を定め，もって国民の保健医療の向上及び福祉の増進を図ることを目的とする。

> **指定居宅介護支援等の事業の人員及び運営に関する基準**
> 第13条
> 　4　介護支援専門員は，居宅サービス計画の作成に当たっては，利用者の日常生活全般を支援する観点から，介護給付等対象サービス（法第24条第2項に規定する介護給付等対象サービスをいう。以下同じ。）以外の保健医療サービス又は福祉サービス，当該地域の住民による自発的な活動によるサービス等の利用も含めて居宅サービス計画上に位置付けるよう努めなければならない。

Q15　現行の居宅サービス計画に新たなサービスを追加する場合，以前から利用しているサービスの担当者にも参加してもらう必要はないの？

　モニタリング訪問した際，利用者から新たなサービスの利用希望がありました。退院に際して新規に居宅介護支援を受けた利用者で，担当介護支援専門員としてかかわりはじめたころは，「前向きな気持ちになれず，大勢の人との交流は望まない」とのことで，通所サービスを利用していませんでした。これまでは訪問介護と福祉用具貸与を利用していましたが，「だんだん気持ちが前向きになってきて，気候も良いので，そろそろ通所サービスの利用も考えてみたい」とのことでした。これにより，ご家族も含めて話し合い，現在利用している訪問介護と福祉用具貸与に加えて，通所介護の利用を検討することになりました。

　そこで，いきなりの通所介護利用では不安だということもあり，デイサービスセンターに見学をお願いしたところ，快く引き受けてくださり，その日は体験利用として何時間か過ごしてきました。通所介護を体験利用したことにより利用者の不安は晴れ，正式に利用を申し込むことになりました。

　これにより，ご家族も含めて行った話し合いの場面からアセスメント表を作成し，通所介護の利用を盛り込んだ居宅サービス計画の原案を作成しました。この利用者の認定の有効期間は1年で，既に5カ月が経過しており，残り7カ月の計画ということになります。更新認定や区分変更認定のタイミングでの居宅サービス計画の変更でもないので必ず必要な過程ではありませんが，居宅サービス事業所ではどのような見解なのかを確認すると共に，訪問介護事業所と福祉用具事業所に対して現在の居宅サービス計画の変更の必要性を確認しました。その結果，いずれの事業所からも「現行の居宅サービス計画のうち，変更が必要な個所はない」との回答を

いただきました。

　居宅サービス計画の変更の必要性についてはこれで良かったのですが、訪問介護事業所に対して、「通所介護の利用開始にあたり、新たな居宅サービス計画の原案を作成しましたので、この内容を検討するためのサービス担当者会議を開催する予定です。○月○日の○時から利用者のご自宅で開催したいと考えているのですが、ご都合はいかがでしょうか」と尋ねたところ、「居宅サービス計画の原案のうち、訪問介護にかかる部分が現行計画と相違ないのであれば、都合が合わないわけではないが欠席させてほしい」と言われました。

　これについてはすぐに結論を出さず、上司に相談しました。すると上司は、「訪問介護と福祉用具貸与のそれぞれについては、特に居宅サービス計画上の変更点がないのであれば無理に出席してもらう必要はなく、利用者と家族、通所介護事業所の従業員、担当介護支援専門員でサービス担当者会議を開催しても差し支えないのでは」ということでした。以前から利用している居宅サービスの担当者に出席してもらわなくても問題ないのでしょうか。

A15 既に利用している居宅サービスの担当者にも出席してもらう必要があります。

　サービス担当者会議について、さまざまな研修などでその必要性や機能などを学んでいると思いますが、今一度、介護支援専門員の業務の基本的な一連のプロセスが規定された「指定居宅介護支援等の事業の人員及び運営に関する基準（運営基準）」に立ち返り、サービス担当者会議ではどのような内容を扱うのか、また会議にはどのような人を招集するのか確認していきましょう。

　運営基準によると、サービス担当者会議には、大きく3つの種類があることが分かります。

①第13条第9号に規定されたサービス担当者会議

　一連のプロセスでは、居宅サービス計画原案の作成後に位置付けられた会議で、利用者情報の共有と居宅サービス計画原案の検討を行う会議です。

②第13条第15号に規定されたサービス担当者会議

　これは、一連のプロセスでは、要介護認定を受けている利用者が要介護更新認定を受けた場合、あるいは要介護認定を受けている利用者が要介護状態区分の変更の認定を受けた場合に開催するもので、居宅サービス計画の変更の必要性についての意見を集約する会議と言えます。

③第13条22号に規定されたサービス担当者会議

　この会議は特に開催のタイミングが示されてはおらず，随時開催するもので，福祉用具貸与利用の妥当性を検討することになります。

　また，サービス担当者会議は，第13条第9号で「介護支援専門員が居宅サービス計画の作成のために，利用者及びその家族の参加を基本としつつ，居宅サービス計画の原案に位置付けた指定居宅サービス等の担当者を召集して行う会議」と定義されており，やむを得ない理由がある場合については，担当者に対する照会などにより意見を求めることが認められていますが，居宅サービス計画の原案に位置付けた指定居宅サービスなどの担当者のうち，一部の担当者を招集しない扱いは認められていません。

　サービス担当者会議を開催する介護支援専門員としては，利用者，家族，すべてのサービス担当者に対して会議への参加を案内し，出席できない担当者に対しては内容を照会しなければなりません。もし，サービス担当者会議の開催を案内せず，出席できない担当者に対して内容の照会を行っていない場合は，第13条第9号のサービス担当者会議の定義には合致しないことになり，不適切な事業運営との指摘を受けることも考えられます。

【参考】
指定居宅介護支援等の事業の人員及び運営に関する基準
第13条
9　介護支援専門員は，サービス担当者会議（介護支援専門員が居宅サービス計画の作成のために，利用者及びその家族の参加を基本としつつ，居宅サービス計画の原案に位置付けた指定居宅サービス等の担当者（以下この条において「担当者」という。）を召集して行う会議をいう。以下同じ。）の開催により，利用者の状況等に関する情報を担当者と共有するとともに，当該居宅サービス計画の原案の内容について，担当者から，専門的な見地からの意見を求めるものとする。ただし，利用者（末期の悪性腫瘍の患者に限る。）の心身の状況等により，主治の医師又は歯科医師（以下この条において「主治の医師等」という。）の意見を勘案して必要と認める場合その他のやむを得ない理由がある場合については，担当者に対する照会等により意見を求めることができるものとする。
15　介護支援専門員は，次に掲げる場合においては，サービス担当者会議の開催により，居宅サービス計画の変更の必要性について，担当者から，専門的な見地からの意見を求めるものとする。ただし，やむを得ない理由がある場合については，担当者に対する照会等により意見を求めることができるものとする。
イ　要介護認定を受けている利用者が法第28条第2項に規定する要介護更新認定を受けた場合

ロ　要介護認定を受けている利用者が法第29条第1項に規定する要介護状態区分の変更の認定を受けた場合
22　介護支援専門員は，居宅サービス計画に福祉用具貸与を位置付ける場合にあっては，その利用の妥当性を検討し，当該計画に福祉用具貸与が必要な理由を記載するとともに，必要に応じて随時サービス担当者会議を開催し，継続して福祉用具貸与を受ける必要性について検証をした上で，継続して福祉用具貸与を受ける必要がある場合にはその理由を居宅サービス計画に記載しなければならない。

Q16 利用者が居宅介護支援事業所を変更する場合，前任の事業所が作成した居宅サービス計画をそのまま使用してもいいの？

　私が勤務する居宅介護支援事業所と同じエリアにある居宅介護支援事業所から，「3カ月後の月末に居宅介護支援事業を閉鎖するため，現在の利用者の何名かをそちらの事業所で担当してもらえませんか」と問い合わせがありました。その居宅介護支援事業所と私が勤務する居宅介護支援事業所は法人も違います。引き継ぐ事業所がないと利用者が困るだろうと事業所内で検討した結果，可能な限りは引き受けようということになりました。

　しかし，他の居宅介護支援事業所から自事業所に変更した利用者がこれまでおらず，居宅サービス計画の取り扱いがよくわかりません。他の職員と話し合ったところ「変わるのは居宅介護支援事業所だけで，居宅サービス事業所やそのサービスの頻度などが変わらないのであれば，現在の介護支援専門員が作成したものをそのまま引き続き使用してもよいのではないか」「アセスメントは必要だろうが，現在の計画で問題がない場合は引き続き使用してもよく，更新認定を受けた場合などのタイミングで新たに作成すればよいのではないか」「サービス担当者会議を開催し，現在のサービス担当者から意見を聞いて，このまま使用してもよいとの合意があれば作成しなくてもよいのではないか」「事業所も担当も変わるのだから，一連の業務が必要なのではないか」など，さまざまな意見が出ました。閉鎖する予定の居宅介護支援事業所の介護支援専門員にも意見を求めてみましたが「心配であれば，一連の業務をやっておく方が無難なのでは」とのことでした。そうはいうものの膨大な業務量になるのではないかと心配です。

　行う必要がない業務は極力避けて効率的に引き継ぎたいと思っているのですが，新たに居宅サービス計画を作成する必要はありますか。

A16 一連の業務を行い，新たに居宅サービス計画を作成します。

　利用者の希望からではなく，事業所の閉鎖により居宅介護支援事業所を変更しなければならない事情ですし，これまでかかわりのあった介護支援専門員から，新たにあなたの事業所の介護支援専門員と関係を築いていくことになるわけですから，利用者やご家族にも少なからず不安や混乱が伴うことと思います。介護支援専門員としては，短い期間に何人かの利用者を引き受けなければならず大変なことでしょう。できれば効率的に，行う必要がない業務は極力避けて引き継ぎたいと思う気持ちはわかりますが，初めのかかわりが大切です。まずは，利用者やご家族お一人おひとりへの気遣いや懇切丁寧な対応を忘れないでください。

　さて，居宅介護支援事業所を変更する際は新たに居宅サービス計画を作成しなければならないかとのご質問ですが，今回の場合は居宅介護支援事業者も居宅介護支援事業所も変更になりますので，居宅サービス計画を新たに作成しなければならないというのが回答です。具体的には，重要事項の説明に始まり，アセスメント，居宅サービス計画原案の作成，サービス担当者会議の開催，居宅サービス計画原案の説明と同意，利用者および担当者への居宅サービス計画の交付といった一連の業務を行う必要があります。忙しさのあまり，アセスメントにあたっては原則として居宅を訪問すること，居宅サービス計画原案の作成にあたっては利用者の希望および課題分析の結果に基づくこと，サービス担当者会議の記録を作成することなど，基本的なことが抜けないように注意してください。

　居宅介護支援を開始するに至る経緯は，利用者やご家族が直接居宅介護支援事業所に相談するだけでなく，市町村の介護保険担当窓口からの紹介，地域包括支援センター（介護予防支援事業所）からの紹介，居宅サービス事業所からの紹介，病院や介護保険施設からの紹介，民生委員からの紹介，現在担当している利用者からの紹介などさまざまです。他の居宅介護支援事業所からの紹介もその一つで，あなたの居宅介護支援事業所にとっては初めての利用者なのですから，新規の利用者に居宅介護支援を提供するのと同じ業務を行うことになります。

　利用者を引き継ぐタイミングですが，何も閉鎖の1カ月前から行わなければならないものではありません。3カ月の期間であるならば，3カ月の間で引き継ぎ予定の利用者のアセスメントから担当者に対する個別サービス計画の提出依頼までの一連の業務を分散して行い，居宅介護支援事業所の閉鎖日近くになったら事業所の閉鎖の翌日（閉鎖翌月の1日）付で全利用者の居宅サービス計画作成（変更）依頼届

出書を提出する方法もあるでしょう。

このように，3カ月かけて計画的に引き継ぎを進めてはいかがでしょうか。

【参考】
指定居宅介護支援等の事業の人員及び運営に関する基準

第4条　指定居宅介護支援事業者は，指定居宅介護支援の提供の開始に際し，あらかじめ，利用申込者又はその家族に対し，第18条に規定する運営規程の概要その他の利用申込者のサービスの選択に資すると認められる重要事項を記した文書を交付して説明を行い，当該提供の開始について利用申込者の同意を得なければならない。

第13条

3　介護支援専門員は，居宅サービス計画の作成に当たっては，利用者の自立した日常生活の支援を効果的に行うため，利用者の心身又は家族の状況等に応じ，継続的かつ計画的に指定居宅サービス等の利用が行われるようにしなければならない。

4　介護支援専門員は，居宅サービス計画の作成に当たっては，利用者の日常生活全般を支援する観点から，介護給付等対象サービス（法第24条第2項に規定する介護給付等対象サービスをいう。以下同じ。）以外の保健医療サービス又は福祉サービス，当該地域の住民による自発的な活動によるサービス等の利用も含めて居宅サービス計画上に位置付けるよう努めなければならない。

5　介護支援専門員は，居宅サービス計画の作成の開始に当たっては，利用者によるサービスの選択に資するよう，当該地域における指定居宅サービス事業者等に関するサービスの内容，利用料等の情報を適正に利用者又はその家族に対して提供するものとする。

6　介護支援専門員は，居宅サービス計画の作成に当たっては，適切な方法により，利用者について，その有する能力，既に提供を受けている指定居宅サービス等のその置かれている環境等の評価を通じて利用者が現に抱える問題点を明らかにし，利用者が自立した日常生活を営むことができるように支援する上で解決すべき課題を把握しなければならない。

7　介護支援専門員は，前号に規定する解決すべき課題の把握（以下「アセスメント」という。）に当たっては，利用者の居宅を訪問し，利用者及びその家族に面接して行わなければならない。この場合において，介護支援専門員は，面接の趣旨を利用者及びその家族に対して十分に説明し，理解を得なければならない。

8　介護支援専門員は，利用者の希望及び利用者についてのアセスメントの結果に基づき，利用者の家族の希望及び当該地域における指定居宅サービス等が提供される体制を勘案して，当該アセスメントにより把握された解決すべき課題に対応するための最も適切なサービスの組合せについて検討し，利用者及びその家族の生活に対する意向，総合的な援助の方針，生活全般の解決すべき課題，提供されるサービスの目標及びその達成時期，サービスの種類，内容及び利用料並びにサービスを提供する上での留意事項等を記載した居宅サービス計画の原案を作成しなければならない。

9　介護支援専門員は，サービス担当者会議（介護支援専門員が居宅サービス計画の作成のために，利用者及びその家族の参加を基本としつつ，居宅サービス計画の原案に位置付けた指定居宅サービス等の担当者（以下この条において「担当者」という。）を召集して行う会議をいう。以下同じ。）の開催により，利用者の状況等に関する情報を担当者と共有するとともに，当該居宅サービス計画の原案の内容について，担当者から，専門的な見地からの意見を求めるものとする。ただし，利用者（末期の悪性腫瘍の患者に限る。）の心身の状況等により，主治の医師又は歯科医師（以下この条において「主治の医師等」という。）の意見を勘案して必要と認める場合その他のやむを得ない理由がある場合については，担当者に対する照会等により意見を求めることができるものとする。

10　介護支援専門員は，居宅サービス計画の原案に位置付けた指定居宅サービス等について，保険給付の対象となるかどうかを区分した上で，当該居宅サービス計画の原案の内容について利用者又はその家族に対して説明し，文書により利用者の同意を得なければならない。

11　介護支援専門員は，居宅サービス計画を作成した際には，当該居宅サービス計画を利用者及び担当者に交付しなければならない。

12　介護支援専門員は，居宅サービス計画に位置付けた指定居宅サービス事業者等に対して，訪問介護計画（指定居宅サービス等の事業の人員，設備及び運営に関する基準（平成11年厚生省令第37号。以下「指定居宅サービス等基準」という。）第24条第1項に規定する訪問介護計画をいう。）等指定居宅サービス等基準において位置付けられている計画の提出を求めるものとする。

Q17 更新認定時に入院中の利用者についても，居宅サービス計画変更の必要性の意見は必要なの？

要介護5で，認定の有効期間が今月末で満了を迎える方がいるのですが，先月の初めから入院しています。医師からは，あと2カ月程度の入院が必要といわれています。要介護認定の更新については，状態が落ち着いてきていることから，先月下旬に申請し病院で認定調査を受け，今月下旬には認定結果が出るそうです。

自宅で生活している方であれば，更新認定を受けた時には，サービス担当者から居宅サービス計画変更の必要性をうかがわなければならないことになっていますが，この方は入院中であり，現在は居宅サービスを利用していません。ちなみに，入院前は，居宅療養管理指導，訪問看護，訪問入浴介護，福祉用具貸与，短期入所生活介護を利用していました。

このように，更新認定の時期に入院している方の場合であっても，入院前に利用していた居宅サービスの担当者に対して居宅サービス計画変更の意見を求めなければならないのでしょうか。サービス担当者会議を開催しても，「退院時の状態によるので，現状では何ともいえない」との結果になりそうで，意味のない会議になりそうな気がしています。

A17 入院中の利用者には必要ありません。在宅生活を再開するタイミングで居宅サービス計画を見直せばよいでしょう。

「居宅介護支援」とは，「居宅要介護者が居宅において日常生活を営むために必要な居宅サービス等を適切に利用できるよう，ケアマネジメントを行うこと」です。厳密にいえば，入院中の方は居宅要介護者ではありませんから，居宅介護支援の対象にはならないことになります。したがって，居宅サービス計画変更の必要性の意見を求める必要はありませんし，居宅介護支援の再開時に運営基準減算が適用されることもありません。

ところで，今回のご質問については，契約内容も併せて考える必要があるでしょう。あなたが所属する居宅介護支援事業所で使用している契約書に，契約の終了が規定されていると思います。その規定は，どのような内容になっているでしょうか。もしも，入院した場合には契約が自動的に終了する旨の内容であれば，入院した時点で居宅介護支援事業所の利用者ではなくなるわけですから，居宅要介護者かどうかを考える以前に結論が出ていることになります。なお，入院によって契約が自動終了している場合，居宅介護支援の再開にあたっては新たに契約が必要になりますので注意してください。

【参考】
指定居宅介護支援等の事業の人員及び運営に関する基準
第13条
15　介護支援専門員は，次に掲げる場合においては，サービス担当者会議の開催により，居宅サービス計画の変更の必要性について，担当者から，専門的な見地からの意見を求めるものとする。ただし，やむを得ない理由がある場合については，担当者に対する照会等により意見を求めることができるものとする。
　イ　要介護認定を受けている利用者が法第28条第2項に規定する**要介護更新認定を受けた場合**

> ロ 要介護認定を受けている利用者が法第29条第1項に規定する**要介護状態区分の変更の認定を受けた場合**
>
> **指定居宅介護支援等の事業の人員及び運営に関する基準について**
> 第2の3の（7） 指定居宅介護支援の基本取扱方針及び具体的取扱方針
> ⑮ 居宅サービス計画の変更の必要性についてのサービス担当者会議等による専門的意見の聴取（第15号）
> 　介護支援専門員は，利用者が要介護状態区分の変更の認定を受けた場合など本号に掲げる場合には，サービス担当者会議の開催により，居宅サービス計画の変更の必要性について，担当者から，専門的な見地からの意見を求めるものとする。ただし，やむを得ない理由がある場合については，サービス担当者に対する照会等により意見を求めることができるものとする。なお，ここでいうやむを得ない理由がある場合とは，開催の日程調整を行ったが，サービス担当者の事由により，サービス担当者会議への参加が得られなかった場合や居宅サービス計画の変更から間もない場合で利用者の状態に大きな変化が見られない場合等が想定される。
> 　当該サービス担当者会議の要点又は当該担当者への照会内容については記録するとともに，基準第29条第2項の規定に基づき，当該記録は，2年間保存しなければならない。
> 　また，前記の担当者からの意見により，居宅サービス計画の変更の必要がない場合においても，記録の記載及び保存について同様である。

Q18 短期目標の終了時期を迎えたら，サービス担当者会議の開催が必要なの？

　10年以上勤めた居宅介護支援事業所を退職し，家族の理解もあって，1年前に居宅介護支援事業所を開設しました。開設当初の利用者は3人で，事業所を開設した月末時点での利用者は7人，半年後には22人と順調に増え，現在は要介護状態の利用者を34人担当しています。

　私が居宅介護支援事業所を置く地域では，要介護1や要介護2の軽度な方でも，要介護更新認定を受けた時の認定の有効期間が，36カ月とされることが多いです。そのため，認定の有効期間の長い利用者が多いのですが，そうは言っても，34人も担当していると，認定の有効期間の満了を迎える利用者が毎月のようにあり，居宅サービス計画を更新（変更）しない月はありません。

　実は，短期目標の終了時期を迎えたら，サービス担当者会議の開催が必要なのか

どうか自信がなく不安に思っています。要介護更新認定あるいは要介護状態の区分変更をした場合は，居宅サービス計画の原案を改めて作成しサービス担当者会議を開催することになります。しかし，このような新たな認定のタイミングではなく，認定の有効期間の途中で短期目標の終了時期を迎えた時，例えば，認定の有効期間が1月1日から12月31日までであり，短期目標を1月から6月までとした居宅サービス計画において，7月からも引き続き同じ短期目標で支援を継続しようとする場合，7月を迎える前にサービス担当者会議の開催が必要なのかどうかということです。

　短期目標の期間が終了しますので，そのまま何も手を付けずに7月以降も居宅サービス計画を継続できないように思います。そのため，1月から6月までの短期目標の内容をそのままに，期間だけを7月から12月までに変更した居宅サービス計画の原案を作成してサービス担当者会議を開催し，居宅サービス計画を変更して，利用者や居宅サービス事業所に新たに居宅サービス計画を交付していました。

　ところが先日，居宅サービス事業所へこれまでどおりサービス担当者会議への参加を依頼したところ，「同じ短期目標の居宅サービス計画の原案を検討するのであれば，サービス担当者会議へ参加する時間がもったいない気がする。このサービス担当者会議は，やはり開催しなければならないのか」と言われました。これに対し「短期目標の終了時期を迎えますので，居宅サービス計画書（2）に位置付けたサービス内容や利用している居宅サービスは7月以降は有効ではなくなるため，居宅サービス計画を作り直さなければなりません。機械的な開催との印象を持たれるかもしれませんが，7月以降の支援策を居宅サービス計画の原案を用いて確認する場になりますので，ぜひとも参加してください」と説明したのですが，正直に言いますと，私も居宅サービス事業所もモヤモヤした感じがしてしっくりきません。

A18 サービス担当者会議を行う必要はありません。

　介護支援専門員の業務は指定居宅介護支援等の事業の人員及び運営に関する基準（以下，運営基準）や指定居宅介護支援等の事業の人員及び運営に関する基準について（以下，解釈通知）などで明らかにされていますので，まずはこれらの内容を確認していきましょう。

　居宅サービス計画の変更にあたり，介護支援専門員がどのような手順を踏む必要があるかは，運営基準第13条第16号を見ると明らかです。この規定内容は解釈通知に「介護支援専門員は，居宅サービス計画を変更する際には，原則として，基準

第13条第3号から第12号までに規定された居宅サービス計画作成に当たっての一連の業務を行うことが必要である」とありますので，広く「一連の業務を行うことが必要」であることが分かります。それでは，具体的に何を行う必要があるのか，運営基準第13条第3号から第12号までの各号を細かく見ていくことにします。

第3号は「継続的かつ計画的な指定居宅サービス等の利用」，第4号は「総合的な居宅サービス計画の作成」，第5号は「利用者自身によるサービスの選択」に関する規定です。これらは一連の業務の各段階というよりも，居宅サービス計画を作成するにあたっての重要事項との性格が強いです。

続いて，第6号は「課題分析の実施」，第7号は「課題分析における留意点」，第8号は「居宅サービス計画原案の作成」，第9号は「サービス担当者会議等による専門的意見の聴取」，第10号は「居宅サービス計画の説明及び同意」，第11号は「居宅サービス計画の交付」，第12号は「担当者に対する個別サービス計画の提出依頼」が規定されています。

これらの規定により，一連の業務とはつまり，「課題分析の実施」→「居宅サービス計画原案の作成」→「サービス担当者会議等による専門的意見の聴取」→「居宅サービス計画の説明及び同意」→「居宅サービス計画の交付」→「担当者に対する個別サービス計画の提出依頼」を指しており，居宅サービス計画の変更にあたっては，サービス担当者会議の開催と新たな居宅サービス計画の交付だけを行えばよいのではなく，課題分析の実施から行う必要があることが分かります。

しかし，質問内容は「例えば，認定の有効期間が1月1日から12月31日まであり，短期目標を1月から6月までとした居宅サービス計画において，7月からも引き続き同じ短期目標で支援を継続しようとする場合」ですので，短期目標の内容自体に変更が生じない居宅サービス計画です。このように改善ではなく維持を想定した短期目標であれば，短期目標の達成時期は特定できないと考えますので，短期目標の終了時期を記載しなくても差し支えありません。居宅サービス計画書には変更が生じないため，サービス担当者会議を行う必要はないことになります。

【参考】
指定居宅介護支援等の事業の人員及び運営に関する基準
第13条
3　介護支援専門員は，居宅サービス計画の作成に当たっては，利用者の自立した日常生活の支援を効果的に行うため，利用者の心身又は家族の状況等に応じ，継続的かつ計画的に指定居宅サービス等の利用が行われるようにしなければならない。
4　介護支援専門員は，居宅サービス計画の作成に当たっては，利用者の日常生活全

般を支援する観点から，介護給付等対象サービス（法第24条第2項に規定する介護給付等対象サービスをいう。以下同じ。）以外の保健医療サービス又は福祉サービス，当該地域の住民による自発的な活動によるサービス等の利用も含めて居宅サービス計画上に位置付けるよう努めなければならない。

5 介護支援専門員は，居宅サービス計画の作成の開始に当たっては，利用者によるサービスの選択に資するよう，当該地域における指定居宅サービス事業者等に関するサービスの内容，利用料等の情報を適正に利用者又はその家族に対して提供するものとする。

6 介護支援専門員は，居宅サービス計画の作成に当たっては，適切な方法により，利用者について，その有する能力，既に提供を受けている指定居宅サービス等のその置かれている環境等の評価を通じて利用者が現に抱える問題点を明らかにし，利用者が自立した日常生活を営むことができるように支援する上で解決すべき課題を把握しなければならない。

7 介護支援専門員は，前号に規定する解決すべき課題の把握（以下「アセスメント」という。）に当たっては，利用者の居宅を訪問し，利用者及びその家族に面接して行わなければならない。この場合において，介護支援専門員は，面接の趣旨を利用者及びその家族に対して十分に説明し，理解を得なければならない。

8 介護支援専門員は，利用者の希望及び利用者についてのアセスメントの結果に基づき，利用者の家族の希望及び当該地域における指定居宅サービス等が提供される体制を勘案して，当該アセスメントにより把握された解決すべき課題に対応するための最も適切なサービスの組合せについて検討し，利用者及びその家族の生活に対する意向，総合的な援助の方針，生活全般の解決すべき課題，提供されるサービスの目標及びその達成時期，サービスの種類，内容及び利用料並びにサービスを提供する上での留意事項等を記載した居宅サービス計画の原案を作成しなければならない。

9 介護支援専門員は，サービス担当者会議（介護支援専門員が居宅サービス計画の作成のために，利用者及びその家族の参加を基本としつつ，居宅サービス計画の原案に位置付けた指定居宅サービス等の担当者（以下この条において「担当者」という。）を召集して行う会議をいう。以下同じ。）の開催により，利用者の状況等に関する情報を担当者と共有するとともに，当該居宅サービス計画の原案の内容について，担当者から，専門的な見地からの意見を求めるものとする。ただし，利用者（末期の悪性腫瘍の患者に限る。）の心身の状況等により，主治の医師又は歯科医師（以下この条において「主治の医師等」という。）の意見を勘案して必要と認める場合その他のやむを得ない理由がある場合については，担当者に対する照会等により意見を求めることができるものとする。

10 介護支援専門員は，居宅サービス計画の原案に位置付けた指定居宅サービス等について，保険給付の対象となるかどうかを区分した上で，当該居宅サービス計画の原案の内容について利用者又はその家族に対して説明し，文書により利用者の同意を得なければならない。

11 介護支援専門員は，居宅サービス計画を作成した際には，当該居宅サービス計

画を利用者及び担当者に交付しなければならない。
12　介護支援専門員は，居宅サービス計画に位置付けた指定居宅サービス事業者等に対して，訪問介護計画（指定居宅サービス等の事業の人員，設備及び運営に関する基準（平成11年厚生省令第37号。以下「指定居宅サービス等基準」という。）第24条第1項に規定する訪問介護計画をいう。）等指定居宅サービス等基準において位置付けられている計画の提出を求めるものとする。

指定居宅介護支援等の事業の人員及び運営に関する基準について
第2の3の（7）指定居宅介護支援の基本取扱方針及び具体的取扱方針
⑯居宅サービス計画の変更（第16号）
　介護支援専門員は，居宅サービス計画を変更する際には，原則として，基準第13条第3号から第12号までに規定された居宅サービス計画作成に当たっての一連の業務を行うことが必要である。
　なお，利用者の希望による軽微な変更（例えばサービス提供日時の変更等で，介護支援専門員が基準第13条第3号から第12号までに掲げる一連の業務を行う必要性がないと判断したもの）を行う場合には，この必要はないものとする。［略］

介護サービス計画書の様式及び課題分析標準項目の提示について
別紙1：居宅サービス計画書記載要領
　本様式は，当初の介護サービス計画原案を作成する際に記載し，その後，介護サービス計画の一部を変更する都度，別葉を使用して記載するものとする。但し，サービス内容への具体的な影響がほとんど認められないような軽微な変更については，当該変更記録の箇所の冒頭に変更時点を明記しつつ，同一用紙に継続して記載することができるものとする。
2．第2表：「居宅サービス計画書（2）」
③（「長期目標」及び「短期目標」に付する）「期間」
　「長期目標」の「期間」は，「生活全般の解決すべき課題（ニーズ）」を，いつまでに，どのレベルまで解決するのかの期間を記載する。
　「短期目標」の「期間」は，「長期目標」の達成のために踏むべき段階として設定した「短期目標」の達成期限を記載する。
　また，原則として開始時期と終了時期を記入することとし，終了時期が特定できない場合等にあっては，開始時期のみ記載する等として取り扱って差し支えないものとする。
　なお，期間の設定においては「認定の有効期間」も考慮するものとする。

「介護保険制度に係る書類・事務手続きの見直し」に関するご意見への対応について
項目：3　ケアプランの軽微な変更について
　　　　目標期間の延長
意見への対応：単なる目標設定期間の延長を行う場合（ケアプラン上の目標設定（課

題や期間）を変更する必要が無く，単に目標設定期間を延長する場合など）については，「軽微な変更」に該当する場合があるものと考えられる。

　なお，これはあくまでも例示であり，「軽微な変更」に該当するかどうかは，変更する内容が同基準第13条3号（継続的かつ計画的な指定居宅サービス等の利用）から<u>第11号（居宅サービス計画の交付）まで</u>の一連の業務を行う必要性の高い変更であるかどうかによって軽微か否かを判断すべきものである。

※現行基準に照らすと，下線部は「第12号（担当者に対する個別サービス計画の提出依頼）まで」となります。

Q19 居宅サービス計画を変更して間もなく更新認定を受けた場合，サービス担当者には照会しなくてもいいの？

　要介護認定は受けていたのですが，住宅改修を行っただけで居宅サービスは利用せずにいた利用者から相談を受け，3月9日から通所リハビリテーションの利用を開始しました。通所リハビリテーションの利用後，3月と4月の毎月のモニタリングでは意向の変化がなく経過していましたが，5月下旬に実施したモニタリングの際，普段使用している市販のベッド脇につかまるものがあった方が寝起きしやすいという話になり，新たに福祉用具貸与として手すりを導入することにしました。新たなサービスの追加ですので，再アセスメントを行い，居宅サービス計画の原案を作成してサービス担当者会議を開催し，居宅サービス計画原案の内容説明と交付といった一連のケアマネジメント（居宅サービス計画の変更）を実施しました。そして，新たな居宅サービス計画に沿って作成された福祉用具貸与計画に基づき，5月1日から手すりの利用を開始しました。

　実はこの利用者は，5月31日に認定の有効期限を迎えるため4月初めに要介護更新認定を申請していました。順調に要介護認定等訪問調査と主治医意見書の作成・提出が行われ，認定審査会も終わり，手すりの利用を開始したのと同じ5月1日に現在と同じ要介護度で認定されました。現在の認定の有効期限は5月31日ですので，新たな認定の有効期間の開始日は6月1日からということになります。

　相談したいのは，要介護更新認定のタイミングで開催する，居宅サービス計画を変更する必要があるかどうかの意見をうかがうサービス担当者会議についてです。居宅サービス計画の変更から時間もたっておらず，利用者の状態にも変化はありません。解釈通知に従ってサービス担当者会議を開催しなくてもよいと判断している

のですが，何もしないのも不安です。知人の介護支援専門員に相談してみたところ「サービス担当者会議をやったばかりだし，何もしなくてもいいんじゃない」と軽く返事をされました。2012年度からは居宅介護支援の運営基準減算が厳しくなり，後から指導されて報酬返還されるのも嫌なので，せめてサービス担当者への照会くらいはやっておいた方が無難だと思っています。

どうすれば間違いないのでしょうか。

A19 サービス担当者への照会による意見集約は必要です。

　2012年度の解釈通知の見直しにより，「居宅サービス計画の変更の必要性についてのサービス担当者会議等による専門的意見の聴取」部分が改正されています。具体的には「やむを得ない理由がある場合」に「居宅サービス計画の変更から間もない場合で利用者の状態に大きな変化が見られない場合」が追加されました。

　「やむを得ない理由がある場合」の取り扱いとはどのようなものか，今一度確認しておきましょう。これもそのまま通知にあるのですが，「やむを得ない理由がある場合については，サービス担当者に対する照会等により意見を求めることができるものとする」とされています。つまり，何もしなくてもよいということではなく，サービス担当者会議の開催に代えて，「サービス担当者に対する照会等により意見を求めることができるものとする」ということであり，サービス担当者会議の開催以外の方法で居宅サービス計画の変更の必要性について専門的意見の聴取を行わなければならないことです。

　サービス担当者会議の開催以外の方法でも居宅サービス計画の変更の必要性について専門的意見が聴取がされていない場合は，運営基準第13条第15号が未実施ということになり，居宅介護支援運営基準減算が適用されます。

【参考】
指定居宅介護支援等の事業の人員及び運営に関する基準について
第2の3の（7）指定居宅介護支援の基本取扱方針及び具体的取扱方針
⑮ 居宅サービス計画の変更の必要性についてのサービス担当者会議等による専門的意見の聴取（第15号）
　介護支援専門員は，利用者が要介護状態区分の変更の認定を受けた場合など本号に掲げる場合には，サービス担当者会議の開催により，居宅サービス計画

の変更の必要性について，担当者から，専門的な見地からの意見を求めるものとする。ただし，やむを得ない理由がある場合については，サービス担当者に対する照会等により意見を求めることができるものとする。なお，ここでいうやむを得ない理由がある場合とは，開催の日程調整を行ったが，サービス担当者の事由により，サービス担当者会議への参加が得られなかった場合や居宅サービス計画の変更から間もない場合で利用者の状態に大きな変化が見られない場合等が想定される。

　当該サービス担当者会議の要点又は当該担当者への照会内容については記録するとともに，基準第29条第2項の規定に基づき，当該記録は，2年間保存しなければならない。

　また，前記の担当者からの意見により，居宅サービス計画の変更の必要がない場合においても，記録の記載及び保存について同様である。

指定居宅介護支援に要する費用の額の算定に関する基準
別表　指定居宅介護支援介護給付費単位数表
居宅介護支援費
イ　居宅介護支援費（1月につき）
注2　別に厚生労働大臣が定める基準に該当する場合には，運営基準減算として，所定単位数の100分の50に相当する単位数を算定する。また，運営基準減算が2月以上継続している場合は，所定単位数は算定しない。

指定居宅サービスに要する費用の額の算定に関する基準（訪問通所サービス，居宅療養管理指導及び福祉用具貸与に係る部分）及び指定居宅介護支援に要する費用の額の算定に関する基準の制定に伴う実施上の留意事項について
第3の6　居宅介護支援の業務が適切に行われない場合
注2の「別に厚生労働大臣が定める基準に該当する場合」については，大臣基準告示第82号に規定することとしたところであるが，より具体的には次のいずれかに該当する場合に減算される。

　これは適正なサービスの提供を確保するためのものであり，運営基準に係る規定を遵守するよう努めるものとする。市町村長（特別区の区長を含む。以下この第3において同じ。）は，当該規定を遵守しない事業所に対しては，遵守するよう指導すること。当該指導に従わない場合には，特別な事情がある場合を除き，指定の取消しを検討するものとする。
（1）指定居宅介護支援の提供の開始に際し，あらかじめ利用者に対して，
・利用者は複数の指定居宅サービス事業者等を紹介するよう求めることができること

- 利用者は居宅サービス計画に位置付けた指定居宅サービス事業者等の選定理由の説明を求めることができること

について文書を交付して説明を行っていない場合には，契約月から当該状態が解消されるに至った月の前月まで減算する。

（2）居宅サービス計画の新規作成及びその変更に当たっては，次の場合に減算されるものであること。

① 当該事業所の介護支援専門員が，利用者の居宅を訪問し，利用者及びその家族に面接していない場合には，当該居宅サービス計画に係る月（以下「当該月」という。）から当該状態が解消されるに至った月の前月まで減算する。

② 当該事業所の介護支援専門員が，サービス担当者会議の開催等を行っていない場合（やむを得ない事情がある場合を除く。以下同じ。）には，当該月から当該状態が解消されるに至った月の前月まで減算する。

③ 当該事業所の介護支援専門員が，居宅サービス計画の原案の内容について利用者又はその家族に対して説明し，文書により利用者の同意を得た上で，居宅サービス計画を利用者及び担当者に交付していない場合には，当該月から当該状態が解消されるに至った月の前月まで減算する。

（3）次に掲げる場合においては，当該事業所の介護支援専門員が，サービス担当者会議等を行っていないときには，当該月から当該状態が解消されるに至った月の前月まで減算する。

① 居宅サービス計画を新規に作成した場合
② 要介護認定を受けている利用者が要介護更新認定を受けた場合
③ 要介護認定を受けている利用者が要介護状態区分の変更の認定を受けた場合

（4）居宅サービス計画の作成後，居宅サービス計画の実施状況の把握（以下「モニタリング」という。）に当たっては，次の場合に減算されるものであること。

① 当該事業所の介護支援専門員が1月に利用者の居宅を訪問し，利用者に面接していない場合には，特段の事情のない限り，その月から当該状態が解消されるに至った月の前月まで減算する。

② 当該事業所の介護支援専門員がモニタリングの結果を記録していない状態が1月以上継続する場合には，特段の事情のない限り，その月から当該状態が解消されるに至った月の前月まで減算する。

厚生労働大臣が定める基準

82 居宅介護支援費における運営基準減算の基準

　指定居宅介護支援等の事業の人員及び運営に関する基準第4条第2項並びに第13条第7号，第9号から第11号まで，第14号及び第15号（これらの規定を同条第16号において準用する場合を含む。）に定める規定に適合していないこと。

Q20 以前の第5表「サービス担当者に対する照会（依頼）内容」を使用してはいけないの？

　サービス担当者への照会を行う場合，「サービス担当者に対する照会（依頼）内容」を使用していましたが，2008年の途中にこの帳票を居宅サービス計画書の様式から削除する旨の改正が行われました。

　その後，電話や担当者へ直接お会いしての照会の場合には居宅介護支援経過へ記載するようにしているのですが，書面による照会の場合には，サービス担当者も慣れている様式であり，「サービス担当者への照会（依頼）内容」を使っていても不都合はないことから，これを使用していました。

　ところが，他の居宅介護支援事業所の介護支援専門員から「削除された様式なのだから，いまだに使っているのはおかしいのではないか」と言われました。その方に「それでは，書面で照会する場合はどうしているの」と質問すると，「事業所で独自の様式をつくり，改正後はこれを使うようにしている」とのことでした。

　改正前の第5表「サービス担当者に対する照会（依頼）内容」は，現在は使用してはいけないものなのでしょうか。

A20 「サービス担当者に対する照会（依頼）内容」を事業所の独自様式との位置づけで使用して構いません。

　ご承知のとおり，2008年7月29日の通知により第5表「サービス担当者に対する照会（依頼）内容」の様式は削除され，サービス担当者会議に出席できなかったサービス担当者がいた場合には，照会した年月日，照会の内容とその回答，出席できなかった担当者の所属（職種）と氏名，出席できなかった理由を，会議の内容と併せて第4表「サービス担当者会議の要点」に記載することとされました。また，サービス担当者会議を開催しなかった場合には，開催しない理由，サービス担当者の氏名，照会した年月日，照会の内容とその回答を第4表「サービス担当者会議の要点」に記載することとされました。

　ただし，サービス担当者会議に出席できなかった担当者がいた場合，あるいはサービス担当者会議を開催しなかった場合のいずれであっても，「他の書類等により確認することができる場合は，本表への記載は省略して差し支えない」として，

第4表「サービス担当者会議の要点」以外で確認できればよいことになっています。
　改正前の第5表「サービス担当者に対する照会（依頼）内容」も「他の書類」に含まれますから，これを使うことに何ら問題はありませんが，第5表と記入されていることが紛らわしいようであれば，これを削除して使用すればよいでしょう。

【参考】
「指定居宅サービスに要する費用の額の算定に関する基準（訪問通所サービス，居宅療養管理指導及び福祉用具貸与に係る部分）及び指定居宅介護支援に要する費用の額の算定に関する基準の制定に伴う実施上の留意事項について」等の一部改正について
12　介護サービス計画書の様式及び課題分析標準課目の提示について（平成11年11月12日老企第29号）
　　別紙15のとおり改正するとともに，様式例を別紙16及び17のとおりとする。

○介護サービス計画書の様式及び課題分析標準項目の提示について
（平成11年11月12日老企第29号　厚生省老人保健福祉局企画課長通知）（抄）

改正後	改正前
（居宅サービス計画書記載要領）	（居宅サービス計画書記載要領）
1～3　略	1～3　略
4　第4表：「サービス担当者会議の要点」 　サービス担当者会議を開催した場合に，当該会議の要点について記載する。また，サービス担当者会議を開催しない場合や会議に出席できない場合に，サービス担当者に対して行った照会の内容等についても，記載する。	4　第4表：「サービス担当者会議の要点」
①～⑧　略	①～⑧　略
⑨「会議出席者」 　当該会議の出席者の「所属（職種）」及び「氏名」を記載する。本人又はその家族が出席した場合には，その旨についても記入する。また，当該会議に出席できないサービス担当者がいる場合には，その者の「所属（職種）」及び「氏名」を記載するとともに，当該会議に出席できない理由についても記入する。なお，当該会議に出席できないサービス担当者の「所属（職種）」，「氏名」又は当該会議に出席できない理由について他の書類等により確認することができる場合は，本表への記載を省略して差し支えない。	⑨「会議出席者」 　当該会議の出席者の「所属（職種）」及び「氏名」を記載する。本人又はその家族が出席した場合には，その旨についても記入する。

⑩「検討した項目」 　当該会議において検討した項目について記載する。当該会議に出席できないサービス担当者がいる場合には，その者の照会（依頼）した年月日，内容及び回答を記載する。また，サービス担当者会議を開催しない場合には，その理由を記載するとともに，サービス担当者の氏名，照会（依頼）年月日，照会（依頼）した内容及び回答を記載する。なお，サービス担当者会議を開催しない理由又はサービス担当者の氏名，照会（依頼）年月日若しくは照会（依頼）した内容及び回答について<u>他の書類等により確認することができる場合は，本表への記載を省略して差し支えない</u>。 ⑪〜⑬　略	⑩「検討した項目」 　当該会議において検討した項目について記載する。 ⑪〜⑬　略 5　第5表：「サービス担当者に対する照会（依頼）内容」

※別紙15の関連する部分のみを抜粋
※別紙16及び17は掲載省略

利用者からの同意

Q21 居宅サービス計画原案への同意の際の押印は，必ず第1表にもらわないといけないの？

　私が所属する居宅介護支援事業所の業務ソフトでは，第1表「居宅サービス計画書（1）」の最下部に，居宅サービス計画原案に対する利用者の同意欄が設けられています。これは，必ず印刷されるというものではなく，印刷時の設定でこの欄を印刷しないこともできるようになっています。

　これまで，居宅サービス計画原案を説明した際には，この欄に利用者の同意をいただくようにしていたのですが，従業員で業務内容の改善を検討した時に「居宅サービス計画原案の内容を説明したのがいつなのかわかるよう，一覧表になっていると確認しやすい。1枚の用紙で何回かの同意を繰り返しいただくようなやり方はできないのだろうか」との意見が出ました。

　この方法だと，居宅サービス計画の作成履歴が一目でわかり，活用する利点もあるように思いますので切り替えたいのですが，基準上の問題はないでしょうか。

A21 居宅サービス計画書標準様式の第1表に同意欄はありませんので，第1表以外でも差し支えありません。

　居宅サービス計画書標準様式を確認してほしいのですが，国が示す様式に同意欄はありません。したがって，居宅サービス計画書（1）と一体化している同意欄に同意を得なければならないということはありませんし，基準においても「文書により利用者の同意を得なければならない」との決まりはあるものの，どのような文書を用いるかまでは定められていません。つまりは，「このようにやりなさい」との具体的な方法は示されていないことになります。

　さまざまな種類の介護保険業務管理ソフトが開発されており，多くのソフトでは第1表の「居宅サービス計画書（1）」の最下部に居宅サービス計画原案に対する利用者の同意欄を設けておりますが，この方法以外は認めないとされているわけではありません。大阪府では参考様式として，「居宅サービス計画の同意書（兼受領書）」を公表していますので，このような様式により同意を得る方法でも差し支え

[参考]
第1表居宅サービス計画書（1）標準様式

第1表

居宅サービス計画書（1）

作成年月日 令和 年 月 日

初回 ・ 紹介 ・ 継続　　　　認定済 ・ 申請中

利用者名　　　　　殿　　生年月日　　年　月　日　　住所

居宅サービス計画作成者氏名

居宅介護支援事業者・事業所名及び所在地

居宅サービス計画作成（変更）日　令和　年　月　日　　初回居宅サービス計画作成日　令和　年　月　日

認定日　令和　年　月　日　　認定の有効期間　令和　年　月　日～令和　年　月　日

要介護状態区分	要介護1 ・ 要介護2 ・ 要介護3 ・ 要介護4 ・ 要介護5
利用者及び家族の生活に対する意向	
介護認定審査会の意見及びサービスの種類の指定	
統合的な援助の方針	
生活援助中心型の算定理由	1. 一人暮らし　2. 家族等が障害、疾病等　3. その他（　　　）

同意欄はありません

74

ないでしょう。もちろん，利用者が「説明を受けたこと」「同意したこと」が明確にわかる様式でしたら，ご質問にあるような独自の様式を用いた方法でも問題はないでしょう。

　なお，居宅サービス計画を利用者に「交付」したことも明らかとなるように，「原案について説明を受け内容に同意し，計画の交付を受けました」との文言を記しておくとよいでしょう。では，具体的にどのような様式であればよいのか，参考としてお示しします。

【参考】
指定居宅介護支援等の事業の人員及び運営に関する基準
第13条
10　介護支援専門員は，居宅サービス計画の原案に位置付けた指定居宅サービス等について，保険給付の対象となるかどうかを区分した上で，当該居宅サービス計画の原案の内容について利用者又はその家族に対して説明し，**文書により利用者の同意を得なければならない。**
11　介護支援専門員は，居宅サービス計画を作成した際には，当該居宅サービス計画を利用者及び担当者に交付しなければならない。

【参考】
大阪府参考様式

参考書式

居宅サービス計画の同意書（兼受領書）

　私は，別添の居宅サービス計画の原案について，説明者からその内容の説明を受けるとともに，この内容に同意したので，居宅サービス計画を受領します。

令和　　年　　月　　日

説明者	法人名	
	事業所名	
	介護支援専門員名	印

利用者	住所	
	氏名	印
代理者	住所	
	氏名	印

添付書類
1　令和　　年　　月　　日作成　　居宅サービス計画書（1）
　　　　　　　　　　　　　　　　　居宅サービス計画書（2）
　　　　　　　　　　　　　　　　　週間サービス計画書

2　令和　　年　　月　　日作成　　令和　　年　　月分　サービス利用票（兼居宅サービス計画書）
　　　　　　　　　　　　　　　　　　　　　　　　　　　サービス利用票別表

【参考】
筆者作成の参考様式

居宅サービス計画の同意書兼交付書

利用者氏名　　　　　　　　様

「原案について説明を受け内容に同意し，計画の交付を受けました」

交付回数	説明・同意日	交付日	使用した居宅サービス計画書を「○」で囲む	受領者（署名又は記名押印）
	年　月　日	年　月　日	第1表・第2表・第3表 第6表・第7表	
	年　月　日	年　月　日	第1表・第2表・第3表 第6表・第7表	
	年　月　日	年　月　日	第1表・第2表・第3表 第6表・第7表	
	年　月　日	年　月　日	第1表・第2表・第3表 第6表・第7表	
	年　月　日	年　月　日	第1表・第2表・第3表 第6表・第7表	

Q22 居宅サービス計画原案への同意には，押印が必要なの？

先日，居宅サービス計画原案の説明と同意のために利用者を訪問しました。コミュニケーションや認知能力に問題のない利用者なので本人にその内容を説明しました。そして，同意したことが明らかとなるように署名と押印をお願いしました。署名はいただくことができたのですが，「ハンコは家族が管理しているので，自分はどこにあるかわからない」とのこと。仕方がないので，押印していただけないままに事業所へ帰りました。

このことを上司へ報告したところ，「押印のない居宅サービス計画は指導の対象になるので，早急に家族と連絡を取って押印してもらうように」との指示がありました。市町村の窓口で手続きを行う場合，本人が書類に記載し申請するのであれば押印は不要なものが各種ありますので，居宅サービス計画原案への同意についても，私としては同様の扱いでもよいように思います。

上司が言うように，居宅サービス計画原案に同意をいただく場合には押印が必要なのでしょうか。

押印せず，署名のみでも問題ありません。

　居宅サービス計画の原案については，その内容を説明し，文書により同意を得ることが義務づけられていますので，あなたの事業所はこれをしっかりと行っている居宅介護支援事業所であることがうかがえます。

　さて，この同意を得るにあたり必ず押印が必要かとのご質問ですが，答えは「記名の場合には必要」です。本人が自分で氏名を書く場合を署名と呼び，署名にはそれだけで効力があるものです。一方，印刷したりゴム印を押したり，あるいは本人以外が氏名を書く場合などを記名と呼び，記名にはそれだけでは効力がなく，これに押印することで初めて効力があるものになります。

　この考え方は商法にあるもので，居宅介護支援は商法の適用を受ける事業ではありませんが，一般的な考え方も商法に準じて取り扱われることが多いように思います。

　したがって，署名をいただくことができたのでしたらそれだけで十分に同意の効力があるものなので，押印の有無は問わないことになります。これが署名ではなく記名の場合は，それだけでは効力がありませんので押印が必要です。

　なお，効力ではなく証拠力が問われるような場合には署名押印が最も有効なものとなりますので，署名に加えて押印してもらうのは無駄なことではありません。

書類の効力	署名押印＞署名＝記名押印＞記名
書類の証拠力	署名押印＞署名＞記名押印＞記名

> 【参考】
> **指定居宅介護支援等の事業の人員及び運営に関する基準**
> 第13条
> 10　介護支援専門員は，居宅サービス計画の原案に位置付けた指定居宅サービス等について，保険給付の対象となるかどうかを区分した上で，当該居宅サービス計画の原案の内容について利用者又はその家族に対して説明し，**文書により利用者の同意を得なければならない。**
>
> **商法**
> 第546条第1項　当事者間において媒介に係る行為が成立したときは，仲立人は，遅滞なく，次に掲げる事項を記載した書面（以下この章において「結約書」という。）を作成し，かつ，署名し，又は記名押印した後，これを各当事者に交付しなければならない。[略]

Q23 押印はインキ浸透印では駄目なの？

介護支援専門員になって1カ月目の新人です。居宅介護支援事業所に異動になる前は、5年間にわたり介護老人福祉施設の介護員をしていました。

居宅介護支援事業所に配属になった際、介護支援専門員の主任から「契約書や個人情報使用の同意書、居宅サービス計画原案への同意、毎月のサービス利用票への同意など、利用者から押印してもらう際には、インキ浸透印を使わないようにしてください。もちろん、あなたが使うのも同様です」との説明がありました。

これまで、介護員として業務に就いていた時には疑問を持たずにインキ浸透印を使っていましたが、改めてインキ浸透印を使わないようにと言われると、「どうして駄目なんだろう」との疑問がわいてきました。その理由を主任に尋ねてみると「この事業所の決まりごととして駄目なんです」と、はっきりとしない答えです。

インキ浸透印の使用について、明確に駄目とする理由があるのでしょうか。

A23 インキ浸透印では駄目とする法的根拠はありません。

朱肉を用いず、インクを補充するだけで繰り返し押印できる浸透印は、その手軽さからこれを使う方がたくさんおり、各家庭に1つといっても過言でないほど普及しているのが実情でしょう。このインキ浸透印、契約書等に使用することは法的に何の問題もないのですが、使用を避ける傾向にあるのもまた事実です。

それはなぜかといえば、このインクには朱肉にはない特徴があるからなのです。その特徴というのは、押印後に長い時間が経過すると印影が薄くなったり、紙質によってはにじみが生じたりしてしまう場合があります。契約等の際にはしっかりとあった印影が、何年後かにははっきりと読み取れなくなっていたのでは困りものです。また、繰り返し使用していくうちにインキ浸透印のゴムが劣化し、印影が変わることがあるのもインキ浸透印ではあり得ることです。

このような理由から、インキ浸透印は使用を避ける場合があるのです。もしも利用者がインキ浸透印を使おうとした際には、単に「認め印でお願いします」と言っただけでは、気分を害してしまう方がいるかもしれません。そのような無用なトラブルを避けるためにも、前述の理由をはっきりと伝えれば利用者も快く応じてくれることでしょう。

Q24 理解力が著しく低下している方でも，計画への同意は本人からいただかないといけないの？

「居宅サービス計画は，家族や居宅サービス事業所，居宅介護支援事業所を主体として作成するものではなく，あくまでも利用者を主体として作成するものです」と強調されていますので，これまで，理解力が著しく低下している方については，居宅サービス計画を作成した際に家族へ説明した場合であっても，同意者の欄には本人の氏名を書いていただいておりました。

しかし同時に，本人の氏名とした場合，理解力が著しく低下しているのに同意したことになるのか，家族へ説明しているのに本人の氏名ではおかしくないのかといった疑問もありました。

このことを事業所内で話題にしたところ，「家族に説明した場合でも本人の氏名を書く」「実際に説明を受けた家族の氏名を書く」というように，介護支援専門員によりさまざまなことがわかりました。本人のための居宅サービス計画だから家族の同意ではおかしいと思う反面，計画の説明を理解できていないような利用者の同意でもおかしいように思います。このような利用者の場合，誰から同意をいただいたらよいのでしょうか。

A24 この場合，居宅サービス計画への同意は，本人や家族からいただく以前に代理人が望ましいでしょう。

居宅サービス計画は本人を主体として作成するものかと問われれば，そのとおりと答えます。しかし，説明した内容を理解するのが難しい方から同意をいただくことについては問題があり，同意欄に署名あるいは記名押印があったとしても，同意そのものが成立しないとして指導を受けるかもしれません。

では，本人ではなく家族の同意でよいのかといえば，その前に目を向けていただきたいことがあります。それは代理人です。代理人は本人に代わって物事を進めることができる立場にある者ですから，居宅介護支援の契約を締結する時などに代理人が決まっていたとしたら，契約書に記載のある代理人から同意をいただくことが望ましいでしょう。

もしも，何かしらの事情により契約上の代理人が代理権を行使できないような場

合には，家族（便宜的な代理人）から同意をいただくこともあり得ると考えます。

【参考】
指定居宅介護支援等の事業の人員及び運営に関する基準
第13条
10 　介護支援専門員は，居宅サービス計画の原案に位置付けた指定居宅サービス等について，保険給付の対象となるかどうかを区分した上で，当該居宅サービス計画の原案の内容について利用者又はその家族に対して説明し，文書により利用者の同意を得なければならない。

指定居宅介護支援等の事業の人員及び運営に関する基準について
第2の3の（7）　指定居宅介護支援の基本取扱方針及び具体的取扱方針
⑩　居宅サービス計画の説明及び同意（第10号）
　居宅サービス計画に位置付ける指定居宅サービス等の選択は，利用者自身が行うことが基本であり，また，当該計画は利用者の希望を尊重して作成されなければならない。利用者に選択を求めることは介護保険制度の基本理念である。このため，当該計画原案の作成に当たって，これに位置付けるサービスについて，また，サービスの内容についても利用者の希望を尊重することとととともに，**作成された居宅サービス計画の原案についても，最終的には，その内容について説明を行った上で文書によって利用者の同意を得ることを義務づけることにより，**利用者によるサービスの選択やサービス内容等への利用者の意向の反映の機会を保障しようとするものである。
［略］

Q25 サービス利用票の利用者確認欄は，押印だけでは駄目なの？

　地域の介護支援専門員の研修会があり，その講師が「サービス利用票の同意欄に，利用者またはその家族の署名もしくは記名捺印があるかどうかを確認してください。普段の業務において，毎月のサービス利用票を交付する時には，自分で氏名を書いてもらう，そうでなければハンコを押してもらうだけではなく，併せて記名もないとまずいですよ」と話しておられました。

　私はこれまで，サービス利用票を交付した際には，利用者確認欄に苗字を書いてもらうかハンコを押してもらうかのどちらかの方法をとっていましたので，研修でのお話を聞いて驚きました。同じテーブルにいた他の参加者はどうかといえば，私と同じようにしているとの方ばかりでした。

　今回の研修でのお話が本当なのであれば，今後実地指導があった時，苗字だけでは駄目，ハンコだけでも駄目と言われるのではないかと心配です。

苗字のサイン，あるいは押印があれば十分です。

　居宅サービス計画原案の内容について利用者またはその家族に説明し，文書により同意を得ることとされていることから，毎月のサービス利用票を作成した際にはこの内容を利用者または家族に説明し，利用者確認欄へ同意を得て保管しておくことが必要です。

　また，居宅サービス計画を作成した際には，利用者および担当者にこれを交付することとされていることから，サービス提供事業所へはサービス利用票をもとに作成したサービス提供票を交付することになっています。

　さて，ご質問の利用者からの同意の方法ですが，苗字だけでよいのか，ハンコだけでよいのかといった詳細について居宅介護支援の基準には規定されていません。

　しかし，介護保険関係の資料をみると「同意を得るにあたっては，『サービス利用票』及び『サービス利用票別表』を利用者に提示し，1か月分の居宅サービス計画の内容（サービスの内容及び利用料）について説明し，同意が得られた場合は，『サービス利用票（控）』に確認（サイン又は押印）を受ける」とあり，厚生労働省（旧厚生省）としては「サイン又は押印」を想定していますので，このことからハンコだけでも問題ないことがわかります。

　一方の苗字だけの場合はどうかというと，資料では「サイン」としていますが，フルネームのものをサインというのか，苗字だけではサインとして認められないのかについては明確な答えがありません。ただし，利用者同意欄のスペースは，フルネームでの記入を想定しているとは考えにくい大きさですので，苗字だけでも差し支えないと考えます。

[参考]
第6表サービス利用票　標準様式

第6表　　令和　年　月分　サービス利用票（兼居宅サービス計画）

認定済・申請中

サイン、または押印をします
居宅介護支援事業者→利用者
利用者確認

保険者番号		保険者名		居宅介護支援事業者事業所名	
被保険者番号		フリガナ 被保険者氏名		担当者名 保険者確認印	
生年月日	明・大・昭　年　月　日	性別	男・女	要介護状態区分	1　2　3　4　5
				変更後要介護状態区分	1　2　3　4　5
				変更日	令和　年　月　日
				区分支給限度基準額	単位/月
				限度額適用期間	令和　年　月から 令和　年　月まで
				作成年月日	令和　年　月　日
				届出年月日	令和　年　月　日
				前月までの短期入所利用日数	日

月間サービス計画及び実績の記録

提供時間帯	サービス内容	サービス事業者 事業所名	日付	1	2	3	4	5	6	7	8	9	10	11	12	13	14	15	16	17	18	19	20	21	22	23	24	25	26	27	28	29	30	31	合計回数
			曜日																																		
			予定																																		
			実績																																		
			予定																																		
			実績																																		
			予定																																		
			実績																																		
			予定																																		
			実績																																		
			予定																																		
			実績																																		
			予定																																		
			実績																																		
			予定																																		
			実績																																		

【参考】
全国介護保険担当者会議資料－第2分冊－（2000年3月8日開催）10ページ

①居宅サービス計画対象月の前月末までの作業

居宅サービス計画原案の作成

○利用者によるサービス選択や，課題分析の結果に基づき，「居宅サービス計画」の原案を作成する。

○なお，「居宅サービス計画」原案の作成にあたっては，市町村，居宅サービス事業者，居宅介護支援事業者間でのサービス調整や，サービスの標準的な利用例等を勘案し，適切な作成が行われなければならない。

○「居宅サービス計画」の原案の作成と，支給限度額管理・利用者負担計算は平行して行う。

・計画に位置付けたサービスについて，保険給付対象内と対象外のサービスの区分や，支給限度基準を超えるサービスを計画する場合の支給限度内と限度外のサービスの区分を明らかにして，利用者負担額の計算を行う。

・具体的には，「居宅サービス計画原案」をもとに「サービス利用票」に1か月単位で「居宅サービス計画原案」の内容を記入し，「サービス利用票別表」で支給限度基準内外の切り分けを行って，それぞれにおいて利用者負担額を計算することとなる。

利用者への説明と同意の確認

○「居宅サービス計画原案」について，利用者の同意を得るにあたっては，「居宅サービス計画原案」に位置付けたサービスについて保険給付対象か否かの区分を行い，利用者またはその家族に対してサービスの内容，利用料その他の事項について説明を行わなければならない。

○同意を得るにあたっては，「サービス利用票」及び「サービス利用票別表」を利用者に提示し，1か月分の居宅サービス計画の内容（サービス内容及び利用料）について説明し，同意が得られた場合は，「サービス利用票（控）」に確認（サインまたは押印）を受ける。

※なお，「サービス利用票」及び「サービス利用票別表」については，保険給付にかかる適切な実績管理を行う必要性があることから，保険給付対象分の記載を原則としている。

　ただし，利用者負担額等について利用者には総括的な説明を行うため，下記についても保険給付対象分とは区別して記載することを基本とする。（または，「週間サービス計画表」等に記載する。）

・保険給付対象サービス提供にともなう保険給付外の費用等
（通常の実施地域を超えた送迎費用　等）

・他法による公費負担適用分（公費負担優先の医療の給付　等）
また，保険給付対象外サービス（配食サービス　等）についても，任意で記載を行うこととする。

居宅サービス計画の交付

2018年改正基準対応！

Q26 理学療法士，作業療法士または言語聴覚士による訪問看護を利用する場合，訪問看護費を算定しての定期的な看護職員の訪問も居宅サービス計画に位置づけなければならないの？

2018年の介護保険制度改正により，居宅サービスの事業の解釈通知にも改正が加わり，理学療法士，作業療法士または言語聴覚士による訪問看護について，定期的な看護職員による訪問も必要になりました。

改正以前から理学療法士による訪問看護を利用している利用者について，訪問看護事業所から「2018年4月からは，月1回でよいので居宅サービス計画へ看護職員による訪問看護も位置づけてほしい。そうしないと，理学療法士によるリハビリテーションが継続できなくなる」と言われ，言われるまま無理やりなニーズや目標をこじつけ，居宅サービス計画へ看護職員による訪問看護を位置づけたことがありました。

今になって思えば，サービスありきでの居宅サービス計画の変更であり，不適切な取り扱いだったように思います。これから先も理学療法士，作業療法士または言語聴覚士による訪問看護を利用する場合，訪問看護費を算定しての定期的な看護職員の訪問も居宅サービス計画に位置づけなければならないのでしょうか。

A26 定期的な看護職員の訪問が必要ですが，訪問看護費の算定を条件とはしていません。

「理学療法士，作業療法士又は言語聴覚士による訪問看護は，その訪問が看護業務の一環としてのリハビリテーションを中心としたものである場合に，看護職員の代わりに訪問させるという位置付けのもの」であり，したがって，本来訪問すべきは看護職員であり，「定期的な看護職員による訪問により利用者の状態の適切な評価を行うこと」が必要だとの改正主旨なのでしょう。

看護職員が訪問するのは「利用者の状態の適切な評価」のためであり，これだけのために訪問看護費を算定することはできません。看護職員による訪問看護の利用

の必要性があれば，訪問看護費を算定しての定期的な看護職員の訪問も居宅サービス計画に位置づけることができるかもしれませんが，不要であれば，訪問看護費を算定しての定期的な看護職員の訪問は居宅サービス計画に位置づけることができません。しかし，看護職員による訪問看護費を算定しない場合であっても，看護職員は理学療法士等による訪問看護の利用に関連し「利用者の状態の適切な評価」のために訪問しなければなりません。「看護職員が訪問するのだから訪問看護費を算定できる」のではなく，理学療法士等による訪問看護に含まれる訪問との意味合いになるでしょう。

　Q＆Aでも「当該事業所の看護職員による訪問については，必ずしもケアプランに位置づけ訪問看護費の算定までを求めるものではないが，訪問看護費を算定しない場合には，訪問日，訪問内容等を記録すること」との見解が示されています。

【参考】
指定居宅サービスに要する費用の額の算定に関する基準（訪問通所サービス，居宅療養管理指導及び福祉用具貸与に係る部分）及び指定居宅介護支援に要する費用の額の算定に関する基準の制定に伴う実施上の留意事項について

第2の4　訪問看護費
（4）　理学療法士，作業療法士又は言語聴覚士の訪問について
① 　理学療法士，作業療法士又は言語聴覚士による訪問看護は，その訪問が看護業務の一環としてのリハビリテーションを中心としたものである場合に，看護職員の代わりに訪問させるという位置付けのものである。［略］
② 　［略］
③ 　理学療法士，作業療法士又は言語聴覚士が訪問看護を提供している利用者については，毎回の訪問時において記録した訪問看護記録書等を用い，適切に訪問看護事業所の看護職員及び理学療法士，作業療法士若しくは言語聴覚士間で利用者の状況，実施した内容を共有するとともに，訪問看護計画書（以下，「計画書」という。）及び訪問看護報告書（以下，「報告書」という。）は，看護職員（准看護師を除く）と理学療法士，作業療法士若しくは言語聴覚士が連携し作成すること。また，主治医に提出する計画書及び報告書は理学療法士，作業療法士又は言語聴覚士が実施した内容も一体的に含むものとすること。
④ 　［略］
⑤ 　計画書及び報告書の作成にあたっては，訪問看護サービスの利用開始時及び利用者の状態の変化等に合わせ，定期的な看護職員による訪問により利用者の状態の適切な評価を行うこと。
⑥ 　⑤における，訪問看護サービスの利用開始時とは，利用者が過去2月間（歴月）において当該訪問看護事業所から訪問看護（医療保険の訪問看護を含む。）の提供

を受けていない場合であって，新たに計画書を作成する場合をいう。また，利用者の状態の変化等に合わせた定期的な訪問とは，主治医からの訪問看護指示書の内容が変化する場合や利用者の心身状態や家族等の環境の変化等の際に訪問することをいう。

平成30年度介護報酬改定に関するＱ＆Ａ（Vol.1）

問21

留意事項通知において，「計画書及び報告書の作成にあたっては，訪問看護サービスの利用開始時及び利用者の状態の変化等に合わせ，定期的な看護職員による訪問により利用者の状態の適切な評価を行うこと。」とされたが，看護職員による訪問についてどのように考えればよいか。

（答）

訪問看護サービスの「利用開始時」については，利用者の心身の状態等を評価する観点から，初回の訪問は理学療法士等の所属する訪問看護事業所の看護職員が行うことを原則とする。また，「定期的な看護職員による訪問」については，訪問看護指示書の有効期間が6月以内であることを踏まえ，少なくとも概ね3ヶ月に1回程度は当該事業所の看護職員による訪問により，利用者の状態の適切な評価を行うものとする。なお，当該事業所の看護職員による訪問については，必ずしもケアプランに位置づけ訪問看護費の算定までを求めるものではないが，訪問看護費を算定しない場合には，訪問日，訪問内容等を記録すること。

Q27 利用者の同意が明記された居宅サービス計画の原本は，写しを居宅サービス事業所に交付しなければいけないの？

　一連のケアマネジメントにおいて，居宅サービス計画の原案を作成，サービス担当者会議を開催し，居宅サービス計画を説明後，同意を得てから，交付を行わなければならないことは，居宅介護支援の運営基準や解釈通知でも明らかですので，適正な事業運営に努め，法令通知を遵守することを意識して業務にあたっています。

　以前は，この「居宅サービス計画の交付」について，第1表の「生活援助中心型の算定理由」欄の下に同意をいただいていない居宅サービス計画（同意欄を設定していない計画）を居宅サービス事業所へ交付していました。もちろん，利用者から居宅サービス計画への同意をいただいた内容であり，介護支援専門員が持つ第1表

最下部の同意欄には利用者の同意を受けています。介護支援専門員の手元にある居宅サービス計画と居宅サービス事業所に交付した居宅サービス計画では、同意欄があるかないか以外の違いはありません。

しかし、居宅サービス事業所に対して「第1表への利用者の同意が分かるものを整備しなさい」と指摘されたため、介護支援専門員が持つ第1表のコピーを改めて提供して差し替えるという動きが複数の居宅サービス事業所で見られました。

そのため、居宅サービス計画への利用者の同意のあり方を見直し、介護支援専門員が保管する計画に加え、居宅サービス事業所へ交付する分にも利用者や家族から氏名を記入していただき、押印してもらうようにしました。例えば、2カ所の居宅サービス事業所を利用する場合、介護支援専門員分も含めて3通の居宅サービス計画について、利用者や家族に氏名を記入していただき、押印もしてもらうようにしました。

すると、居宅サービス事業所から、今度は、「介護支援専門員が保管している同意入りの居宅サービス計画が原本であり、居宅サービス事業所は原本の写しの交付を受けるようにしなければならないとの指摘を受けた。以前のように、介護支援専門員が持っている第1表のコピーを提供してもらえないか」というお願いがありました。

例えば、サービス担当者会議で居宅サービス計画の原案内容を検討し、修正が必要との意見がなく原案どおりに承認された場合、効率的にその場で交付できれば時間の無駄なく居宅サービス事業所は個別サービス計画の作成に取り掛かれます。また、介護支援専門員もコピーを取って配布し直す必要がないと考えて、複数の居宅サービス計画に家族からの同意の記入をお願いしていたのですが、このやり方は不適切なのでしょうか。

同意欄へ記入いただいた筆跡は完全に一致するものではありませんが、それ以外は介護支援専門員が持つ居宅サービス計画と居宅サービス事業所が持つ居宅サービス計画に違いはありません。

A27 介護支援専門員が保管している同意入りの居宅サービス計画が唯一の原本というわけではありません。写しの提出は不要です。

まず、居宅サービス計画の交付に「原本は1つ」という概念がなじむのかが疑問です。

居宅介護支援の運営基準及び解釈通知では，利用者から居宅サービス計画の同意を得ることと，利用者および担当者へ交付することが義務づけられています。また，解釈通知では，同意が必要な計画は，第1表から第3表およびサービス利用票並びにサービス利用票別表であることが明確にされています。

　このことから，第1表から第3表までの3通りの帳票のみならず，サービス利用票およびサービス利用票別表も居宅サービス計画の構成帳票であることは明らかです。しかし，2000年3月8日に開催された全国介護保険担当者会議資料の第2分冊を見ると，『サービス利用票』は2部作成し，1部を利用者に交付し，利用者の確認を受けた『サービス利用票』を居宅介護支援事業者（控）として保管する」とあります。

　「原本は1つ」との概念により居宅サービス計画（サービス利用票）を交付するのであれば，サービス利用票を2部作成する必要はありません。『サービス利用票』を1部作成し，利用者の確認を受けたのちに，この確認を受けた『サービス利用票』を利用者に交付する」ということでなければ，不適切な業務になってしまいます。なぜなら，交付の対象は利用者および担当者とされていますので，各々は同列に扱われるからです。ということは，サービス利用票についても，「利用者への交付も同意を得た後のコピーでなければならない」ということになり，同じ居宅サービス計画でありながら，第1表から第3表までとサービス利用票およびサービス利用票別表の扱いを異なるものにしては矛盾が生じます。

　なお，国の通知である「介護サービス計画書の様式及び課題分析標準項目について」の別紙1に定められた第1表を見ると，帳票構成の最下部は「生活援助中心型の算定理由」欄であり，利用者の同意欄は規定されていないことが分かります。このことから，利用者や家族からの文書の同意を第1表へ受けるかどうかは任意であり，同意のための別紙を用いても差し支えないということになります。

　別紙を用いた場合は介護支援専門員が持つ第1表には利用者の同意が明記されないため，利用者の同意が明記されていない居宅サービス計画を居宅サービス事業所へ交付することがあってもおかしくはありません。

【参考】
指定居宅介護支援等の事業の人員及び運営に関する基準
第13条
10 　介護支援専門員は，居宅サービス計画の原案に位置付けた指定居宅サービス等について，保険給付の対象となるかどうかを区分した上で，当該居宅サービス計画の原案の内容について利用者又はその家族に対して説明し，文書により利用者の同意を得なければならない。
11 　介護支援専門員は，居宅サービス計画を作成した際には，当該居宅サービス計画を利用者及び担当者に交付しなければならない。

指定居宅介護支援等の事業の人員及び運営に関する基準について
第2の3の（7） 指定居宅介護支援の基本取扱方針及び具体的取扱方針
⑩居宅サービス計画の説明及び同意（第10号）
　居宅サービス計画に位置付ける指定居宅サービス等の選択は，利用者自身が行うことが基本であり，また，当該計画は利用者の希望を尊重して作成されなければならない。利用者に選択を求めることは介護保険制度の基本理念である。このため，当該計画原案の作成に当たって，これに位置付けるサービスについて，また，サービスの内容についても利用者の希望を尊重することとともに，作成された居宅サービス計画の原案についても，最終的には，その内容について説明を行った上で文書によって利用者の同意を得ることを義務づけることにより，利用者によるサービスの選択やサービス内容等への利用者の意向の反映の機会を保障しようとするものである。
　また，当該説明及び同意を要する居宅サービス計画原案とは，いわゆる居宅サービス計画書の第1表から第3表まで，第6表及び第7表（「介護サービス計画書の様式及び課題分析標準項目の提示について」（平成11年11月12日老企第29号厚生省老人保健福祉局企画課長通知）に示す標準様式を指す。）に相当するものすべてを指すものである。

全国介護保険担当者会議（2000年3月8日開催）資料
第二分冊11ページ
2の（2）の① 　居宅サービス計画対象月の前月末までの作業
利用者への説明と同意の確認
○「サービス利用票」は2部作成し，1部を利用者に交付し，利用者の確認を受けた「サービス利用票」を居宅介護支援事業者（控）として保管する。

第1表から第3表の取り扱い

Q28 「認知症加算」を算定する通所介護事業所がある場合，利用者や事業所へ交付する居宅サービス計画に認知症自立度を記載しなければならないの？

2人体制の居宅介護支援事業所で実務に就いて3カ月の介護支援専門員です。
　現在の居宅介護支援事業所で働きはじめた時，2人の先輩からそれぞれ利用者を6名ずつ引き継ぎ，入職した月は12名を担当しました。次の月は新規の利用者が2名増えて14名となり，今月も2名の新規利用者を受け持つことになり，現在は16名を担当しています。この16名のうち，最初に引き継いだ利用者の中に要介護認定の更新を迎える利用者が1名います。

　この利用者は，以前は要支援状態にあり地域包括支援センター（介護予防支援事業所）で担当していましたが，2年半前に要介護1の認定を受けたことにより，それからはうちの居宅介護支援事業所で担当しています。次の更新認定でも要介護1の認定でしたが，その次の更新認定（直近の更新認定）では要介護2でした。

　うちの居宅介護支援事業所で担当するようになった時には直前のことも忘れるほどの物忘れがあり，繰り返し同じことを尋ねる，薬や金銭の管理ができないなどの状態で，主治医意見書の認知症高齢者の日常生活自立度はⅡaと記載されていました。直近の更新認定では，排尿や着替えに一部介助が必要，洗身にも一部介助が必要な状態となり，今の季節がわからないことなども加わって，主治医意見書の認知症高齢者の日常生活自立度はⅢaとなりました。この利用者を含め，通所介護事業所を利用しており認知症加算を算定する利用者は4名おります。

　このたびの更新認定にあたり居宅サービス計画を変更（再作成）することになるわけですが，現在の計画を見ると，「居宅サービス計画書（1）」の総合的な援助の方針の欄に「主治医意見書の認知症高齢者の日常生活自立度：Ⅲa」との記載があるのが目に留まりました。なぜわざわざ記載してあるのか以前に担当していた先輩に確認すると，「留意事項通知で，認知症自立度や判定した医師名などを記載する決まりになっているから」との答えが返ってきました。

　当然のことながら，居宅サービス計画は利用者に交付するものですし，利用者の目に触れる帳票に「認知症高齢者の日常生活自立度」と記載することに私は違和感を覚えます。これから居宅サービス計画を再作成するにあたり，できれば認知症高

齢者の日常生活自立度は記載したくないのですが，これは居宅サービス計画に記載しなければならないものなのでしょうか。

A28 交付する計画書に認知症自立度を記載する必要はありません。

　居宅サービス計画を作成する側（介護支援専門員）や認知症加算を算定する側（通所介護事業所）の意図としては，「認知症加算を算定する根拠を明確にするため」かもしれませんが，居宅サービス計画の交付を受ける側（利用者）にしてみれば，たとえ認知症の診断を言い渡されていたり，認知症の事実を受け止めていたりしたとしても，居宅サービス計画書に「認知症」の記載があるのは快く思えないかもしれません。これは，居宅サービス計画の作成にあたり配慮したい事柄だと思います。

　さて，認知症加算を算定する際に認知症高齢者の日常生活自立度を居宅サービス計画書に記載しなければならないかとの質問ですが，結論からいえば，記載する必要はありません。

　認知症加算を算定する要件の一つとして，厚生労働大臣が定める基準により「指定通所介護事業所における前年度又は算定日が属する月の前3月間の利用者の総数のうち，日常生活に支障を来すおそれのある症状又は行動が認められることから介護を必要とする認知症の者の占める割合が100分の20以上であること」と規定され，このうち「日常生活に支障を来すおそれのある症状若しくは行動が認められることから介護を必要とする認知症の利用者」とはどのような利用者を言うのかは，留意事項通知で「日常生活自立度のランクⅢ，Ⅳ又はMに該当する者を指す」とされています。

　そして，同じく留意事項通知の通則には「『認知症高齢者の日常生活自立度』（以下「日常生活自立度」という。）を用いる場合の日常生活自立度の決定に当たっては，医師の判定結果又は主治医意見書（以下この号において『判定結果』という。）を用いるものとする」とあり，この判定結果については「判定した医師名，判定日と共に，居宅サービス計画又は各サービスのサービス計画に記載するものとする」とあります。

　ここまでのことから，「認知症高齢者の日常生活自立度は居宅サービス計画又は各サービスのサービス計画に記載する」となるわけですが，平成21年4月改定関係Q&A（Vol.1）によると，認知症高齢者の日常生活自立度の記録方法について「認知症加算において，認知症高齢者の日常生活自立度については，どのように記

録しておくのか」との質問に対し，「主治医意見書の写し等が提供された場合は，居宅サービス計画等と一体して保存しておくものとする」と回答していますので，居宅サービス計画書に明記していなくても，判定結果がわかるものを居宅サービス計画書と一緒に保存しておけばよいということになります。

　なお，記載方法については以上のような取り扱いになりますが，平成27年度介護報酬改定に関するQ&A（Vol.1）にあるとおり，介護支援専門員はサービス担当者会議などを通じ，認知症高齢者の日常生活自立度も含めてサービス提供者間で情報を共有することになります。

【参考】
厚生労働大臣が定める基準
17　通所介護費における認知症加算の基準
　次に掲げる基準のいずれにも適合すること。
イ　［略］
ロ　指定通所介護事業所における前年度又は算定日が属する月の前3月間の利用者の総数のうち，日常生活に支障を来すおそれのある症状又は行動が認められることから介護を必要とする認知症の者の占める割合が100分の20以上であること。
ハ　［略］

指定居宅サービスに要する費用の額の算定に関する基準（訪問通所サービス，居宅療養管理指導及び福祉用具貸与に係る部分）及び指定居宅介護支援に要する費用の額の算定に関する基準の制定に伴う実施上の留意事項について
第2の7　通所介護費
(13)　認知症加算について
②　「日常生活に支障を来すおそれのある症状又は行動が認められることから介護を必要とする認知症の者」とは，日常生活自立度のランクⅢ，Ⅳ又はMに該当する者を指すものとし，これらの者の割合については，前年度（3月を除く。）又は届出日の属する月の前3月の1月当たりの実績の平均について，利用実人員数又は利用延人員数を用いて算定するものとし，要支援者に関しては人員数には含めない。

指定居宅サービスに要する費用の額の算定に関する基準（訪問通所サービス，居宅療養管理指導及び福祉用具貸与に係る部分）及び指定居宅介護支援に要する費用の額の算定に関する基準の制定に伴う実施上の留意事項について
第2の1の（7）「認知症高齢者の日常生活自立度」の決定方法について
①　加算の算定要件として「「認知症高齢者の日常生活自立度判定基準」の活用について」（平成5年10月26日老健第135号厚生省老人保健福祉局長通知）に規定する「認知症高齢者の日常生活自立度」（以下「日常生活自立度」という。）を用いる場合の日常生活自立度の決定に当たっては，医師の判定結果又は主治医意見書（以下この号において「判定結果」という。）を用いるものとする。
②　①の判定結果は，判定した医師名，判定日と共に，居宅サービス計画又は各サービスのサー

ビス計画に記載するものとする。また，主治医意見書とは，「要介護認定等の実施について」（平成21年9月30日老発0930第5号厚生労働省老健局長通知）に基づき，主治医が記載した同通知中「3　主治医の意見の聴取」に規定する「主治医意見書」中「3．心身の状態に関する意見（1）日常生活の自立度等について・認知症高齢者の日常生活自立度」欄の記載をいうものとする。なお，複数の判定結果がある場合にあっては，最も新しい判定を用いるものとする。

③　医師の判定が無い場合（主治医意見書を用いることについて同意が得られていない場合を含む。）にあっては，「要介護認定等の実施について」に基づき，認定調査員が記入した同通知中「2（4）認定調査員」に規定する「認定調査票」の「認定調査票（基本調査）」7の「認知症高齢者の日常生活自立度」欄の記載を用いるものとする。

平成21年4月改定関係Q&A（Vol.1）

（問67）認知症加算において，認知症高齢者の日常生活自立度については，どのように記録しておくのか。

（答）
　主治医意見書の写し等が提供された場合は，居宅サービス計画等と一体して保存しておくものとする。
　それ以外の場合は，主治医との面談等の内容を居宅介護支援経過等に記録しておく。
　また，認知症高齢者の日常生活自立度に変更があった場合は，サービス担当者会議等を通じて，利用者に関する情報共有を行うものとする。

平成27年度介護報酬改定に関するQ&A（Vol.1）

問32　認知症高齢者の日常生活自立度の確認方法如何。

（答）
1　認知症高齢者の日常生活自立度の決定に当たっては，医師の判定結果又は主治医意見書を用いて，居宅サービス計画又は各サービスの計画に記載することとなる。
　なお，複数の判定結果がある場合には，最も新しい判定を用いる。
2　医師の判定が無い場合は，「要介護認定等の実施について」に基づき，認定調査員が記入した同通知中「2（4）認定調査員」に規定する「認定調査票」の「認定調査票（基本調査）」7の「認知症高齢者の日常生活自立度」欄の記載を用いるものとする。
3　これらについて，介護支援専門員はサービス担当者会議などを通じて，認知症高齢者の日常生活自立度も含めて情報を共有することとなる。
（注）指定居宅サービスに要する費用の額の算定に関する基準（訪問通所サービス，居宅療養管理指導及び福祉用具貸与に係る部分）及び指定居宅介護支援に要する費用の額の算定に関する基準の制定に伴う実施上の留意事項について（平成12年3月1日老企第36号厚生省老人保健福祉局企画課長通知）第二1（7）「「認知症高齢者の日常生活自立度」の決定方法について」の記載を確認すること。

Q29 居宅サービス計画書の第1表から第3表も毎月交付するの？

　先日，近くの居宅介護支援事業所の方と介護支援専門員の仕事の話をしたのですが，「介護保険制度が始まった2000年からの決まりで，居宅サービス計画書の第1表から第3表もサービス利用票と一緒に毎月交付していないと，実地指導の時に指摘されるらしいよ」とのうわさを耳にしました。

　私は2000年から介護支援専門員をしていますが，これまでの研修等でそのようなことを聞いたこともなく，第1表から第3表は毎月交付しないできました。私が勤務する事業所の同僚も同様です。これまでのことは仕方がありませんので，実地指導で指摘された時にはこれを真摯に受け止める覚悟でおりますが，もしもこの話が本当なのであれば，これから先は交付しなければならないと思っています。

　しかし，居宅サービス計画書の第1表から第3表は毎月変わるものではありませんので用紙や手間の無駄のようにも思いますし，その方からのお話だけなので，正直いって疑う気持ちもあります。

　居宅サービス計画書の第1表から第3表を毎月交付しなければならないとの話について，本当のところはどうなのでしょうか。

A29 居宅サービス計画書第1表から第3表は，変更した時に交付します。

　実務を行う中で疑問が生じた時，法令や通知に立ち返って確認することは非常に大切なのですが，残念ながら今回の質問のことに関しては，介護保険法や施行規則，居宅介護支援の事業の基準や解釈通知などをみても明らかにはなりません。

　しかし，2003年の基準改正の際に厚生労働省が意見募集を行ったのですが，この結果にある厚生労働省の考え方をみると，第6表と第7表のみに変更が必要な場合には，第1表から第3表は省略して差し支えないことが読み取れます。

　第6表のサービス利用票は暦形式の様式であり，月を単位として作成するものなので当然ながら毎月の変更が必要ですし，第7表のサービス利用票別表は，サービス利用票に基づき月を単位として作成するものなので，サービス利用票に変更が生じればサービス利用票別表も毎月の変更が必要になるわけです。

　一方，居宅サービス計画書の第1表から第3表は月を単位として作成するものではないので，毎月の変更は生じないことになります。

このように，第1表から第3表の作成頻度と，第6表と第7表の作成頻度の違いから考えても，第1表から第3表を毎月交付するのは大して意味のないことでしょう。

【参考】
指定居宅サービス事業者，指定居宅介護支援事業者及び介護保険施設の指定基準等の一部改正に対して寄せられた御意見について（抄）
2．指定居宅介護支援等の事業の人員及び運営に関する基準関係
（2）居宅サービス計画の利用者への交付について
意見：居宅サービス計画の内容の変更がなくても，一律に交付しなくてはならないのか。
厚生労働省の考え方：居宅サービス計画を作成・変更した際には，当該居宅サービス計画を利用者に交付しなければならないこととしています。少なくとも居宅サービス計画書の第7表及び第8表については，毎月変更されるものと考えられます。

筆者注釈：ここでいう「第7表」は現在の「第6表」を，「第8表」は「第7表」を指します。

Q30 居宅サービス事業所に交付する居宅サービス計画は，利用者の同意が記されたものでなければいけないの？

数名の方の利用をお願いしている訪問介護事業所に実地指導があり，その責任者から「実地指導の際に『介護支援専門員から交付を受ける居宅サービス計画は，利用者の同意があったことがわかるものを受領するようにしてください』と言われたので，今後は，同意欄に署名あるいは記名押印があるものを交付してください。居宅サービス計画書（1），居宅サービス計画書（2），週間サービス計画表のすべてに同意が必要なわけではなく，居宅サービス計画書（1）で同意したことがわかればよいとのことでしたので，よろしくお願いします」との電話がありました。

これまでのサービス担当者会議では，私以外の参加者へは同意欄がない居宅サービス計画原案をお配りし，私は同意欄が空欄になっている原案を使用して会議を行ってきました。そして会議の結果，居宅サービス計画原案に変更が必要ない場合

には，私が使用した原案へ同意をいただくようにし，利用者や参加したサービス担当者には，原案をそのまま居宅サービス計画として交付しておりました。そして，会議終了後にあらかじめ用意しておいた居宅サービス計画の交付書兼受領書をお渡ししていました。このようなやり方でしたので，サービス事業所では同意があったかどうか確認できない計画書を保存していることになるわけです。

訪問介護事業所が指導を受けたということは，私のやり方は不適切なのでしょうか。

A30 利用者の同意が記載されていない居宅サービス計画を居宅サービス事業所へ交付しても差し支えありません。

そもそも居宅サービス計画書（1）の同意欄は，居宅サービス計画書標準様式にはないものですから，この欄の使用は必須ではありません。しかし，居宅介護支援の基準では利用者からの同意は書面により得なければならないとされていることから，この同意欄を使用している介護支援専門員は多いと思います。

また同基準では，利用者と担当者へ居宅サービス計画を交付しなければならないとされていますが，担当者へ同意の書面の写しを交付しなければならないとの決まりはありません。このことから，あなたのやり方に不適切な点はないでしょうし，むしろコストの削減や業務の効率化といった点からは評価されるやり方でしょう。サービス担当者会議により，居宅サービス計画原案と相違ないとの結果を得られたのであれば，原案をそのまま居宅サービス計画として利用者と担当者へ交付しても差し支えありません。

【参考】

第1表居宅サービス計画書（1）標準様式（Q21【参考】P.74参照）

指定居宅介護支援等の事業の人員及び運営に関する基準

第13条

11　介護支援専門員は，居宅サービス計画を作成した際には，当該居宅サービス計画を利用者及び担当者に交付しなければならない。

【参考】
大阪府参考様式

参考書式	居宅サービス計画の交付書兼受領書		〈事業者間用〉
居宅介護支援事業所	所在地		
	名称		
介護支援専門員名			

　下記の利用者に係る居宅サービス計画を作成（変更）しましたので，趣旨及び内容等を説明のうえ，これを交付します。

交付書類
1　令和　　年　　月　　日作成　居宅サービス計画書（1）
　　　　　　　　　　　　　　　　居宅サービス計画書（2）
　　　　　　　　　　　　　　　　週間サービス計画書
2　令和　　年　　月　　日作成　令和　　年　　月分　サービス提供票
　　　　　　　　　　　　　　　　サービス提供票別表

記

利用者	住所	
	氏名	
居宅サービス計画作成年月日	令和　　年　　月　　日	

　上記の利用者に係る居宅サービス計画について，趣旨及び内容等の説明を受け，これを受領しました。

居宅サービス事業所	所在地	
	名称	
サービス種類		
担当者名		

（備考）　本書は2部作成し，居宅介護支援事業所と居宅サービス事業所の双方で1部ずつ保管するものとします。

2018年改正基準対応！
Q31 主治医が複数いる利用者の場合，居宅サービス計画を複数の医師に交付することになるの？

　2018年の介護保険制度改正により，居宅介護支援の事業の運営基準と解釈通知に改正が加わり，介護支援専門員は，居宅サービス計画を作成した際には，当該居宅サービス計画を主治の医師または歯科医師に交付しなければならないことになりました。

　これについて，例えば利用者が内科，整形外科，歯科と3つの診療所へ通院しており，それぞれに違う医師または歯科医師が診ているような場合，それぞれの主治医等（3人）へ居宅サービス計画を交付することになるのでしょうか。

また，居宅サービス計画を交付していない場合には，何かしらのペナルティーがあるのでしょうか。

A31 医療サービスを計画へ位置づけるにあたり，意見を求めた主治の医師等に交付します。

　2018年の介護保険制度改正においても地域包括ケアシステムの推進に重点が置かれ，その一環として医療と介護の役割分担と連携の一層の推進が位置づけられています。この医療と介護に連携策として，居宅サービス計画を作成した際には，当該居宅サービス計画を主治の医師または歯科医師に交付しなければならないとされたと考えられます。

　さて，居宅サービス計画交付の対象となる主治医等についてですが，運営基準（指定居宅介護支援等の事業の人員及び運営に関する基準）第13条第19号及び第19号の2を読んだだけでは，利用者を診ている複数の主治の医師または歯科医師に居宅サービス計画を交付しなければならないという意味にも読み取れます。これについて解釈通知（指定居宅介護支援等の事業の人員及び運営に関する基準について）に目を移すと，「当該意見を踏まえて作成した居宅サービス計画については，意見を求めた主治の医師等に交付しなければならない」とされていることが分かります。

　例えば，意見を求めたのが内科の医師であれば内科の医師に，内科と整形外科の医師に意見を求めたのであれば両方に居宅サービス計画を交付することになります。

【参考】
指定居宅介護支援等の事業の人員及び運営に関する基準
第13条
19　介護支援専門員は，利用者が訪問看護，通所リハビリテーション等の医療サービスの利用を希望している場合その他必要な場合には，利用者の同意を得て主治の医師等の意見を求めなければならない。
19の2　前号の場合において，介護支援専門員は，居宅サービス計画を作成した際には，当該居宅サービス計画を主治の医師等に交付しなければならない。

指定居宅介護支援等の事業の人員及び運営に関する基準について
第2の3の（7）　指定居宅介護支援の基本取扱方針及び具体的取扱方針
⑳　主治の医師等の意見等（第19号・第19号の2・第20号）
　訪問看護，訪問リハビリテーション，通所リハビリテーション，居宅療養管理指導，

> 短期入所療養介護，定期巡回・随時対応型訪問介護看護（訪問看護サービスを利用する場合に限る。）及び看護小規模多機能型居宅介護（訪問看護サービスを利用する場合に限る。）については，主治の医師等がその必要性を認めたものに限られるものであることから，介護支援専門員は，これらの医療サービスを居宅サービス計画に位置付ける場合にあっては主治の医師等の指示があることを確認しなければならない。
> 　このため，利用者がこれらの医療サービスを希望している場合その他必要な場合には，介護支援専門員は，あらかじめ，利用者の同意を得て主治の医師等の意見を求めるとともに，主治の医師等とのより円滑な連携に資するよう，当該意見を踏まえて作成した居宅サービス計画については，意見を求めた主治の医師等に交付しなければならない。なお，交付の方法については，対面のほか，郵送やメール等によることも差し支えない。また，ここで意見を求める「主治の医師等」については，要介護認定の申請のために主治医意見書を記載した医師に限定されないことに留意すること。
> ［略］

Q32 居宅サービス計画書に「長期目標」欄と「短期目標」欄の区別は必要なの？

　現在，私が所属する事業所では，介護保険業務用PCソフトを導入し，居宅サービス計画書（1），居宅サービス計画書（2），週間サービス計画表，サービス担当者会議の要点，居宅介護支援経過，サービス利用票，サービス利用票別表，サービス提供票，サービス提供票別表などの，居宅介護支援に必要な帳票を作成しています。また，居宅介護支援費の請求にあたってもこのソフトを使用しており，1種類のソフトで居宅サービス計画書の作成と介護保険請求ができ，業務の効率化を図ることができると共に，データの一元管理ができることから非常に重宝しています。

　さて，日々の居宅介護支援業務を行う中で，常々疑問に思っていることがあります。それは，居宅サービス計画書（2）の「長期目標」欄と「短期目標」欄についてです。「目標」をあえて「長期目標」と「短期目標」に分ける必要があるのでしょうか。

　厚生労働省が示す居宅サービス計画書は標準様式ですので，法令に反しない範囲での様式の変更は可能だと考えます。法令がどのようになっているのか目を通してみたところ，介護保険法施行規則において，「目標」を設定しなければならないこ

とは規定されているのですが,「長期目標」「短期目標」まで細分化しなければならないことは規定されていません。法令上「長期目標」「短期目標」の細分設定が必要ないのであれば,介護保険業務用PCソフトの販売会社へ様式の簡素化を提案したり,これとは別のソフトを活用したりして,独自に様式を作ろうと思っています。

これについて,私が所属する居宅介護支援事業所のほかの従業員にも意見を求めてみたのですが,法令に反することなく,なおかつ業務の簡素化につながるのであれば,ぜひとも推し進めてほしいとのことでした。

そうはいうものの,「長期目標」「短期目標」を「目標」として一本化した場合,本当に法令に反しないのか,自信はありません。

A32 「長期目標」欄と「短期目標」欄の区別は必要です。

おっしゃるとおり,現在の居宅サービス計画書は「介護サービス計画書の様式及び課題分析標準項目の提示について」という通知に基づく様式です。この通知の中には,「当該様式及び項目は介護サービス計画の適切な作成等を担保すべく標準例として提示するものであり,当該様式以外の様式等の使用を拘束する趣旨のものではない旨,念のため申し添える」とあり,必ず標準様式を使用しなければならないというものではありません。

それでは,法令上,居宅サービス計画はどのように規定されているかと言うと,介護保険法に「利用する指定居宅サービス等の種類及び内容,これを担当する者その他厚生労働省令で定める事項を定めた計画(以下この項,第115条の45第2項第3号及び別表において「居宅サービス計画」という。)」とあり,また,介護保険法施行規則には「厚生労働省令で定める事項は,当該居宅要介護者及びその家族の生活に対する意向,当該居宅要介護者の総合的な援助の方針並びに健康上及び生活上の問題点及び解決すべき課題,提供される指定居宅サービス等(同項に規定する指定居宅サービス等をいう。以下この条において同じ。)の目標及びその達成時期,指定居宅サービス等が提供される日時,指定居宅サービス等を提供する上での留意事項並びに指定居宅サービス等の提供を受けるために居宅要介護者が負担しなければならない費用の額」とあります。

それから,「指定居宅介護支援等の事業の人員及び運営に関する基準」には,「解決すべき課題に対応するための最も適切なサービスの組合せについて検討し,利用者及びその家族の生活に対する意向,総合的な援助の方針,生活全般の解決すべき

課題，提供されるサービスの目標及びその達成時期，サービスの種類，内容及び利用料並びにサービスを提供する上での留意事項等を記載した居宅サービス計画の原案」とあります。

　法（法律第123号…介護保険法）および令（厚生省令第36号…介護保険法施行規則，厚生省令第38号…指定居宅介護支援等の事業の人員及び運営に関する基準）によると，このように「長期目標」「短期目標」の区分なく「目標」を記載する規定であることがわかりますが，さらに踏み込んで通知を調べてみると，「指定居宅介護支援等の事業の人員及び運営に関する基準について」に「当該居宅サービス計画原案には，利用者及びその家族の生活に対する意向及び総合的な援助の方針並びに生活全般の解決すべき課題を記載した上で，提供されるサービスについて，その長期的な目標及びそれを達成するための短期的な目標並びにそれらの達成時期等を明確に盛り込み」との規定に行き着きます。

　標準様式では，この通知に基づき，「長期目標」と「短期目標」の区分があると考えられ，これらを一本化して「目標」としてしまうと，法令通知を満たさない居宅サービス計画を使用しているとの指導を受ける可能性があります。

【参考】
介護サービス計画書の様式及び課題分析標準項目の提示について
　標記について，今般下記のとおり定めたので御承知の上，管下市町村，関係団体，関係機関等にその周知徹底を図るとともに，その運用に遺憾のないようにされたい。
　なお，当該様式及び項目は介護サービス計画の適切な作成等を担保すべく標準例として提示するものであり，当該様式以外の様式等の使用を拘束する趣旨のものではない旨，念のため申し添える。

介護保険法
第8条
24　この法律において「居宅介護支援」とは，居宅要介護者が第41条第1項に規定する指定居宅サービス又は特例居宅介護サービス費に係る居宅サービス若しくはこれに相当するサービス，第42条の2第1項に規定する指定地域密着型サービス又は特例地域密着型介護サービス費に係る地域密着型サービス若しくはこれに相当するサービス及びその他の居宅において日常生活を営むために必要な保健医療サービス又は福祉サービス（以下この項において「指定居宅サービス等」という。）の適切な利用等をすることができるよう，当該居宅要介護者の依頼を受けて，その心身の状況，その置かれている環境，当該居宅要介護者及びその家族の希望等を勘案し，**利用する指定居宅サービス等の種類及び内容，これを担当する者その他厚生労働省令で定める事項を定めた計画**（以下この項，第115条の45第2項第3号及び別表にお

いて「居宅サービス計画」という。）を作成するとともに［以下略］。

介護保険法施行規則
第18条
　法第8条第24項の厚生労働省令で定める事項は，当該居宅要介護者及びその家族の生活に対する意向，当該居宅要介護者の総合的な援助の方針並びに健康上及び生活上の問題点及び解決すべき課題，提供される指定居宅サービス等（同項に規定する指定居宅サービス等をいう。以下この条において同じ。）の目標及びその達成時期，指定居宅サービス等が提供される日時，指定居宅サービス等を提供する上での留意事項並びに指定居宅サービス等の提供を受けるために居宅要介護者が負担しなければならない費用の額とする。

指定居宅介護支援等の事業の人員及び運営に関する基準
第13条
8　介護支援専門員は，利用者の希望及び利用者についてのアセスメントの結果に基づき，利用者の家族の希望及び当該地域における指定居宅サービス等が提供される体制を勘案して，当該アセスメントにより把握された解決すべき課題に対応するための最も適切なサービスの組合せについて検討し，利用者及びその家族の生活に対する意向，総合的な援助の方針，生活全般の解決すべき課題，提供されるサービスの目標及びその達成時期，サービスの種類，内容及び利用料並びにサービスを提供する上での留意事項等を記載した居宅サービス計画の原案を作成しなければならない。

指定居宅介護支援等の事業の人員及び運営に関する基準について
第2の3の（7）　指定居宅介護支援の基本取扱方針及び具体的取扱方針
⑧　居宅サービス計画原案の作成（第8号）
　　［略］
　　また，当該居宅サービス計画原案には，利用者及びその家族の生活に対する意向及び総合的な援助の方針並びに生活全般の解決すべき課題を記載した上で，提供されるサービスについて，その長期的な目標及びそれを達成するための短期的な目標並びにそれらの達成時期等を明確に盛り込み，当該達成時期には居宅サービス計画及び各指定居宅サービス等の評価を行い得るようにすることが重要である。［以下略］

Q33 ケアプランの短期目標は必ず記入するものなの？

2000年の介護保険制度が始まった時から、居宅介護支援事業所の介護支援専門員として従事しています。現在は管理者を兼務しておりますが、今もって居宅介護支援事業所に所属する介護支援専門員です。制度開始直前の1999年度に介護支援専門員実務研修受講試験を受験して合格し、介護支援専門員実務研修も無事に修了しました。当時の実務研修では、各種課題分析方式の使用方法の講義があり、これを聴講した上でどの課題分析方式を使用するかを決め、選択した課題分析方式を活用して実習を行い、方式ごと分科会のように分かれてケアマネジメントに関する演習を行う内容でした。そして、方式の使用方法の講義では、開発団体等が作成したテキストも配布されました。

その後も介護支援専門員業務に関連するさまざまな研修を受講しましたが、資料として配布される事例をみると、ほとんどの資料に短期目標が記載されています。特に、介護支援専門員実務研修のカリキュラムに変更があった2003年度以降の研修資料では、必ず短期目標が記載されています。しかし、私が実務研修を受講した時に配布された開発団体等作成のテキストを読み返してみても、短期目標が記載されていないものがたくさんあります。

実際に20名程度の利用者を担当して居宅サービス計画を作成しておりますが、短期目標を設定しなければならないのかどうかで悩むことがあります。居宅サービス計画書（2）の「目標」欄について、当初は「援助目標」と表現されていたものが2006年に「目標」に変わった以外には変更がないと思うのですが、研修を受けた時期によって説明や資料内容が違うことで困惑しています。

A33 原則として短期目標は記載する必要があります。

居宅サービス計画書（2）は、大項目では「生活全般の解決すべき課題（ニーズ）」「目標」「援助内容」の3つから成る様式で、「目標」の小項目には「長期目標」と「（長期目標に付する）期間」、「短期目標」と「（短期目標に付する）期間」があります。また、「援助内容」についても、「サービス内容」「保険給付の対象となるかどうかの区分」「サービス種別」「当該サービス提供を行う事業所」「頻度」「期間」を記載する小項目があります。

この居宅サービス計画書の標準様式については，1999年11月12日発出の厚生省老人保健福祉局企画課長通知（老企第29号）「介護サービス計画書の様式及び課題分析標準項目について」に定められています。この通知は，1999年11月の発出以降，何度かにわたって改正通知が発出されており，「目標」欄については，2006年3月31日発出の厚生労働省老健局振興課長通知（老振発第0331008号）「「介護サービス計画書の様式及び課題分析標準項目について」等の一部改正」により，「援助目標」を「目標」に改められました。

　また，居宅サービス計画書の標準様式を定めた老企第29号には，様式だけではなく記載要領も定められており，各々の項目をどのように記載するかが明らかにされています。記載要領によると，居宅サービス計画書（2）の「サービス内容」欄は「「短期目標」の達成に必要であって最適なサービスの内容とその方針を明らかにし，適切・簡潔に記載する」との規定文であり，「短期目標」に対応して記載することがわかります。「サービス種別」欄（「当該サービス提供を行う事業所」欄を含む）については，「「サービス内容」及びその提供方針を適切に実行することができる居宅サービス事業者等を選定し，具体的な「サービス種別」及び当該サービス提供を行う「事業所名」を記載する」とされており，「サービス内容」に対応して記載することがわかります。このように，居宅サービス計画書（2）は，「短期目標」を設定した上で「サービス内容」を設定し，「サービス内容」を設定した上で「サービス種別」「当該サービス提供を行う事業所」を設定するという順番になっていることがわかります。つまりは，「短期目標」を設定しないことにはそれ以降の項目を記載することができないので，短期目標は記載しなければならないと理解できます。

　ただし，これは原則的な考え方であり，どのような場合であっても短期目標の記載が必要なわけではありません。「緊急対応が必要になった場合には，一時的にサービスは大きく変動するが，目標として確定しなければ『短期目標』を設定せず，緊急対応が落ち着いた段階で，再度，『長期目標』・『短期目標』の見直しを行い記載する」と記載要領にあるように，予測しがたい緊急対応が必要な事態が発生した場合には，まずは必要なサービスや支援に結び付けるなどの手配を行っても差し支えありません。例えば，介護者に不測の事態が生じて居宅サービス計画書（2）に位置づけのない訪問サービスや通所サービス，短期入所サービスなどの居宅サービスを結び付ける必要がある場合，再課題分析，居宅サービス計画原案の作成，サービス担当者会議の開催，居宅サービス計画原案の説明と同意，居宅サービス計画の再交付といった一連のケアマネジメント過程を経ることよりも，居宅サービスの利用開始が優先されるということもあります。

その後，緊急対応が落ち着いた段階で居宅サービス計画書（2）を見直す必要がありますが，介護者に生じた不測の事態が一時的なもので，すぐに以前どおりに在宅介護できる状態になった場合などでは，居宅サービス計画書（2）を見直した結果，内容の変更が不要との結論に至る場合も考えられます。この場合，結果として居宅サービス計画書（2）には記載のない居宅サービスを利用することになりますが，緊急対応を行い，その後に必要な見直しを行った上で計画変更不要との結論に至っているわけですから，何ら問題はないと考えられます。

【参考】
介護サービス計画書の様式及び課題分析標準項目の提示について
別紙1：居宅サービス計画書記載要領
　2　第2表：「居宅サービス計画書（2）」
　②　「目標（長期目標・短期目標）」
　　「長期目標」は，基本的には個々の解決すべき課題に対応して設定するものである。
　　ただし，解決すべき課題が短期的に解決される場合やいくつかの課題が解決されて初めて達成可能な場合には，複数の長期目標が設定されることもある。
　　「短期目標」は，解決すべき課題及び長期目標に段階的に対応し，解決に結びつけるものである。
　　緊急対応が必要になった場合には，一時的にサービスは大きく変動するが，目標として確定しなければ「短期目標」を設定せず，緊急対応が落ち着いた段階で，再度，「長期目標」・「短期目標」の見直しを行い記載する。
　　なお，抽象的な言葉ではなく誰にもわかりやすい具体的な内容で記載することとし，かつ目標は，実際に解決が可能と見込まれるものでなくてはならない。
　④　「サービス内容」
　　「短期目標」の達成に必要であって最適なサービスの内容とその方針を明らかにし，適切・簡潔に記載する。
　　この際，できるだけ家族による援助も明記し，また，当該居宅サービス計画作成時において既に行われているサービスについても，そのサービスがニーズに反せず，利用者及びその家族に定着している場合には，これも記載する。
　　なお，生活援助中心型の訪問介護を必要とする場合には，その旨を記載する。
　⑥　「サービス種別」
　　「サービス内容」及びその提供方針を適切に実行することができる居宅サービス事業者等を選定し，具体的な「サービス種別」及び当該サービス提供を行う「事業所名」を記載する。
　　家族が担う介護部分についても，誰が行うのかを明記する。

「介護サービス計画書の様式及び課題分析標準項目の提示について」等の一部改正について（平成18年3月31日 老振発第0331008号 厚生労働省老健局振興課長通知）
第1「介護サービス計画書の様式及び課題分析標準項目の提示について」（平成11年11月12日　老企発第29号厚生省老人保健福祉局企画課長通知）の一部改正
1　別紙1を次のように改める。
（2）第2表中，「援助目標」を「目標」に改める。

Q34 短期目標は3カ月で設定しなければならないの？

先日，同一地域に所在する居宅介護支援事業所で実地指導があり，その事業所が口頭で受けた指導の内容が周囲で話題になっています。その内容は「居宅サービス計画書第2表の短期目標の期間は3カ月で設定しなければならない」というものです。

そして，3カ月ごとに居宅サービス計画書の第1表から第3表までを再作成し，利用者の同意を得て交付して居宅サービス事業所等へも再度交付しなければならないとのことでした。

利用者の状態に変化があってニーズが変わる場合などに居宅サービス計画を再作成しなければならないとは思うのですが，3カ月が経過したからという理由から再作成する必要はあるのでしょうか。

A34 目標の内容により期間が決まりますので，必ず3カ月で設定しなければならないというものではありません。

原則として「短期目標」の「期間」は「長期目標」の達成のために踏むべき段階として設定するものであって，画一的に3カ月とするのはおかしな話です。場合によっては，3カ月より長いこともありますし，早期に実現しなければならないものについては3カ月より短いこともあります。

そうはいっても，あまりに長い期間を費やさないと実現できないような目標を設定したのでは「短期目標」とはいえませんので，ある程度の期間の目安は必要になるでしょう。「短期」という言葉からイメージする期間は人それぞれですが，新規および区分変更の要介護認定の有効期間は原則6カ月，更新の要介護認定の有効期間は12カ月であることを勘案すれば，3カ月から6カ月程度までは「短期」の許容範囲として考えてもよいのではないでしょうか。

また，短期目標の期間を過ぎた際に居宅サービス計画書を再作成しなければならないかといえば，これについての明確な決まりはありません。しかし，記載要領において居宅サービス計画書（2）および施設サービス計画書（2）の「サービス内容」は，「『短期目標』の達成に必要であって最適なサービスの内容とその方針を明らかにし，適切・簡潔に記載する」とされ，援助内容の「期間」は「『サービス内容』に掲げたサービスをどの程度の『期間』にわたり実施するかを記載する」とされています。

目標	期間		
短期目標	サービス内容	頻度	期間
「長期目標」に応じて設定	「短期目標」に応じて設定	「サービス内容」に応じて設定	「サービス内容」に応じて設定

　これらのことから，計画に位置づけるサービスは長期目標に対してではなく，短期目標に応じて設定するものと考えられます。このように考えると，短期目標の期間を迎えた際には居宅サービス計画書を変更（再作成）しなければならないことになります。しかし，計画を変更するということは，アセスメント・計画原案の作成・サービス担当者会議の開催等も行わなければならないということですから，これでは介護支援専門員は忙殺されてしまいます。このような計画の変更を数カ月の間に繰り返さなければならないことへの対応として，「短期目標」を段階的に設定しておくといった居宅サービス計画書作成上の工夫を行ってもよいでしょう。

目標	
短期目標	期間
○○○○○○　（ア）	○年○月～○年○月　（エ）
◇◇◇◇◇　（イ） ※アを達成した後の次の目標を記載	◇年◇月～◇年◇月　（オ） ※エから引き続きの期間を設定
□□□□　（ウ） ※イを達成した後の次の目標を記載	□年□月～□年□月 ※オから引き続きの期間を設定

【参考】
介護サービス計画書の様式及び課題分析標準項目の提示について
別紙1：居宅サービス計画書記載要領
　2　第2表：「居宅サービス計画書（2）」
①［略］
②　「目標（長期目標・短期目標）」
　「長期目標」は，基本的には個々の解決すべき課題に対応して設定するものである。ただし，解決すべき課題が短期的に解決される場合やいくつかの課題が解決されて初めて達成可能な場合には，複数の長期目標が設定されることもある。
　「短期目標」は，解決すべき課題及び長期目標に段階的に対応し，解決に結びつけるものである。
　緊急対応が必要になった場合には，一時的にサービスは大きく変動するが，目標として確定しなければ「短期目標」を設定せず，緊急対応が落ち着いた段階で，再度，「長期目標」・「短期目標」の見直しを行い記載する。

なお，抽象的な言葉ではなく誰にもわかりやすい具体的な内容で記載することとし，かつ目標は，実際に解決が可能と見込まれるものでなくてはならない。

③ （「長期目標」及び「短期目標」に付する）「期間」

「長期目標」の「期間」は，「生活全般の解決すべき課題（ニーズ）」を，いつまでに，どのレベルまで解決するのかの期間を記載する。

「短期目標」の「期間」は，「長期目標」の達成のために踏むべき段階として設定した「短期目標」の達成期限を記載する。

また，原則として開始時期と終了時期を記入することとし，終了時期が特定できない場合等にあっては，開始時期のみ記載する等として取り扱って差し支えないものとする。

なお，期間の設定においては，「認定の有効期間」も考慮するものとする。

④ 「サービス内容」

「短期目標」の達成に必要であって最適なサービスの内容とその方針を明らかにし，適切・簡潔に記載する。

この際，できるだけ家族による援助も明記し，また，当該居宅サービス計画作成時において既に行われているサービスについても，そのサービスがニーズに反せず，利用者及びその家族に定着している場合には，これも記載する。

なお，生活援助中心型の訪問介護を必要とする場合には，その旨を記載する。

⑤・⑥［略］

⑦ 「頻度」・「期間」

「頻度」は，「サービス内容」に掲げたサービスをどの程度の「頻度（一定期間内での回数，実施曜日等）」で実施するかを記載する。

「期間」は，「サービス内容」に掲げたサービスをどの程度の「期間」にわたり実施するかを記載する。

なお，「期間」の設定においては「認定の有効期間」も考慮するものとする。

⑧［略］

Q35 長期目標と短期目標の「期間」は，○年○月○日〜○年○月○日と記載しなければならないの？

1999年度の第2回介護支援専門員実務研修受講試験に合格し，2002年まで居宅介護支援事業所で介護支援専門員の仕事をしていた者です。今は退職して実務からは離れておりますが，居宅介護支援事業所への再就職を考え，関係する情報を友人から得るようにしています。

その友人からの話なのですが，居宅サービス計画書（2）にある長期目標と短期目標の「期間」について，2003年度の介護支援専門員実務研修以降は，○カ月ではなく，○年○月○日〜○年○月○日と記載するように変わったと聞きました。私としては，○カ月よりも○年○月○日〜○年○月○日の方が具体的なので，良い変更だと思っています。

これについてはよいのですが，友人の話によると，短期目標の「期間」を○年○月○日〜として終了時期を明記していない計画書があり，これについて「必ず終了時期を設定するように」と指導されたそうです。

必ずしも終了時期を明確にできる目標ばかりではないと思うのですが，友人が受けた指導は適切なものなのでしょうか。

A35 ○年○月〜○年○月でもOKです。肝心なのは，開始時期と終了時期を明らかにすることです。

居宅サービス計画書記載要領を見れば一目瞭然です。

まずは「○カ月ではなく，○年○月○日〜○年○月○日と記載するように変わった」ことについてですが，記載要領では当初から「原則として開始時期と終了時期を記入すること」とされていますので，2003年度の介護支援専門員実務研修以降に変わったとの認識は誤りです。そうはいっても，それまでの研修では○カ月と指導されていましたし，研修資料等にある事例をみても○カ月と記載されたものがたくさんありますので，誤って理解していたとしても仕方がありません。

それでは，具体的な記載方法はどうなのかといえば，○年○月○日〜○年○月○日でもよいでしょうし，○年○月〜○年○月でもよいでしょう。「開始時期と終了時期」ですから，「開始日と終了日」まで絞り込まなくて差し支えありません。

それから「短期目標の終了時期を明記するように」との指導についてですが，記載要領では「終了時期が特定できない場合等にあっては，開始時期のみ記載する等として取り扱って差し支えないものとする」とありますので，一律機械的に終了時期の記載を指導しているとしたら，指導担当者の無知による行きすぎた指導になっているかもしれません。

【参考】
介護サービス計画書の様式及び課題分析標準項目の提示について
別紙1：居宅サービス計画書記載要領
　2　第2表：「居宅サービス計画書（2）」
　①・②［略］
　③　（「長期目標」及び「短期目標」に付する）「期間」
　「長期目標」の「期間」は，「生活全般の解決すべき課題（ニーズ）」を，いつまでに，どのレベルまで解決するのかの期間を記載する。

> 「短期目標」の「期間」は，「長期目標」の達成のために踏むべき段階として設定した「短期目標」の達成期限を記載する。
> また，原則として開始時期と終了時期を記入することとし，終了時期が特定できない場合等にあっては，開始時期のみ記載する等として取り扱って差し支えないものとする。
> なお，期間の設定においては，「認定の有効期間」も考慮するものとする。
> ④～⑧〔略〕

Q36 計画書のサービス内容欄には，個別加算に関するものを記載しなければならないの？

介護支援専門員の実務に就いて，まだ日が浅い者です。何年か前に介護支援専門員実務研修受講試験を受けて合格し，実務研修も修了して介護支援専門員の登録手続きも済ませ，介護支援専門員証の交付を受けましたが，実務には就かずにいました。しかし，同じ法人の居宅介護支援事業所で受け入れている利用者の数が増えて介護支援専門員を増員することになり，1年前から私も加わっています。この間に何人分もの居宅サービス計画を作ってきました。分からないなりにも，一生懸命に居宅サービス計画を作成してきたつもりです。

先日，居宅サービス計画作成の研修会に参加する機会があり，居宅サービス計画書の各欄には何をどのように記載したらよいのかについて説明を受けてきました。1年にわたり居宅介護支援事業所の介護支援専門員として実務を経験してからの研修受講でしたので，試験合格直後に受けた実務研修では気が付かなかった発見がたくさんあり，学び多き研修会でした。

しかし，研修会での先生の説明で一つ，疑問が残る内容がありました。それは，「居宅サービスには，訪問介護，訪問入浴介護，訪問看護，訪問リハビリテーション，居宅療養管理指導，通所介護，通所リハビリテーション，短期入所生活介護，短期入所療養介護，特定施設入居者生活介護，福祉用具貸与，特定福祉用具販売の12種別があります。このうち，居宅療養管理指導，特定施設入居者生活介護，特定福祉用具販売を除き，訪問介護，訪問入浴介護，訪問看護，訪問リハビリテーション，通所介護，通所リハビリテーション，短期入所生活介護，短期入所療養介護，福祉用具貸与の9種別の居宅サービスでは，給付管理が必要です。各種加算を算定する場合，サービス利用票とサービス利用票別表だけではなく，居宅サービス計画書第2表のサービス内容にも加算の根拠となる事柄を記載しましょう。各種別の居宅

サービス利用者全員にかかる体制加算は記載する必要はありませんが，利用者個々にかかる実施加算は記載してください」といった説明です。

　これまで意識することがなかったことであり，衝撃を受けた内容でした。それと同時に，例えば訪問介護初回加算や訪問看護初回加算，訪問看護退院時共同指導加算，訪問リハビリテーションの訪問介護連携加算，通所サービスの延長加算などを第2表へどのように位置付けていったらよいのか，第2表への加算の位置付けが必要であるとするならば，通所サービスの送迎減算や訪問入浴介護での介護職員3人対応の場合などにも記載が必要ではないかといった疑問が生じています。

A36 個別加算を記載しなければならないとの決まりはありません。

　居宅サービス計画書は感覚的に作成していくものではなく，その記載にあたり通知として「居宅サービス計画書記載要領」が発出されていますので，記載要領に則って作成していく必要があります。

　記載要領のうち第2表の部分を見ると，はじめに「生活全般の解決すべき課題（ニーズ）」が位置付けられています。ここから記載がスタートし，次に「目標」「期間」と続きます。そして，これらを設定した後に「サービス内容」を設定することになります。「サービス内容」欄は「「短期目標」の達成に必要であって最適なサービスの内容とその方針を明らかにし，適切・簡潔に記載する」とされていますので，原則としてはこれに従い，短期目標との関連性から設定していくことになります。

　例えば，「短期目標」を「週に2回以上の入浴ができる」とした場合，「サービス内容」は入浴に関連する事柄を設定することになります。具体的には「入浴介助」「洗髪介助」などが記載されることになるでしょう。「自宅では，介護力や浴室環境など何らかの要因で入浴できず，送迎も依頼して短期入所サービスで入浴する」といった場合，「週に2回以上の入浴ができる」という短期目標に対して，「送迎介助」を位置付ける必要はないと考えます。

　また，「当該居宅サービス計画作成時において既に行われているサービスについても，そのサービスがニーズに反せず，利用者及びその家族に定着している場合には，これも記載する」とありますので，短期目標の設定にあたり基となったニーズに反することなく，利用者や家族に定着しているサービス内容であればこれも記載するようにします。

　これは，例えば入浴関連のニーズがあった時，入浴に付随する一連の行為として

衣類を脱いだり着たりするわけですから、衣類着脱の介助も定着しているのであれば「着替え介助」も記載するといったことを意味していると考えます。

このように、居宅サービス計画書第2表は、課題分析の結果などから「生活全般の解決すべき課題（ニーズ）」を特定し、このニーズとの関連性から「長期目標」と「（長期目標に付する）期間」を設定した後、ニーズや長期目標との関連性から「短期目標」と「（短期目標に付する）期間」を設定していくことになるのです。そして、「短期目標」が定まった上で「サービス内容」を設定するという順番で作成することになります。入浴介助など、支援をお願いしたいサービス内容があるからこれに合わせたニーズや目標を設定するといった思考過程はサービス優先アプローチであり、不適切な計画作成です。ニーズや短期目標との関係性から「サービス内容」を設定していくのが本来の計画作成過程ですから、利用者個々にかかる実施加算のすべてが第2表に馴染むものでもありません。

また、訪問介護初回加算や訪問看護初回加算、訪問看護退院時共同指導加算、訪問リハビリテーションの訪問介護連携加算、通所サービスの延長加算などは、サービス担当者会議でその必要性を検討し、サービス利用票とサービス利用票別表に位置付けることで差し支えないでしょう。

【参考】
介護サービス計画書の様式及び課題分析標準項目の提示について
別紙1：居宅サービス計画書標準様式及び記載要領（居宅サービス計画書記載要領）
2．第2表：「居宅サービス計画書（2）」
④「サービス内容」
　「短期目標」の達成に必要であって最適なサービスの内容とその方針を明らかにし、適切・簡潔に記載する。
　この際、できるだけ家族による援助も明記し、また、当該居宅サービス計画作成時において既に行われているサービスについても、そのサービスがニーズに反せず、利用者及びその家族に定着している場合には、これも記載する。
　なお、生活援助中心型の訪問介護を必要とする場合には、その旨を記載する。

指定居宅介護支援等の事業の人員及び運営に関する基準
第13条
9　介護支援専門員は、サービス担当者会議（介護支援専門員が居宅サービス計画の作成のために、利用者及びその家族の参加を基本としつつ、居宅サービス計画の原案に位置付けた指定居宅サービス等の担当者（以下この条において「担当者」という。）を召集して行う会議をいう。以下同じ。）の開催により、利用者の状況等に関する情報を担当者と共有するとともに、当該居宅サービス計画の原案の内容につい

て，担当者から，専門的な見地からの意見を求めるものとする。ただし，利用者（末期の悪性腫瘍の患者に限る。）の心身の状況等により，主治の医師又は歯科医師（以下この条において「主治の医師等」という。）の意見を勘案して必要と認める場合その他のやむを得ない理由がある場合については，担当者に対する照会等により意見を求めることができるものとする。

15　介護支援専門員は，次に掲げる場合においては，サービス担当者会議の開催により，居宅サービス計画の変更の必要性について，担当者から，専門的な見地からの意見を求めるものとする。ただし，やむを得ない理由がある場合については，担当者に対する照会等により意見を求めることができるものとする。

　イ　要介護認定を受けている利用者が法第28条第2項に規定する要介護更新認定を受けた場合
　ロ　要介護認定を受けている利用者が法第29条第1項に規定する要介護状態区分の変更の認定を受けた場合

Q37 通所介護事業所以外の場所（屋外）でサービスを提供する場合も居宅サービス計画へ位置づけなければならないの？

　私が担当する利用者が利用している通所介護事業所より「同一法人で経営する別の通所介護事業所で実地指導があり，その際に『居宅サービス計画に外出行事や外出レクリエーションなど，施設外でのサービス提供に関する記載がないのに，通所介護事業所ではこれを実施しており不適切である。施設外でサービス提供を行った日については報酬を返還しなさい』との指導があった。また，併設する居宅介護支援事業所の居宅サービス計画の提出を急遽求められ，『通所介護事業所で，施設外でのサービス提供を実施しているのであれば，これに関する記載がないのは不適切』として，居宅介護支援費も返還するよう指導されたとの報告を受けた。自事業所も同様の指導を受けないよう，施設外でのサービス提供に関する文言を居宅サービス計画に追加してほしい」との依頼がありました。

　居宅サービス計画の内容を変更するということは，課題分析から一連のケアマネジメントをやり直さなければならないということであり，複数の利用者が利用している通所介護事業所でもあるため，できれば計画の内容を変更したくないというのが本音です。また，居宅サービス計画に外出行事や外出レクリエーションなど，施設外でのサービス提供に関する記載がないことで，通所介護事業所でこれを実施することが不適切になるのかも疑問です。どのように考えたらよいのか教えてください。

A37 個別具体的な機能訓練などの方法まで居宅サービス計画書に記載する必要はないでしょう。

　介護保険法によると、「当該施設において入浴、排せつ、食事等の介護その他の日常生活上の世話であって厚生労働省令で定めるもの及び機能訓練を行う」のが通所介護であり、定義に従うと、施設においてサービス提供することがわかります。しかし、事業所内でサービスを提供することが原則ですが、「あらかじめ通所介護計画に位置付けられていること」「効果的な機能訓練等のサービスが提供できること」との条件を満たす場合には、事業所の屋外でサービスを提供することもできることになっています。

　また、通所介護計画の作成について、運営基準では「指定通所介護事業所の管理者は、利用者の心身の状況、希望及びその置かれている環境を踏まえて、機能訓練等の目標、当該目標を達成するための具体的なサービスの内容等を記載した通所介護計画を作成しなければならない」「通所介護計画は、既に居宅サービス計画が作成されている場合は、当該居宅サービス計画の内容に沿って作成しなければならない」と規定されており、通所介護計画は利用者の心身の状況、希望及びその置かれている環境を踏まえて作成するもので、居宅サービス計画が作成されている場合は、この計画の内容に沿って作成するものであることがわかります。

　「踏まえる」とは、それ（利用者の心身の状況、希望及びその置かれている環境）を根拠とするとの意味であり、「沿う」とは、それ（居宅サービス計画）から離れないようにする（大きな隔たりが生じないようにする）という意味です。したがって、通所介護計画内容の根拠は自らが行うアセスメントにあるとはいえ、居宅サービス計画が根拠になるのではありません。沿っているかどうかの確認については、運営基準にある「居宅サービス計画」とは、第1表、第2表、第3表、サービス提供票、サービス提供票別表（居宅介護支援事業所から居宅サービス事業所への交付が義務づけられている帳票）を指すものなので、第2表に固執する必要はないでしょう。

　また、事業所の屋外で実施するサービスというのは、機能訓練などを実施する際の個別具体的な一方法にあたるものであり、居宅サービス計画においては、この個別具体的な一方法までは記載を求められていません。例えば、サービス内容として「歩行訓練」を位置づけた場合、これを訓練室で行うのか廊下などで行うのか、それとも外出して行うのか、あるいは平行棒を用いて行うのか、杖を用いて行うのか、階段昇降器を用いて行うのかなど、個別具体的な方法は通所介護計画で明らかにす

るものだと考えます。

　現に，2010年7月30日発出の介護保険最新情報Vol.155「『介護保険制度に係る書類・事務手続の見直し』に関するご意見への対応について」に基づくと，このIの1の（1）で厚生労働省は，次のような見解を示しています。

意見：居宅介護サービス計画書（ケアプラン）の記入例について
対応：居宅介護サービス計画書（ケアプラン）の記入例については，例えば，
　・『居宅サービス計画書作成の手引』（発行一般財団法人長寿社会開発センター）
　・『居宅サービス計画ガイドライン』（発行社会福祉法人全国社会福祉協議会）
　　など，市販されている参考書籍が多数発刊されている。また，介護支援専門員の実務研修なども地域において様々開講され，特にケアマネの資格取得に必修となっている「実務研修」には「居宅サービス計画等の作成」，実務就業後1年未満の者が受講する「実務従事者基礎研修」には「ケアマネジメント点検演習」，さらには一定の実務経験をもとに専門知識の習得を目指す「専門研修」においても事例研究等の研修課程を設けているところであり，これらの活用を図られたい。

　それでは，『居宅サービス計画書作成の手引』ではどのように記載されているかというと，同書の四訂第2版の83ページに

ニーズ	長期目標	短期目標	サービス内容
人に迷惑をかけないように，自分で動きたい。	ご近所まで歩ける。	毎日庭に出る。	a．治療 b．歩行の見守り c．歩行訓練 d．手すりの設置

とあり，やはり居宅サービス計画においては「歩行訓練」までの見立てでよく，個別具体的な一方法までは記載を求められていないことがわかります。

　別の視点から，「施設外でのサービス提供を実施しているのであれば，これに関する記載がないのは不適切」との観点での指導は，「事業所の言いなりで居宅サービス計画を作成しなさい」「サービス優先アプローチで居宅サービス計画を作成しなさい」と言っているようなもので，ニーズ優先アプローチでの居宅サービス計画を否定するものです。

　このような理由から，個別具体的な機能訓練等の方法までは居宅サービス計画へ記載する必要はないと考えられます。

> 【参考】
>
> **介護保険法**
>
> 第8条
>
> 7 この法律において「通所介護」とは，居宅要介護者について，老人福祉法第5条の2第3項の厚生労働省令で定める施設又は同法第20条の2の2に規定する老人デイサービスセンターに通わせ，当該施設において入浴，排せつ，食事等の介護その他の日常生活上の世話であって厚生労働省令で定めるもの及び機能訓練を行うこと（利用定員が厚生労働省令で定める数以上であるものに限り，認知症対応型通所介護に該当するものを除く。）をいう。
>
> **指定居宅サービス等の事業の人員，設備及び運営に関する基準**
>
> 第99条 指定通所介護事業所の管理者は，利用者の心身の状況，希望及びその置かれている環境を踏まえて，機能訓練等の目標，当該目標を達成するための具体的なサービスの内容等を記載した通所介護計画を作成しなければならない。
>
> 2 通所介護計画は，既に居宅サービス計画が作成されている場合は，当該居宅サービス計画の内容に沿って作成しなければならない。
>
> **指定居宅サービス等及び指定介護予防サービス等に関する基準について**
>
> 第3の六の3の（2）
>
> ④ 指定通所介護は，事業所内でサービスを提供することが原則であるが，次に掲げる条件を満たす場合においては，事業所の屋外でサービスを提供することができるものであること。
>
> イ あらかじめ通所介護計画に位置付けられていること。
>
> ロ 効果的な機能訓練等のサービスが提供できること。

Q38 訪問介護の「身体生活」を居宅サービス計画に位置づける場合も理由欄への記載が必要なの？

訪問介護の「身体生活」を利用している方がおります。私は「生活援助中心型ではないから」との理由から居宅サービス計画書（1）の生活援助中心型の算定理由欄を記載しないでいましたが，このことについて管理者より「生活援助も混在しているのだから，生活援助中心型の算定理由欄も記載しておく必要がある」との指摘がありました。

その後，管理者や他の従業員を含めた事業所内の会議でこのことが取り上げられ，私と同じように記載の必要はないとする意見，管理者と同じように記載の必要があるとする意見，これらとは別に，身体介護よりも生活援助の割合が高い場合には記載する必要があるとの意見が出ました。

結局は結論が出ず，管理者の言うことに従うことになったのですが，うやむやのままで気持ちがすっきりしません。

実際のところ，どのように考えたらよいのでしょうか。

A38 生活援助中心型以外では記載の必要はないでしょう。

ご質問では「身体生活」となっていますが，「身体介護が中心である指定訪問介護を行った後に引き続き所要時間20分以上の生活援助が中心である指定訪問介護」を居宅サービス計画に位置づける場合，居宅サービス計画書（1）の生活援助中心型の算定理由欄への記載は必要かどうかとの質問だと理解して回答します。

もともとの居宅サービス計画書（1）にこの欄はなかったのですが，2000年12月12日の様式改正通知により「家事援助中心型の算定理由」欄が追加されました。その後の2003年3月28日の様式改正通知により「生活援助中心型の算定理由」に名称が改められた経緯があります。

「家事援助中心型の算定理由」欄が追加された当時の訪問介護費はどのように設定されていたかというと，「身体介護が中心である場合」「家事援助が中心である場合」「身体介護及び家事援助がそれぞれ同程度行われる場合」の3つに区分されていました。「身体介護及び家事援助がそれぞれ同程度行われる場合」は，複合型とも言われていた区分です。

これらのことから，2000年12月12日時点において「家事援助が中心である場合」「身体介護及び家事援助がそれぞれ同程度行われる場合」の両方が存在していることになるわけですが，様式改正通知では「家事援助中心型」は記載の対象になっているものの，「複合型」は記載の対象になっておらず，純粋な「家事援助中心型」のみを記載の対象にしていることがわかります。

その後，2003年の介護報酬改定の際に「複合型」は廃止され，これに変わって身体介護中心型に生活援助加算を積み上げる算定方式に再編されました。

現在の区分では「家事援助中心型」は「生活援助中心型（生活援助）」に，「複合型」は廃止されたとはいえ「身体介護が中心である指定訪問介護を行った後に引き

続き所要時間20分以上の生活援助が中心である指定訪問介護（身体生活）」にあたると言えます。したがって，当初の考え方に立てば，純粋な「生活援助中心型」のみを記載の対象とし，「身体生活」の場合は「生活援助中心型の算定理由」欄への記載は不要と考えることができます。

　2018年の運営基準改正により，介護支援専門員は居宅サービス計画に厚生労働大臣が定める回数以上の訪問介護（生活援助）を位置付ける場合に，当該居宅サービス計画を市町村に届け出ることとされました。2018年10月9日には事務連絡（介護保険最新情報Vol.685）「多職種による自立に向けたケアプランに係る議論の手引き」が発出され，「届出の対象となる訪問介護の種類は生活援助中心型サービス（生活援助加算は対象外である。）」とされたことからも，厚生労働省において生活援助と身体生活は切り分けて考えていることが分かります。

　ところで，生活援助の算定にあたっての留意点なのですが，例えば50分の訪問介護を計画する際，身体介護の一連の流れに含まれる生活援助（入浴介助前後の浴槽の清掃やお湯はり，入浴介助に伴う物品準備，排泄介助後の換気，ベッドメイキング，食事介助に伴う配膳や下膳，エプロン・タオル・おしぼりなどの物品準備など）だけを細かく取り出した結果として生活援助の所要時間が20分を超えるからといって生活援助加算を算定するものではありません。このような場合は，30分の身体介護と20分の生活援助加算とするのではなく，50分の身体介護として算定することになります。

【参考】
指定居宅サービスに要する費用の額の算定に関する基準（訪問通所サービス，居宅療養管理指導及び福祉用具貸与に係る部分）及び指定居宅介護支援に要する費用の額の算定に関する基準の制定に伴う実施上の留意事項について
第2の2の（2）　訪問介護の区分

　訪問介護の区分については身体介護が中心である場合（以下「身体介護中心型」という。），生活援助が中心である場合（以下「生活援助中心型」という。）の二区分とされたが，これらの型の適用に当たっては，一回の訪問介護において「身体介護」と「生活援助」が混在するような場合について，全体としていずれかの型の単位数を算定するのではなく，「身体介護」に該当する行為がどの程度含まれるかを基準に，「身体介護」と「生活援助」を組み合わせて算定することとする（（3）に詳述）。この場合，身体介護のサービス行為の一連の流れを細かく区分しないよう留意すること。例えば，「食事介助」のサービス行為の

一連の流れに配下膳が含まれている場合に，当該配下膳の行為だけをもってして「生活援助」の1つの単独行為として取り扱わない。

指定居宅サービスに要する費用の額の算定に関する基準

別表　指定居宅サービス介護給付費単位数表（平成12年2月10日告示）

1　訪問介護費

イ　身体介護が中心である場合

（1）所要時間30分未満の場合　　　　　　　　　　　　　　　210単位

（2）所要時間30分以上1時間未満の場合　　　　　　　　　　402単位

（3）所要時間1時間以上の場合　584単位に所要時間1時間から計算して所要時間30分を増すごとに219単位を加算した単位数

ロ　家事援助が中心である場合

（1）所要時間30分以上1時間未満の場合　　　　　　　　　　153単位

（2）所要時間1時間以上の場合　222単位に所要時間1時間から計算して所要時間30分を増すごとに83単位を加算した単位数

ハ　身体介護及び家事援助がそれぞれ同程度行われる場合

（1）所要時間30分以上1時間未満の場合　　　　　　　　　　278単位

（2）所要時間1時間以上の場合　403単位に所要時間1時間から計算して所要時間30分を増すごとに151単位を加算した単位数

多職種による自立に向けたケアプランに係る議論の手引き

1．この手引きについて

1.3　訪問回数の多いケアプランについて

1.3.2　届出対象について

○　上記のケアプランの届出については，指定居宅介護支援等の事業の人員及び運営に関する基準（平成11年厚生省令第38号）第13条第18号の2において，介護支援専門員は，居宅サービス計画に厚生労働大臣が定める回数以上の訪問介護（厚生労働大臣が定めるものに限る。）を位置付ける場合に，当該居宅サービス計画を市町村に届け出ることとされています。

○　届出の対象となる訪問介護の種類は生活援助中心型サービス（生活援助加算は対象外である。）とし，届出の要否の基準となる回数は，要介護度別の「全国平均利用回数＋2標準偏差（2SD）[※1]」が基準とされています。

（※1）全国での利用回数の標準偏差に2を乗じた回数

【参考】
「介護サービス計画書の様式及び課題分析標準項目の提示について」の一部改正について

老振第85号
平成12年12月12日

各都道府県介護保険主管部（局）長　殿

厚生省老人保健福祉局振興課長

「介護サービス計画書の様式及び課題分析標準項目の提示について」
の一部改正について

　介護サービス計画書の様式等については，「介護サービス計画書の様式及び課題分析標準項目の提示について」（平成11年11月12日老企第29号厚生省老人保健福祉局企画課長通知）によりお示ししているところであるが，今般，訪問介護について保険給付として適切な範囲を逸脱した家事援助の提供例があるとの指摘を踏まえ，保険者たる市町村（特別区を含む。以下同じ。）において，家事援助中心型の訪問介護費を算定することが適切か否か確認することができるよう，介護サービス計画書の様式を改正する等，下記のとおり同通知の一部を改正するので，御承知の上，貴都道府県内市町村，関係団体，関係機関等にその周知徹底を図るとともに，その運用に遺憾のないようにされたい。

記

1．別紙1の第1表を次のように改める。
2．別表1の居宅サービス計画書記載要領（以下5．までにおいて「記載要領」という。）の1の⑮の次に⑯として次のように加える。
　　⑯　「家事援助中心型の算定理由」
　　　介護保険給付対象サービスとして，居宅サービス計画に家事援助中心型の訪問介護を位置付けることが必要な場合に記載する。
　　　「指定居宅サービスに要する費用の額の算定に関する基準」（平成12年2月10日厚生省告示第19号）別表の1の注3に規定する「単身の世帯に属する利用者」の場合は，「1．一人暮らし」に，「家族若しくは親族（以下「家族等」という。）と同居している利用者であって，当該家族等の障害，疾病等の理由により，当該利用者または当該家族等が家事を行うことが困難であるもの」の場合は，「2．家族等が障害，疾病等」に○を付す。また，家族等に障害，疾病がない場合であっても，同様のやむをえない事情により，家事が困難な場合等については，「3．その他」に○を付し，その事情の内容について簡潔明瞭に記載する。
3．以下，省略

[参考]
第1表居宅サービス計画書（1）2000年12月改正様式

居宅サービス計画書（1）

初回・紹介・継続　　　認定済・申請中

第1表	

利用者名　　　　　殿　　生年月日　　年　月　日　　住所

居宅サービス計画作成者氏名

居宅介護支援事業者・事業所名及び所在地

居宅サービス計画作成（変更）日　令和　年　月　日　　初回居宅サービス計画作成日　令和　年　月　日

認定日　令和　年　月　日　　認定の有効期間　令和　年　月　日～令和　年　月　日

要介護状態区分　　　要介護1　・　要介護2　・　要介護3　・　要介護4　・　要介護5

利用者及び家族の
生活に対する意向

介護認定審査会の
意見及びサービスの
種類の指定

統合的な援助の方針

家事援助中心型の算定理由　　1．一人暮らし　　2．家族等が障害、疾病等　　3．その他（　　　　）

※ 家事援助中心型の算定理由欄の追加

Q39 医療サービスを位置づける場合，主治医意見書で確認するだけでは駄目なの？

介護支援専門員関連の研修を受けた際に，講師が「利用者が要介護認定を受けた際には，認定審査会資料の内容を確認して，居宅サービス計画を作成していると思いますが，訪問看護，訪問リハビリテーション，居宅療養管理指導，通所リハビリテーション，短期入所療養介護といった医療サービスを居宅サービス計画へ位置付ける場合，主治医意見書の『4．生活機能とサービスに関する意見』の欄の『（5）医学的管理の必要性』にチェックが入っていることを確認しただけで，主治医がこれらの医療サービス利用の指示を出したと考えるのは短絡的すぎます」と話していました。

私はこれまで，主治医意見書で「（5）医学的管理の必要性」にチェックが入っていることを確認し，これにより主治医は「医療サービスの利用が必要」と認めていると判断していましたので，研修でのお話を聞いて非常に困惑しています。研修の際に，同じテーブルだった方々にも聞いてみたのですが，皆さんも私と同じように思っていたそうです。

研修では講師への質問時間がなく，なぜ主治医意見書の確認だけでは短絡的なのかがわからずじまいでした。現在のやり方ではまずいのでしょうか。

A39 場合によっては，主治医意見書で主治医の意見が確認できればよいでしょう。

医療サービスを居宅サービス計画へ位置づけるにあたり，注意しなければならないことが2つあります。それは，主治の医師などの指示があること（主治医が必要性を認めたこと）を確認しなければならないということと，主治の医師などの意見を求めなければならないということです。

「主治医意見書記入の手引き」によると，「4．生活機能とサービスに関する意見」の「（5）医学的管理の必要性」の項目には，「医学的観点から，申請者が利用する必要があると考えられる医療系サービスについて，以下の各サービスの内容を参考に，該当するサービスの□にレ印をつけてください」とあります。主治医意見書とは，その名のとおり，主治医がいないなどの例外的な方を除いては主治医が書く書類ですから，その主治医が「（5）医学的管理の必要性」にチェックしたのであれば，「主治医はチェックした医療サービスの利用が必要と認めた」と考えて差し支えないでしょう。

また，医療サービスを利用する場合には，「主治の医師等の意見を求めなければならない」とされていますが，その方法は特に口頭によるものに限定しておりませんので，文書によるものでも問題はありません。ここで着目したいのは，「主治の医師等**に**意見を」ではなく「主治の医師等**の**意見を」という規定であることです。「**に**」の場合，その対象は「主治の医師等」であることが明確ですが，「**の**」の場合はその対象が必ずしも明確ではありません。

　主治医意見書の項目名に「４．生活機能とサービスに関する意見」があるように，ここに記入した事項は主治医の意見そのものです。したがって，主治の医師等**に**意見を求める方法のほか，医療サービスの居宅サービス計画への位置づけと，主治医意見書作成のタイミングに大きな時間の隔たりがないのであれば，主治の医師等の意見を〝主治医意見書に〟求める方法などもあるとの広いとらえ方ができます。

　また，主治医意見書に「上記の申請者に対する意見は以下の通りです」との記載があるように，これに記入した事項は主治医の意見であることは明確です。

　なお，医療との連携の重要性に鑑みて，主治医意見書から読み取るのではなく主治医に意見を求める必要がある，主治医意見書への記載がないために直接意見を求める必要があるなどの場合には，あらかじめ書式化された「医療サービス利用確認書」があれば便利でしょう。情報は，伝聞だと聞いた側に都合よく解釈されるなど意図した内容が正しく伝わらない場合もあるため，できれば文書により意見を確認することが望ましいと考えます。

【参考】
指定居宅介護支援等の事業の人員及び運営に関する基準
第13条
19　介護支援専門員は，利用者が訪問看護，通所リハビリテーション等の医療サービスの利用を希望している場合その他必要な場合には，利用者の同意を得て主治の医師等の意見を求めなければならない。
19の2　［略］
20　介護支援専門員は，居宅サービス計画に訪問看護，通所リハビリテーション等の医療サービスを位置付ける場合にあっては，当該医療サービスに係る主治の医師等の指示がある場合に限りこれを行うものとし，医療サービス以外の指定居宅サービス等を位置付ける場合にあっては，当該指定居宅サービス等に係る主治の医師等の医学的観点からの留意事項が示されているときは，当該留意点を尊重してこれを行うものとする。

指定居宅介護支援等の事業の人員及び運営に関する基準について
第2の3の（7）　指定居宅介護支援の基本取扱方針及び具体的取扱方針
⑳　主治の医師等の意見等（第19号・第19号の2・第20号）
　　訪問看護，訪問リハビリテーション，通所リハビリテーション，居宅療養管理指導，短期

入所療養介護，定期巡回・随時対応型訪問介護看護（訪問看護サービスを利用する場合に限る。）及び看護小規模多機能型居宅介護（訪問看護サービスを利用する場合に限る。）については，主治の医師等がその必要性を認めたものに限られるものであることから，介護支援専門員は，これらの医療サービスを居宅サービス計画に位置付ける場合にあっては主治の医師等の指示があることを確認しなければならない。

このため，利用者がこれらの医療サービスを希望している場合その他必要な場合には，介護支援専門員は，あらかじめ，利用者の同意を得て主治の医師等の意見を求めるとともに，主治の医師等とのより円滑な連携に資するよう，当該意見を踏まえて作成した居宅サービス計画については，意見を求めた主治の医師等に交付しなければならない。なお，交付の方法については，対面のほか，郵送やメール等によることも差し支えない。また，ここで意見を求める「主治の医師等」については，要介護認定の申請のために主治医意見書を記載した医師に限定されないことに留意すること。

なお，医療サービス以外の指定居宅サービス等を居宅サービス計画に位置付ける場合にあって，当該指定居宅サービス等に係る主治の医師等の医学的観点からの留意事項が示されているときは，介護支援専門員は，当該留意点を尊重して居宅介護支援を行うものとする。

主治医意見書記入の手引き
Ⅲ　記入マニュアル
４．生活機能とサービスに関する意見
（５）医学的管理の必要性

医学的観点から，申請者が利用する必要があると考えられる医療系サービスについて，以下の各サービスの内容を参考に，該当するサービスの□にレ印をつけてください。各サービスについては，予防給付で提供されるサービスも含みます。

訪問歯科診療及び訪問歯科衛生指導については，口腔内の状態（例えば，歯の崩壊や喪失状態，歯の動揺や歯肉からの出血の有無，義歯の不適合等）をもとに，口腔ケアの必要性に応じて該当する□にレ印をつけてください。

また，特に必要性が高いと判断されるサービスについては，項目に下線を引いてください。

なお，本項目の記入は，ここに記入されているサービスについての指示書に代わるものではありませんのでご注意ください。

［略］

主治医意見書				記入日　令和　　年　　月　　日
申請者	（ふりがな）		男・女	〒　　－
	明・大・昭　　年　　月　　日生（　　歳）			連絡先　　　　（　　）

上記の申請者に関する意見は以下の通りです。

主治医として，本意見書が介護サービス計画作成に利用されることに　□同意する。　□同意しない。

医師氏名

医療機関名	電話　　（　　）
医療機関所在地	FAX　　（　　）

医療サービス利用確認書
[訪問看護・訪問リハ・通所リハ・短期入所療養介護（ショートステイ）]

居宅介護支援事業所⇔医療機関

問い合わせのサービスを○で囲むこと

_____ 様

いつもお世話になりありがとうございます。
下記の方が，標記サービスの利用を希望されておりますので，利用の適否につきまして確認したくよろしくお願いいたします。
なお，結果につきましては　月　日　までファックスでご返送願います。

事業所名 _____
担当者　_____
電話　　_____
FAX　　_____

利用者氏名	生年月日	住所	利用状況	医師記入欄	特記事項
	年　月　日		□開始 □継続 □再開	適・否	

居宅介護支援事業所からの連絡欄

上記について確認したので返送します。　　令和　年　月　日　　担当医師

鶴岡市様式を改編

Q40 医療サービスの利用にあたって主治医に確認した意見は，居宅介護支援事業所を変更した先でも有効なの？

現在の居宅介護支援事業所で介護支援専門員として働くようになり，1年6カ月が経過しました。居宅での介護支援専門員は初めてですが，何とかこれまでやってきています。以前は小規模多機能型居宅介護事業所の介護職員でしたが，身体を悪くして離職し，その間に介護支援専門員資格を取得しました。身体の調子も良くなってきたので現在の居宅介護支援事業所に勤めることにしました。

当事業所には，介護支援専門員は私一人しかおらず，管理者も兼ねています。私が入職する以前から介護支援専門員は1人体制の居宅介護支援事業所で，前任者が担当していた利用者をそのまま引き継ぎました。居宅介護支援事業以外にも介護サービス事業を行っている会社ですので，会社のことについて相談できる上司や仲間は社内に何人かいます。居宅介護支援は一事業所だけ展開している会社ですので，残念ながら介護支援専門員業務について深く，具体的に相談できる仲間が会社にはいませんが，ありがたいことに，ほかの居宅介護支援事業所の介護支援専門員で親身に相談に乗ってもらえる方が何人かいます。

さて，先日のことですが，前任者が担当していた利用者で，私が現在の居宅介護支援事業所へ入職する前に居宅介護支援事業所を変更したYさんについて，現在Yさんを担当しているという介護支援専門員から電話がありました。「そちらの居宅介護支援事業所でYさんを担当していた際，Yさんが通所リハビリテーションの利用を開始する時に，前任者が主治医へ医療サービス利用の確認を書面で問い合わせしていると思うのですが，その確認用紙を持っていませんか」というものです。パソコンに入力してあるYさんの情報を見ると，確かに私が入職する1カ月前に居宅介護支援事業所を変更しており，その時点で2年間の認定の有効期間が付された要介護認定を受けていました。しかし，紙媒体の書類は，正直，すぐには探し出せないので「分からない」と答えました。
　なぜ今になって昔の書類が必要なのか尋ねると，「実地指導実施の通知があったから」との理由でした。主治医意見書は手元にあるそうですが，「4．生活機能とサービスに関する意見」欄の「（5）医学的管理の必要性」中，通所リハビリテーションにチェックが入っておらず，ほかに医師が通所リハビリテーションを必要と認めたことを確認できる書類がなく困っているとのことでした。
　私の前任者が担当していた時点から，居宅介護支援事業所の変更を挟み現在までYさんの要介護認定は更新も変更もなく，また，利用している通所リハビリテーション事業所も変更なく経過しているわけですが，居宅サービス計画はそれぞれの居宅介護支援事業所がそれぞれの責任で作成しています。したがって，私の前任者が居宅サービス計画を作成するにあたり医師へ確認した内容が，居宅介護支援事業所を変更した先の現在の介護支援専門員が居宅サービス計画を作成するにあたっても効力が引き継がれるのか疑問です。
　仮に，私の前任者が主治医へ確認した医療サービス利用にあたっての書類があったとして，新たに作成される居宅サービス計画においても効力があるのでしょうか。

A40 現在担当している介護支援専門員による，医療サービス利用にあたっての医師への意見確認が必要でしょう。

　居宅サービス計画へ医療サービスを位置づける際，「指定居宅介護支援等の事業の人員及び運営に関する基準」の規定により，介護支援専門員は，利用者が医療サービスの利用を希望している場合は，利用者の同意を得て主治医等に意見を求めなければならないことになっています。併せて，居宅サービス計画に医療サービ

を位置付ける場合は，その医療サービスに係る主治医等の指示（主治医が必要性を認めたこと）の確認が必要なことが規定されています。

「主治医意見書記入の手引き」の「（5）医学的管理の必要性」の欄には，「医学的観点から，申請者が利用する必要があると考えられる医療系サービスについて，以下の各サービスの内容を参考に，該当するサービスの□にレ印をつけてください」とあります。主治医意見書は，主治医がいないなどの例外的な方を除いては主治医が書く書類ですから，その主治医が「（5）医学的管理の必要性」に列挙されたサービスにチェックしたのであれば，主治医はその医療サービスの利用が必要と認めていることになります。

しかし，主治医意見書で医療サービスの必要性を確認できない場合は，ほかの方法で確認することになります。口頭確認でも悪くはありませんが，客観性の点から，できれば文書により意見を確認することが望ましいでしょう。

さて，「私の前任者が主治医へ確認した医療サービス利用にあたっての書類があったとして，新たに作成される居宅サービス計画においても効力があるのでしょうか」ということですが，ケアマネジメントは，課題分析→居宅サービス計画原案の作成→サービス担当者会議→居宅サービス計画の説明・同意・交付→サービスの実行→モニタリングを循環していきます。新たに作成される居宅サービス計画（原案）に通所リハビリテーションを位置づけるということは，新たなサイクルを辿るということですから，前任者が主治医へ確認した医療サービス利用にあたっての書類があったとしても，この効力は疑問視されます。現在担当している介護支援専門員自らが主治医へ確認すべきでしょう。

【参考】
指定居宅介護支援等の事業の人員及び運営に関する基準
第13条
19　介護支援専門員は，利用者が訪問看護，通所リハビリテーション等の医療サービスの利用を希望している場合その他必要な場合には，利用者の同意を得て主治の医師等の意見を求めなければならない。

19の2［略］

20　介護支援専門員は，居宅サービス計画に訪問看護，通所リハビリテーション等の医療サービスを位置付ける場合にあっては，当該医療サービスに係る主治の医師等の指示がある場合に限りこれを行うものとし，医療サービス以外の指定居宅サービス等を位置付ける場合にあっては，当該指定居宅サービス等に係る主治の医師等の医学的観点からの留意事項が示されているときは，当該留意点を尊重してこれを行うものとする。

指定居宅介護支援等の事業の人員及び運営に関する基準について

第2の3の(7)

⑳主治の医師等の意見等(第19号・第19号の2・第20号)

　訪問看護,訪問リハビリテーション,通所リハビリテーション,居宅療養管理指導,短期入所療養介護,定期巡回・随時対応型訪問介護看護(訪問看護サービスを利用する場合に限る。)及び看護小規模多機能型居宅介護(訪問看護サービスを利用する場合に限る。)については,主治の医師等がその必要性を認めたものに限られるものであることから,介護支援専門員は,これらの医療サービスを居宅サービス計画に位置付ける場合にあっては主治の医師等の指示があることを確認しなければならない。

　このため,利用者がこれらの医療サービスを希望している場合その他必要な場合には,介護支援専門員は,あらかじめ,利用者の同意を得て主治の医師等の意見を求めるとともに,主治の医師等とのより円滑な連携に資するよう,当該意見を踏まえて作成した居宅サービス計画については,意見を求めた主治の医師等に交付しなければならない。なお,交付の方法については,対面のほか,郵送やメール等によることも差し支えない。また,ここで意見を求める「主治の医師等」については,要介護認定の申請のために主治医意見書を記載した医師に限定されないことに留意すること。

　なお,医療サービス以外の指定居宅サービス等を居宅サービス計画に位置付ける場合にあって,当該指定居宅サービス等に係る主治の医師等の医学的観点からの留意事項が示されているときは,介護支援専門員は,当該留意点を尊重して居宅介護支援を行うものとする。

主治医意見書記入の手引き

Ⅲ　記入マニュアル

4．生活機能とサービスに関する意見

(5)医学的管理の必要性

　医学的観点から,申請者が利用する必要があると考えられる医療系サービスについて,以下の各サービスの内容を参考に,該当するサービスの□にレ印をつけてください。各サービスについては,予防給付で提供されるサービスも含みます。

　訪問歯科診療及び訪問歯科衛生指導については,口腔内の状態(例えば,歯の崩壊や喪失状態,歯の動揺や歯肉からの出血の有無,義歯の不適合等)をもとに,口腔ケアの必要性に応じて該当する□にレ印をつけてください。

　また,特に必要性が高いと判断されるサービスについては,項目に下線を引いてください。

　なお,本項目の記入は,ここに記入されているサービスについての指示書に代わるものではありませんのでご注意ください。

[略]

Q41 体調の変化等により、週によってサービス利用回数が変動する方の頻度の記載方法は？

私が担当する利用者の中に、体調の変動が激しく、第2表の居宅サービス計画書（2）の「頻度」に記載したとおりにサービスを利用できない方がいます。

たとえば、火曜日、木曜日、日曜日の週3回の通所サービスを予定していても、どうしても朝に起きることができないなど体調の理由により、ある週は木曜日に欠席、またある週は火曜日に欠席、別の週には欠席なく利用など、その日になってみないと利用するのかしないのかがはっきりとしないのです。通所サービスを休んだとしても、家族が自宅におり介護に支障はないのですが、この方の「頻度」の書き方で迷うことがあります。

現在は第2表の居宅サービス計画書（2）の「頻度」へは「週3回」と記載しているのですが、これまでの経過を見ると、週3回の予定どおりに利用する週が半分、週2回以下の利用になっている週が半分です。

このように、体調の変化等により、週によってサービス利用回数が変動する方の頻度は、居宅サービス計画へどのように記載したらよいのでしょうか。

A41 固定した頻度でのサービス利用が困難な方の場合は、利用回数が変動することがわかる書き方をしましょう。

週単位で生活している方ばかりではありませんし、体調の変化が著しい方では予定どおりにサービスを利用できない場合があることは十分に考えられることです。

サービスの利用頻度は、明確にできる利用者であれば「週○回」や「月○回」などのように明らかにしておくことが望ましいでしょうが、ご質問にある利用者のように体調の変動がある方では、サービスの利用頻度を明確にできない場合があるのは致し方ないことでしょう。

では、このような場合の「頻度」はどのように設定すればよいかというと、「週○回」とするよりも「基本的には週○回（体調により変動）」や「週○回〜週○回（体調を考慮して利用）」とした方が実態に即していますし、あるいは「週○回」としながらも第1表の「総合的な援助の方針」欄に「○○のサービスについては基本的に週○回とするが、利用日当日の体調により利用するかどうかを決定する」として

もよいのではないでしょうか。

　いずれにしても，利用当日の体調を考慮する必要がある利用者で，週によって利用回数の変動があり得ることが居宅サービス計画書（1）や居宅サービス計画書（2）からわかるように記載すればよいのではないでしょうか。「頻度」が「週○回」のように固定されていないからといって，これが不適切な居宅サービス計画だとは思いません。「頻度」を固定するのが原則ではありますが，原則になじまない利用者では，その方に合った例外的な記載も認められるものと考えます。

【参考】
介護サービス計画書の様式及び課題分析標準項目の提示について
別紙1：居宅サービス計画書記載要領
　2　第2表：「居宅サービス計画書（2）」
　⑦　「頻度」・「期間」
　　「頻度」は，「サービス内容」に掲げたサービスをどの程度の「頻度（一定期間内での回数，実施曜日等）」で実施するかを記載する。
　　「期間」は，「サービス内容」に掲げたサービスをどの程度の「期間」にわたり実施するかを記載する。
　　なお，「期間」の設定においては「認定の有効期間」も考慮するものとする。

Q42　居宅サービス計画を変更する際には，原案の作成からでいいの？

　モニタリングのための訪問をした時，私が担当する利用者の家族から，「来月あたりから少しずつ外出をさせたいので，新しく車いすのレンタルを開始したい」とのお話がありました。この利用者は，要介護2の認定を受けています。福祉用具貸与事業所へ問い合わせたところ，この利用者に合う車いすの在庫があり，いつでも貸与を開始できる状況にあるとのことでした。しかし，この利用者は福祉用具貸与の利用が初めてであり，現在の居宅サービス計画への位置づけもありません。

　このような場合，第1表から第3表を再作成することになると思うのですが，居宅サービス計画原案の作成→サービス担当者会議の開催等→居宅サービス計画原案の確定→居宅サービス計画原案の説明と同意→居宅サービス計画の交付といった流れでよいのでしょうか。

A42 原案の作成からでは減算が適用されます。居宅サービス計画の変更の際には，再アセスメントを行います。

　通所介護，短期入所生活介護，福祉用具貸与などの居宅サービス（居宅療養管理指導を除く）は，居宅サービス計画に位置づけることにより償還払い（居宅サービスを利用した際に事業所へ10割分の全額を支払い，後日，保険者へ申請することにより9割分が払い戻される）ではなく現物給付（1割の利用者負担で利用できる）される仕組みになっています。

　そして，運営基準においては，居宅サービス計画の変更にあたっては原則として再アセスメントを行った上で居宅サービス計画原案を作成し，サービス担当者会議の開催等，居宅サービス計画原案の確定，居宅サービス計画原案の説明と同意，居宅サービス計画の交付といった一連のケアマネジメント業務を行うことになっています。したがって，居宅サービス計画原案の作成から行ったのでは減算が適用されることになりますので，原則として居宅サービス計画を変更する場合は，必ず再アセスメントから行わなければならないことを理解しておかなければなりません。

【参考】
指定居宅介護支援等の事業の人員及び運営に関する基準
第13条
13　介護支援専門員は，居宅サービス計画の作成後，居宅サービス計画の実施状況の把握（利用者についての継続的なアセスメントを含む。）を行い，必要に応じて**居宅サービス計画の変更**，指定居宅サービス事業者等との連絡調整その他の便宜の提供を行うものとする。
16　第3号から第12号までの規定は，**第13号に規定する居宅サービス計画の変更について準用**する。
指定居宅介護支援に要する費用の額の算定に関する基準
別表　指定居宅介護支援介護給付費単位数表
居宅介護支援費
注2　別に厚生労働大臣が定める基準に該当する場合には，運営基準減算として，所定単位数の100分の50に相当する単位数を算定する。また，運営基準減算が2月以上継続している場合は，所定単位数は算定しない。
厚生労働大臣が定める基準
82　居宅介護支援費における運営基準減算の基準
　　指定居宅介護支援等の事業の人員及び運営に関する基準第4条第2項並びに第13条第7号，第9号から第11号まで，第14号及び第15号（これらの規定を同条第**16号において準用する場合を含む。**）に定める規定に適合していないこと。

第6表および第7表の取り扱い

Q43 サービス利用票を何カ月分かまとめて交付してもいいの？

　私が担当する利用者のお宅へ翌月のサービス利用票交付のために訪問した際，「毎月同じサービスを利用し，サービスの追加などの変更による再作成をお願いすることもないので，数カ月分のサービス利用票をまとめて作ってもらって，先々のものにも印鑑を押しておくようなことはできないか。変更があれば，その月の分だけを作りかえればいいことだし」と言われました。

　利用者が言うように，これまで数年間は，風邪で何度か通所介護を休むことはあったものの，予定を超えてサービスを利用することはなく，サービスの追加による月の途中での再作成はありませんでした。今後は，訪問を拒否されているわけではないので1カ月に一度は必ず利用者宅でお会いできますし，私としては1カ月ごとの交付でも，数カ月分をまとめて交付でもどちらでも構わないと考えているのですが，サービス利用票の交付頻度について，何か決まりはあるのでしょうか。

A43 サービス利用票は，毎月のモニタリングの結果を踏まえて作成します。
したがって，毎月交付するとの考え方になります。

　居宅サービス計画は作成したらそれでよいというものではなく，計画どおりに進んでいるかの把握を行うことも重要です。このため，介護支援専門員が行う業務の一つにモニタリングが位置づけられ，継続的に利用者の解決すべき課題の変化，利用者や家族の意向・満足度，目標の達成度などを把握することが義務づけられています。また，モニタリングとは訪問による利用者や家族についての把握だけを指すのではなく，実際に利用者への支援を担っている居宅サービス事業所などからのサービス利用状況の把握も含まれるものです。そして，介護支援専門員はこれらの把握した情報から居宅サービス計画の変更の必要性を判断し，この結果により計画の変更不要と判断して初めて「同様のサービスを継続する」との結論が得られるわけです。

　しかし，モニタリングのために利用者宅を訪問し，その後に翌月分のサービス利用票を作成して再度利用者宅を訪問するのでは効率的ではありません。訪問までに介護支援専門員が得ている情報から居宅サービス計画の変更の必要性はないものと

見込んでサービス利用票をあらかじめ用意し，訪問時の状況から計画変更不要と判断して「同様のサービスを継続する」との結論に至ったうえでサービス利用票を交付するといったように，モニタリング訪問と同時にサービス利用票を交付するといった方法でも差し支えありません。

このように考えると，モニタリングの結果を踏まえた居宅サービス計画継続の必要性の判断を行わず，サービス利用票の作成と交付だけが先行するのは順番がおかしいことになります。また，介護保険関係の資料から，厚生労働省（旧厚生省）としては「対象月の前月末まで」にサービス利用票を作成すると考えていることが読み取れます。

【参考】
指定居宅介護支援等の事業の人員及び運営に関する基準
第13条
13　介護支援専門員は，居宅サービス計画の作成後，居宅サービス計画の実施状況の把握（利用者についての継続的なアセスメントを含む。）を行い，必要に応じて居宅サービス計画の変更，指定居宅サービス事業者等との連絡調整その他の便宜の提供を行うものとする。

指定居宅介護支援等の事業の人員及び運営に関する基準について
第2の3の（7）　指定居宅介護支援の基本取扱方針及び具体的取扱方針
⑫　居宅サービス計画の実施状況等の把握及び評価等（第13号）
　指定居宅介護支援においては，利用者の有する解決すべき課題に即した適切なサービスを組み合わせて利用者に提供し続けることが重要である。このために介護支援専門員は，利用者の解決すべき課題の変化に留意することが重要であり，居宅サービス計画の作成後，居宅サービス計画の実施状況の把握（利用者についての継続的なアセスメントを含む。以下「モニタリング」という。）を行い，利用者の解決すべき課題の変化が認められる場合等必要に応じて居宅サービス計画の変更，指定居宅サービス事業者等との連絡調整その他の便宜の提供を行うものとする。
　なお，利用者の解決すべき課題の変化は，利用者に直接サービスを提供する指定居宅サービス事業者等により把握されることも多いことから，介護支援専門員は，当該指定居宅サービス事業者等のサービス担当者と緊密な連携を図り，利用者の解決すべき課題の変化が認められる場合には，円滑に連絡が行われる体制の整備に努めなければならない。
　［略］

介護サービス計画書の様式及び課題分析標準項目の提示について
別紙1：居宅サービス計画書記載要領
　5　第5表：「居宅介護支援経過」
　モニタリングを通じて把握した，利用者やその家族の意向・満足度等，目標の達成度，事業者との調整内容，居宅サービス計画の変更の必要性等について記載する。
　漫然と記載するのではなく，項目毎に整理して記載するように努める。

【参考】
全国介護保険担当者会議資料－第2分冊－（2000年3月8日開催）10ページ

①居宅サービス計画対象月の前月末までの作業

居宅サービス計画原案の作成

○利用者によるサービス選択や，課題分析の結果に基づき，「居宅サービス計画」の原案を作成する。

○なお，「居宅サービス計画」原案の作成にあたっては，市町村，居宅サービス事業者，居宅介護支援事業者間でのサービス調整や，サービスの標準的な利用例等を勘案し，適切な作成が行われなければならない。

○「居宅サービス計画」の原案の作成と，支給限度額管理・利用者負担計算は平行して行う。

・計画に位置付けたサービスについて，保険給付対象内と対象外のサービスの区分や，支給限度基準を超えるサービスを計画する場合の支給限度内と限度外のサービスの区分を明らかにして，利用者負担額の計算を行う。

・具体的には，「居宅サービス計画原案」をもとに「サービス利用票」に1か月単位で「居宅サービス計画原案」の内容を記入し，「サービス利用票別表」で支給限度基準内外の切り分けを行って，それぞれにおいて利用者負担額を計算することとなる。

利用者への説明と同意の確認

○「居宅サービス計画原案」について，利用者の同意を得るにあたっては，「居宅サービス計画原案」に位置付けたサービスについて保険給付対象か否かの区分を行い，利用者またはその家族に対してサービスの内容，利用料その他の事項について説明を行わなければならない。

○同意を得るにあたっては，「サービス利用票」及び「サービス利用票別表」を利用者に提示し，1か月分の居宅サービス計画の内容（サービスの内容及び利用料）について説明し，同意が得られた場合は，「サービス利用票（控）」に確認（サインまたは押印）を受ける。

※なお，「サービス利用票」及び「サービス利用票別表」については，保険給付にかかる適切な実績管理を行う必要性があることから，保険給付対象分の記載を原則としている。

　ただし，利用者負担額等について利用者には総括的な説明を行うため，下記についても保険給付対象分とは区別して記載することを基本とする。（または，「週間サービス計画表」等に記載する。）

・保険給付対象サービス提供にともなう保険給付外の費用等
（通常の実施地域を超えた送迎費用　等）

・他法による公費負担適用分（公費負担優先の医療の給付　等）
また，保険給付対象外サービス（配食サービス　等）についても，任意で記載を行うこととする。

【参考】
WAM NET掲載資料「『給付管理業務』の一部変更及び追加について」

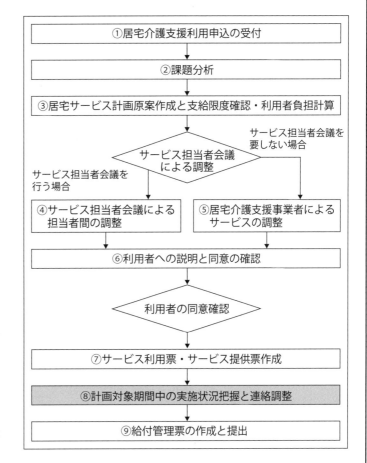

第4段階
計画対象期間中の実施状況把握と連絡調整

○居宅介護支援事業者は，「居宅サービス計画」の作成後も，継続的にサービスの実施状況を把握し，必要に応じて計画の変更や調整を行う。

○月途中においては，当初の計画に変更がないか確認を行い，利用者の意向を踏まえ変更がなければ，翌月分の計画作成を行うこととなる。（翌月分の料金割引等に係る『都道府県が提供する事業者台帳（WAM-NET）』への掲載が遅くとも当月の20日頃までに行われるため，翌月分の計画についての利用者への同意は，20日〜月末に行われることとなる。）

○月の途中であっても，事業所ごと，サービスごとの給付額が増え，給付管理票に影響がある場合は，「サービス利用票」を変更して改めて利用者の同意を得なければならない。

(⇒詳細は「Ⅱ　給付管理に関する帳票の記入方法」)

《「指定居宅介護支援等の事業の人員及び運営に関する基準」（平成11年3月31日厚生省令第38号）第13条第8号》
　介護支援専門員は，居宅サービス計画の作成後においても，利用者及びその家族，指定居宅サービス事業者等との連絡を継続的に行うことにより，居宅サービス計画の実施状況の把握を行うとともに，利用者についての解決すべき課題の把握を行い，必要に応じて居宅サービス計画の変更，指定居宅サービス事業者等との連絡調整その他の便宜の提供を行うものとする。

Q44 サービス利用票は月の下旬に交付するの？

　毎月,居宅を訪問してのモニタリングの機会を活用し,サービス利用票の交付も併せて行っています。モニタリング訪問の際,翌月分のサービス利用票も用意して持参するというやり方です。その場で意向を確認し,変化がなければ用意していったサービス利用票を交付します。もしも意向の変化があった場合には,再度訪問するなどして改めて交付するというようにしています。

　このモニタリング訪問について,月の中旬から始めるようにしているのですが,他の居宅介護支援事業所の介護支援専門員と情報交換した際「私が以前に受けた研修では,サービス利用票の交付は月の下旬に行うように言っていたから,私は月の下旬にあわただしく交付している」と言われました。

　基準や通知を読んでもそのようなことは書いていないし,手元にある何冊かの介護支援専門員向けの本にも載っておらず,研修での話が本当なのかははなはだ疑問です。本当にそのような取り決めはあるのでしょうか。

A44 月の下旬でなくても差し支えありません。サービス利用票の交付時期についての決まりはありません。

　居宅を訪問してのモニタリングとサービス利用票の交付は,あなたのように一体的に実施してもよいでしょうし,別々の日にそれぞれ実施しても構わないでしょう。場合によっては,モニタリングは居宅で,サービス利用票の交付は別の場所で行うということもあり得ます。居宅を訪問しなければならないのはモニタリングにのみ課せられた条件ですから,サービス利用票の交付にあたっては居宅を訪問する必要はありません。しかし,実情として多くの介護支援専門員は,業務効率や訪問される側の負担感などを考慮して,一体的に実施しているように思います。

　さて,ご質問のサービス利用票の交付時期についてですが,1カ月のうちでいつ頃に行わなければならないという明確な取り決めはありません。ただし,WAM NET掲載資料「『給付管理業務』の一部変更及び追加について」に,料金の割引を含む最新の事業所情報がWAM NETに掲載されるのが毎月20日頃なので,翌月分の計画はこれ以降に利用者の同意を得ることになる旨の記載があることから,この情報を研修講師がお話ししたものと考えられます。

この事業所情報の変更については，WAM NETへの情報掲載を待たなくても日常的な事業所との連絡で把握できるわけですから，このことさえしっかりとできていれば，翌月分の利用者へのサービス利用票の交付を毎月20日頃まで待つことはないでしょう。

　なお，モニタリングというと居宅を訪問しての利用者との面接のみを指すと思いがちですが，居宅サービス事業者等との連絡調整も含みますので，これを行った場合にも記録する，あるいは書面を保存しておくなどの注意が必要です。

【参考】
WAM NET掲載資料「『給付管理業務』の一部変更及び追加について」

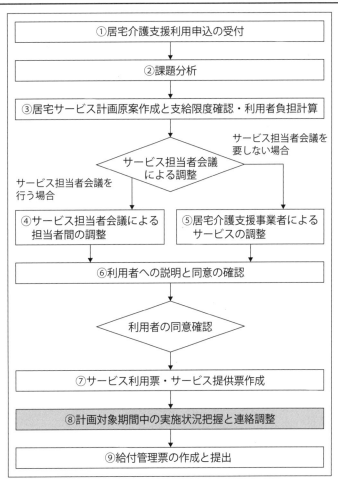

第4段階
計画対象期間中の実施状況把握と連絡調整

○居宅介護支援事業者は，「居宅サービス計画」の作成後も，継続的にサービスの実施状況を把握し，必要に応じて計画の変更や調整を行う。

○月途中においては，当初の計画に変更がないか確認を行い，利用者の意向を踏まえ変更がなければ，翌月分の計画作成を行うこととなる。（翌月分の料金割引等に係る『都道府県が提供する事業者台帳（WAM-NET）』への掲載が遅くとも当月の20日頃までに行われるため，**翌月分の計画についての利用者への同意は，20日〜月末に行われることとなる。**）

○月の途中であっても，事業所ごと，サービスごとの給付額が増え，給付管理票に影響がある場合は，「サービス利用票」を変更して改めて利用者の同意を得なければならない。
（⇒詳細は「Ⅱ　給付管理に関する帳票の記入方法」）

①居宅介護支援利用申込の受付
②課題分析
③居宅サービス計画原案作成と支給限度確認・利用者負担計算
サービス担当者会議による調整
　サービス担当者会議を要しない場合
　サービス担当者会議を行う場合
④サービス担当者会議による担当者間の調整
⑤居宅介護支援事業者によるサービスの調整
⑥利用者への説明と同意の確認
利用者の同意確認
⑦サービス利用票・サービス提供票作成
⑧計画対象期間中の実施状況把握と連絡調整
⑨給付管理票の作成と提出

《「指定居宅介護支援等の事業の人員及び運営に関する基準」（平成11年3月31日厚生省令第38号）第13条第8号》
　介護支援専門員は，居宅サービス計画の作成後においても，利用者及びその家族，指定居宅サービス事業者等との連絡を継続的に行うことにより，居宅サービス計画の実施状況の把握を行うとともに，利用者についての解決すべき課題の把握を行い，必要に応じて居宅サービス計画の変更，指定居宅サービス事業者等との連絡調整その他の便宜の提供を行うものとする。

Q45 月の途中でサービス利用票と別表に変更が生じた場合，交付済みのものは保管の必要があるの？

いったんは利用者へサービス利用票およびサービス利用票別表を交付したのですが，家族の急な都合によりショートステイを追加することになりました。サービス利用票等に変更が生じる場合には，速やかに作成しなおして再交付することになっていますので，ショートステイの予定を追加した新たなサービス利用票およびサービス利用票別表を交付しました。

このように1月に2回以上のサービス利用票等の作成を行った場合，古いサービス利用票等は給付管理票の作成に用いるわけでもなく，特に必要のない書類になると思います。最も新しいサービス利用票等を保存しなければならないことはわかるのですが，それ以前に交付した同年月分のサービス利用票等も保存しておかなければならないのでしょうか。

A45 利用者へ交付したすべてのサービス利用票と別表が保存対象です。

おっしゃるとおり，確かに1回目に交付したサービス利用票等は実務上では使用しない書類になるかもしれませんが，だからといって破棄してよいかといえばそうはなりません。

なぜなら，それが同年月の何回目かにかかわらず，交付した居宅サービス計画は保存の義務があるからです。たとえ給付管理票の作成に用いるわけでないにしても，利用者に交付したのであれば保存しておかなければならないでしょう。

【参考】
指定居宅介護支援等の事業の人員及び運営に関する基準
第13条
11 介護支援専門員は，居宅サービス計画を作成した際には，当該居宅サービス計画を利用者及び担当者に交付しなければならない。

指定居宅介護支援等の事業の人員及び運営に関する基準について
第2の3の（7） 指定居宅介護支援の基本取扱方針及び具体的取扱方針
⑪ 居宅サービス計画の交付（第11号）
居宅サービス計画を作成した際には，遅滞なく利用者及び担当者に交付しなければならない。

また，介護支援専門員は，担当者に対して居宅サービス計画を交付する際には，当該計画の趣旨及び内容等について十分に説明し，各担当者との共有，連携を図った上で，各担当者が自ら提供する居宅サービス等の当該計画（以下，「個別サービス計画」という。）における位置付けを理解できるように配慮する必要がある。
　なお，基準第29条第2項の規定に基づき，**居宅サービス計画は，2年間保存しなければならない。**

Q46 事業所からの依頼があれば，実績と同じようにサービス提供票を作り直さないといけないの？

　通所リハビリテーションを月曜日と金曜日の週2回利用している利用者がいます。この利用者について，通所リハビリテーション事業所から前月分の利用実績が届いたのですが，「○月○日（月曜日）の利用につきまして，本人より『県外に住む息子家族が来るのでお休みします』との連絡があり欠席となりました。つきましては，予定に変更が生じましたので，サービス提供票を再度作成いただき交付願います」との依頼がありました。
　欠席したけれどもその分を他の日に利用した場合には，サービス利用日時の変更として居宅サービス計画の軽微な変更に該当するので再作成が不要なことはわかるのですが，たとえ計画を下回る実績であっても，今回のように保険給付額に変更が生じる場合には，サービス提供票を再交付しなければならないのでしょうか。

A46 原則として，計画を下回る実績の場合にはサービス利用票・提供票の再作成は不要です。

　まず確認しておきたいのは，サービス提供票はサービス利用票に基づいて作成するものであるため，サービス提供票のみを変更することはあり得ず，必ずサービス利用票も変更しなければならないことです。サービス利用票を変更するということは，つまりは利用者に再度その内容を説明し同意を得て，変更後のサービス利用票を交付することになります。このような過程を踏まずにサービス提供票のみを変更した場合には，何らかの不正が疑われることにもなりかねませんので注意してください。
　それでは，ご質問の件について話を進めることにします。計画を上回らない実績単位数の場合，原則としてサービス利用票とサービス提供票の再作成は行わなくて

もよいことになっています。ここでいう原則とは，事業所ごと，サービスごとの実績単位数が当初の計画単位数を上回らない場合という意味です。

たとえば，A事業所の通所リハビリテーションを月に9回予定していたが，実際の利用は8回だったとします。まさにご質問の内容と同じなのですが，実績単位数が計画単位数を上回らない場合は再作成不要です。

事業所	居宅サービス	事業所ごとの単位数	サービスごとの単位数	再作成
A	通所リハ	計画＞実績	計画＞実績	不要

次に，2カ所の事業所の同じ種類のサービスを利用した例を考えてみます。A事業所の通所リハビリテーションを月に5回予定していたが，実際の利用は4回，B事業所の通所リハビリテーションを月に4回予定していたが，実際の利用は月に5回だったとします。両事業所とも基本部分の単位は同じです。通所リハビリテーション費の総額は変わりませんが，B事業所の実績単位数が当初の計画単位数を上回りますので，この場合には再作成が必要です。

事業所	居宅サービス	事業所ごとの単位数	サービスごとの単位数	再作成
A	通所リハ	計画＞実績	計画＝実績	必要
B	通所リハ	計画＜実績		

今度は，同じ事業所の2種類のサービスを利用した場合ではどうでしょうか。A事業所の通所リハビリテーションを月に5回予定していたが，実際の利用は4回，A事業所の通所介護を月に4回予定していたが，実際の利用は月に5回だったとします。事業所ごとの単位数は実績単位数が計画単位数を上回っていませんが，通所介護の実績単位数が当初の計画単位数を上回りますので，この場合にも再作成が必要です。

事業所	居宅サービス	事業所ごとの単位数	サービスごとの単位数	再作成
A	通所リハ	計画＞実績	計画＞実績	必要
	通所介護		計画＜実績	

このように，事業所ごとあるいはサービスごとに実績単位数が当初の計画単位数を上回る場合には，サービス利用票とサービス提供票の再作成が必要になるの

で，ご質問にあるような場合にはこの必要はありませんし，月の途中での入院や入所がある場合で，事業所ごと，サービスごとの実績単位数が当初の計画単位数を上回らない場合にも同様です。

　ただし，区分支給限度基準額では不足するために「利用者負担（全額負担分）」が生じている利用者が，何らかの理由でサービスを利用せずに当初の計画を下回る実績単位数だった場合には，欠席分の単位数も保険算定が可能なように計算し直して，サービス利用票とサービス提供票を再作成することが必要です。これを行わないと，本来は保険対象となる単位数であっても，全額負担（10割負担）で利用者が支払うことになってしまいます。

【参考】
全国介護保険担当者会議資料－第2分冊－（2000年3月8日開催）10ページ

---

②居宅サービス計画対象月の作業

計画対象期間中の実施状況把握と連絡調整

○居宅介護支援事業者は，「居宅サービス計画」の作成後も，継続的にサービスの実施状況を把握し必要に応じて計画の変更や調整を行う。
○月途中においては，当初の計画に変更がないか確認を行い，利用者の意向を踏まえ，翌月分の計画作成を行うこととなる。
○月の途中であっても，事業所ごと，サービスごとの給付額が増え，給付管理票に影響がある場合は，「サービス利用票」を変更して改めて利用者の同意を得なければならない。

計画対象月間中の「サービス利用票・提供票」の再作成

　利用者の希望等により，当初の「居宅サービス計画」外のサービスの追加等を行った場合には，「サービス利用票」等を再作成し，利用者への提示及び同意を得ることが必要となり，また，「給付管理票」の作成も，再作成された「サービス利用票（控）」に基づき行われることとなる。
　特に下記のように，「給付管理票」の記載内容に影響のある場合は，必ず「サービス利用票」等の再作成が必要となる。「サービス利用票」等の再作成，及びその内容の「給付管理票」への反映が行われない場合には，サービス事業者の請求に対して報酬が支払われず，利用者が当該サービスの総費用を請求されるもとになるなど，事業者，利用者とのトラブルの原因になることに十分留意が必要である。
・「サービス利用票」に記載された事業所ごとのサービス種類の額の合計が当初の計画を上回る場合
・事業者を変更する場合　等

（作成手順）
①変更後の「居宅サービス計画」に基づき，「サービス利用票」を再作成し，「サービス利用票別表」で，支給限度額確認と利用者負担計算を改めて行う。
②再作成後の「サービス利用票」等を利用者に交付し，改めて，控に利用者の確認印を受ける。
③あわせて「サービス提供票」の内容も修正し，変更した計画内容に関係するサービス事業所への送付を行う。

【参考】
WAM NET掲載資料「給付管理業務について」

1．給付管理業務の必要性

　居宅介護支援事業者の業務は，課題分析から，居宅サービス計画の作成，サービスの継続的な把握と評価にいたる一連の居宅介護支援をその中心とするが，当該居宅介護支援及び計画上の居宅サービスについての居宅介護（支援）サービス費の支払いが行われるには，以下の点を踏まえる必要がある。

①個々の利用者毎に居宅介護（支援）サービス費区分支給限度基準額（区分支給限度額）が設定されていること。

②サービスの性格上，居宅サービス計画と実際のサービス提供には相違が生じることが考えられること。

③国保連が個々の居宅サービス事業者に対する居宅介護（支援）サービス費の審査支払いの仕組みとして，区分支給限度額内であることを確認するためには居宅介護支援事業者によるサービスの実績管理との突合が必要なこと。

　すなわち，居宅サービス計画の作成にあたっては，区分支給限度額に即したものとする必要があるほか，居宅サービス計画と実際のサービス提供に相違が生じた場合にも，これを**区分支給限度額に沿うよう調節する必要がある**。

　したがって，このような居宅介護支援事業者によるサービスの実績管理（給付管理票の作成）が月を単位として行われ，その結果が国保連に提出されることによりはじめて，国保連の審査や，居宅サービス事業者及び居宅介護支援事業者への居宅介護（支援）サービス費の支払いが行われることとなるものである。

　このような給付管理のための事務的な一連の業務を総括して「給付管理業務」と呼ぶこととし，以下，その一連の業務を解説する。

Q47 予定した居宅サービス計画が区分支給限度基準額を超える場合，1回のサービスに保険適用分と保険外分が混在してはいけないの？

　最近になって居宅介護支援事業所へ勤めだした者です。仕事を覚えてきたことから，何人かの利用者を先輩の介護支援専門員から引き継ぐことになりました。
　先日，毎月にわたり区分支給限度基準額を超えて居宅サービスを利用している要

介護1の方を引き継ぎました。利用しているサービスは通所介護のみです。先輩の話によると「1回の居宅サービス利用時，保険適用分の利用者負担と保険外分の利用者負担が混在してはいけないことになっているので，サービス利用票別表を作成する際，限度基準額を超過する日の計算については，区分支給限度額基準を超える単位数へ割り振ってください。たとえば通所介護を利用している方がいたとして，通所介護の1回あたりの単位数が800単位だとします。区分支給限度基準額は16,692単位ですから，21回目の利用で基準額を超過します。このような場合，800単位×20回＝16,000単位を通所介護費の対象とし，残りの692単位については692単位（保険適用）＋108単位（保険外）とはせず，16,001単位以降は区分支給限度額基準を超える単位数として計算します」と説明されました。

区分支給基準限度額の単位数が残っているのに，これを使えないというのはおかしいのではないかと思ったのですが，これについて私も自信がなくうやむやな理解のままです。

A47 1回のサービスに保険適用分と保険外分が混在しても差し支えありません。1回の居宅サービス利用ではどうかという見方はしません。

ご質問にある計算を，通所介護を月に21回利用するものと仮定すると，利用者負担の合計は次の表のようになります（特別地域加算はないものとして）。

	保険適用	保険外	利用者負担の合計
先輩の計算方法	16,000	8,000	24,000
区分支給限度基準額の単位数を使い切る計算方法	16,692	1,080	17,772

先輩の計算方法に基づく利用者負担の合計は24,000円，区分支給限度基準額の単位数を使い切る計算方法の合計は17,772円になりますから，保険適用とするか保険外とするかの違いで，6,228円もの自己負担額の差が生じてしまいます。

単位数の算定にあたっては，居宅サービスの1回の利用に対して保険適用と保険外が混在してはいけないとするルールはなく，1月分の単位数の総額から区分支給

限度額基準を超える単位数を算出することになりますので，あなたの先輩は何か思い違いをしているのかもしれません。

なお，これまでの利用者の過払い分については，過誤申し立てによる処理を行うようにしてください。

【参考】
介護サービス計画書の様式及び課題分析標準項目の提示について
別紙1：居宅サービス計画書記載要領
　8　第7表：「サービス利用票別表」
　⑯「区分支給限度基準を超える単位数」
　　種類支給限度基準が設定されていない場合は，前記⑮から前記⑨「サービス単位／金額」欄の合計欄の単位数を超える単位数を記載する。
　　種類支給限度基準額が設定されている場合は，前記⑮から前記⑭「種類支給限度基準内単位数」欄の合計欄を超える単位数を記載する。内訳については，合計欄に等しくなるように単位数を割り振る。

Q48 「区分支給限度基準を超える単位数」をどの事業所に割り振るかの決まりはあるの？

通所介護，短期入所生活介護，介護老人福祉施設を併設する居宅介護支援事業所に所属しています。

これまで，区分支給限度基準額を超過した際には，併設事業所へ割り振るとの暗黙の了解の下でサービス利用票別表を作成してきたため悩まなかったのですが，今回，併設事業所の利用がない方に区分支給限度基準額の超過が生じることになりました。毎月定期的に利用している居宅サービスは，訪問介護，通所リハビリテーション，福祉用具貸与で，これらの利用だけでは限度基準額を超過することはないのですが，短期入所療養介護を追加しなければならなくなり，これにより限度基準額を超過してしまいます。

このような場合，超過単位数をどのように割り振ったらよいのかわかりません。

A48 限度額超過の単位数をどの事業所に割り振るかは，利用者および居宅サービス事業所との話し合いで決定します。

　利用料の支払いについては，利用のつど現金で支払う方法，1カ月分をまとめて現金で支払う方法，通帳からの引き落としによる方法，金融機関やコンビニエンスストアなどから振り込む方法など，居宅サービス事業所ごとにその方法が決められていることと思います。

　区分支給限度基準額の超過分をどの事業所に割り振るかについては，実際に支払う立場にある利用者や支払いを受ける居宅サービス事業所との話し合いにより決定することになります。「単位数が最も多い事業所に割り振る」「利用回数が最も多い事業所に割り振る」「最後に追加した居宅サービス事業所に割り振る」といったような，明確な決まりはありません。

　ただし，区分支給限度基準額の超過分を複数の事業所へ割り振ると支払いが複雑になりますのでこれは避け，できる限り最小限（できれば1カ所）の事業所に止める必要があります。

　また，単位数単価の割り増しが適用される居宅サービス事業所に対して区分支給限度基準額の超過分を割り振った場合，単位数単価の割り増し分も利用者負担に影響することになり，結果として単位数単価の割り増しが適用されない居宅サービス事業所に対して区分支給限度基準額の超過分を割り振った場合よりも利用者が居宅サービス事業所へ支払う額が高くなってしまいます。ですから，単位数単価の割り増しが適用される居宅サービス事業所と適用されない居宅サービス事業所の両方を利用している場合には，適用されない居宅サービス事業所あるいは適用率が低い（1級地＞2級地＞3級地＞4級地＞5級地＞6級地＞7級地＞その他）居宅サービス事業所へその超過分を割り振る方が，利用者が支払う額は少なくて済むといったことも説明が必要です。なお，これは特別地域加算についても同じことがいえます。

[参考]

区分支給限度額基準を超える単位数の割り振りについて

例1) 要介護1:単位数単価が高いサービスに区分支給限度基準を超える単位数を割り振った場合

サービス内容/種類	単位数	回数	サービス単位/金額	区分支給限度基準を超える単位数	区分支給限度基準内単位数	単位数単価	費用総額(保険対象分)	給付率	保険給付額	利用者負担(保険対象分)	利用者負担(全額負担分)
○○○○	600	16	9,600	2,508	7,092	10.70	75,884	90	68,295	7,589	26,835
△△△△	800	12	9,600		9,600	10.00	96,000	90	86,400	9,600	
合計			19,200	2,508	16,692		171,884		154,695	17,189	26,835

利用者負担は、保険対象分(17,189円)と全額負担分(26,835円)の合計で、44,024円となる。

例2) 要介護1:単位数単価が低いサービスに区分支給限度基準を超える単位数を割り振った場合

サービス内容/種類	単位数	回数	サービス単位/金額	区分支給限度基準を超える単位数	区分支給限度基準内単位数	単位数単価	費用総額(保険対象分)	給付率	保険給付額	利用者負担(保険対象分)	利用者負担(全額負担分)
○○○○	600	16	9,600		9,600	10.70	102,720	90	92,448	10,272	
△△△△	800	12	9,600	2,508	7,092	10.00	70,920	90	63,828	7,092	25,080
合計			19,200	2,508	16,692		173,640		156,276	17,364	25,080

利用者負担は、保険対象分(17,364円)と全額負担分(25,080円)の合計で、42,444円となる。

【参考】
全国介護保険担当者会議資料－第2分冊－(2000年3月8日開催) 26ページ

作業⑦：「サービス利用票別表」作成③～「訪問通所サービス」の区分支給限度管理～

（記載順序）
①「区分支給限度基準額（単位）」欄
　「被保険者証」から，区分支給限度基準額を転記する。

②「区分支給限度基準を超える単位数」欄の合計欄
　（種類支給限度基準が設定されていない場合）
　　上記①から，「サービス単位／金額」欄の合計欄の単位数を超える単位数を記載する。
　（種類支給限度基準が設定されている場合）
　　上記①から，「種類支給限度基準内単位数」欄の合計欄の単位数を超える単位数を記載する。

③「区分支給限度基準を超える単位数」の振り分け
　上記②の合計欄に等しくなるように単位数を割り振る。

④「区分支給限度基準内単位数」欄
　（種類支給限度基準が設定されていない場合）
　　「サービス単位数／金額」欄から，上記③で割り振られた単位を差し引いた単位を記載する。
　（種類支給限度基準が設定されている場合）
　　「種類支給限度基準内単位」欄から，上記③で割り振られた単位数を差し引いた単位数を記載する。

※（区分・種類）支給限度基準を超える単位数の割り振りについて
・割り振りに当たって，どの事業者に割り振るかは，利用者の意向や各事業者間の調整により決めることとなる。
・通常，複数のサービス事業者がある場合でも，割り振りを行うサービス事業者は最小限に止めるよう，注意する。
・なお，「単位数単価」の差違により，利用者負担額が変わってくる場合がある。

個別サービス計画の提出依頼

Q49 2015年の介護保険制度改正により，介護支援専門員はサービス事業者に個別サービス計画の提出を求めることになりましたが，提供されたら何をすればいいの？

　2015年の介護保険制度改正により，居宅介護支援の事業の運営基準と解釈通知にも改正が加えられ，介護支援専門員は，サービス事業者に個別サービス計画の提出を求めることになりました。これについて，提供された時に何をすればよいのかよくわかりません。受け取り，保存しておくだけでよいのでしょうか。

　また，提供を求めなかった場合，あるいは求めたものの提供してもらえなかった場合には，何かしらのペナルティーがあるのでしょうか。それから，居宅介護支援事業所（介護支援専門員）には個別サービス計画の提出を求めることが規定されましたが，居宅サービス事業所には個別サービス計画を交付することが義務づけられたのでしょうか。もし居宅介護支援事業所側だけの改正だとしたら，居宅サービス事業所によっては，個別サービス計画の提出の求めに応じてくれないところもあるのではないかと思います。

A49 居宅サービス計画と個別サービス計画の整合性などを確認します。

　　介護保険制度の改正にあたっては，社会保障審議会介護給付費分科会での議論を経て，この結果が強く反映されます。介護支援専門員が個別サービス計画の提出を求めることになったのは，2014年6月25日に開催された第103回社会保障審議会介護給付費分科会において，株式会社日本能率協会総合研究所が実施した「介護支援専門員及びケアマネジメントの質の評価に関する調査研究事業報告書」（平成25年度厚生労働省老人保健健康増進等事業）を取り上げ，次の点を指摘したことが始まりです。

> ○自立支援に資するケアマネジメントを実践するには，介護支援専門員の立てる目標やケアプランと個別サービス計画の連動を高めることが重要であるが，
> ・介護支援専門員がサービス事業者から個別サービス計画（案）を「受け取っていない」と回答した割合は16.7％
> ・ケアプランと個別サービス計画が連動し，サービスが提供できることの確認を「あまりしなかった」，「全くしなかった」と回答した割合は約2割となっている。

　これを受けて，「サービス担当者会議における居宅サービス計画と個別サービス計画の連動性を高める取り組みの必要性についてどう考えるか」との論点が示されました。

　この報告書からは，「居宅サービス計画と個別サービス計画の連動」「各々の計画と連動したサービス提供」が重要との認識に立っていること，論点からはその場面として「サービス担当者会議」を想定していることがわかります。これを実務に照らして考えると，サービス担当者会議においては「居宅サービス計画と個別サービス計画の連動」「各々の計画と連動したサービス提供」を意識した議事進行とし，個別サービス計画の提供を受けた際には，サービス担当者会議で協議されたことが反映されているがどうかを確認するという流れが想定されます。

　個別サービス計画の提供依頼にあたっては，口頭でも問題はありませんが，依頼文書を作成する，個別サービス事業所へ交付する居宅サービス計画書（1）に一筆書き加える，あるいは居宅サービス計画の交付書兼受領書を使用しているのであれば通信欄を活用するなど，書面での依頼の方がなおよいでしょう。

　また，個別サービス計画の提供を求めなかった場合，あるいは提供を求めたものの提供してもらえなかった場合には，何かしらのペナルティーがあるかについては，居宅介護支援の運営基準に定められた努力義務ですので，提供を求めなかった場合には運営基準違反として指導を受けると考えられます。個別サービス計画の提供を求めることが努力すべき義務ですから，提供を求めてもなお提供してもらえなかった場合については，指導の対象となりません。

　居宅サービス事業所には個別サービス計画を交付することが義務づけられたのかとの点については，居宅サービスの通知にも「個別サービス計画の提供の求めがあった際には，個別サービス計画を提供することに協力するよう努めるものとする」との改正が加えられました。

【参考】

指定居宅介護支援等の事業の人員及び運営に関する基準
第13条
12　介護支援専門員は，居宅サービス計画に位置付けた指定居宅サービス事業者等に対して，訪問介護計画（指定居宅サービス等の事業の人員，設備及び運営に関する基準（平成11年厚生省令第37号。以下「指定居宅サービス等基準」という。）第24条第1項に規定する訪問介護計画をいう。）等指定居宅サービス等基準において位置付けられている計画の提出を求めるものとする。

指定居宅介護支援等の事業の人員及び運営に関する基準について
第2の3の（7）　指定居宅介護支援の基本取扱方針及び具体的取扱方針
⑫　担当者に対する個別サービス計画の提出依頼（第12号）
　居宅サービス計画と個別サービス計画との連動性を高め，居宅介護支援　事業者とサービス提供事業者の意識の共有を図ることが重要である。
　このため，基準第13条第12号に基づき，担当者に居宅サービス計画を交付したときは，担当者に対し，個別サービス計画の提出を求め，居宅サービス計画と個別サービス計画の連動性や整合性について確認することとしたものである。
　なお，介護支援専門員は，担当者と継続的に連携し，意識の共有を図ることが重要であることから，居宅サービス計画と個別サービス計画の連動性や整合性の確認については，居宅サービス計画を担当者に交付したときに限らず，必要に応じて行うことが望ましい。
　さらに，サービス担当者会議の前に居宅サービス計画の原案を担当者に提供し，サービス担当者会議に個別サービス計画案の提出を求め，サービス担当者会議において情報の共有や調整を図るなどの手法も有効である。

厚生労働大臣が定める基準
82　居宅介護支援費における運営基準減算の基準
　指定居宅介護支援等の事業の人員及び運営に関する基準第4条第2項並びに第13条第7号，第9号から第11号まで，第14号及び第15号（これらの規定を同条第16号において準用する場合を含む。）に定める規定に適合していないこと。

指定居宅サービス等及び指定介護予防サービス等に関する基準について
第3の一の3の（13）　訪問介護計画の作成
⑥　指定居宅介護支援等の事業の人員及び運営に関する基準（平成11年厚生省令第38号）第13条第12号において，「介護支援専門員は，居宅サービス計画に位置付けた指定居宅サービス事業者等に対して，指定居宅サービス等基準において位置付けられている計画の提出を求めるものとする」と規定していることを踏まえ，居宅サービス計画に基づきサービスを提供している指定訪問介護事業者は，当該居宅サービス計画を作成している指定居宅介護支援事業者から訪問介護計画の提供の求めがあった際には，当該訪問介護計画を提供することに協力するよう努めるものとする。

※著者注釈：個別サービス計画の作成が義務づけられている他の居宅サービスについても同様の規定があります。

【参考】
第103回社会保障審議会介護給付費分科会資料　33ページ，43ページ

個別サービス計画の確認状況

○自立支援に資するケアマネジメントを実践するには，介護支援専門員の立てる目標やケアプランと個別サービス計画の連動を高めることが重要であるが，
- 介護支援専門員がサービス事業者から個別サービス計画（案）を「受け取っていない」と回答した割合は16.7%。
- ケアプランと個別サービス計画が連動し，サービスが提供できることの確認を「あまりしなかった」，「全くしなかった」と回答した割合は約2割となっている。

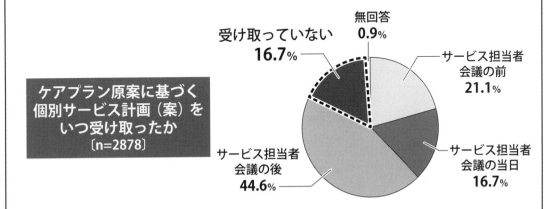

ケアプラン原案に基づく個別サービス計画（案）をいつ受け取ったか〔n=2878〕

- 受け取っていない 16.7%
- 無回答 0.9%
- サービス担当者会議の前 21.1%
- サービス担当者会議の当日 16.7%
- サービス担当者会議の後 44.6%

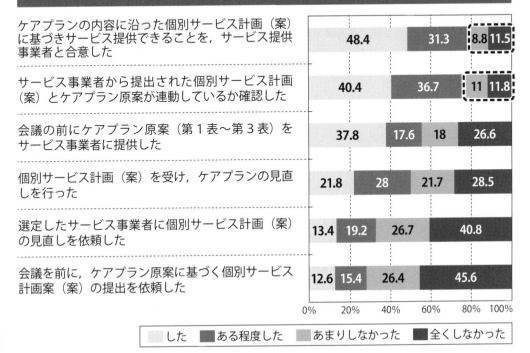

サービス事業者に対する個別サービス計画（案）の作成依頼やケアプランへの反映の状況〔n=2878〕

項目	した	ある程度した	あまりしなかった	全くしなかった
ケアプランの内容に沿った個別サービス計画（案）に基づきサービス提供できることを，サービス提供事業者と合意した	48.4	31.3	8.8	11.5
サービス事業者から提出された個別サービス計画（案）とケアプラン原案が連動しているか確認した	40.4	36.7	11	11.8
会議の前にケアプラン原案（第1表～第3表）をサービス事業者に提供した	37.8	17.6	18	26.6
個別サービス計画（案）を受け，ケアプランの見直しを行った	21.8	28	21.7	28.5
選定したサービス事業者に個別サービス計画（案）の見直しを依頼した	13.4	19.2	26.7	40.8
会議を前に，ケアプラン原案に基づく個別サービス計画案（案）の提出を依頼した	12.6	15.4	26.4	45.6

【出典】株式会社日本能率協会総合研究所「介護支援専門員及びケアマネジメントの質の評価に関する調査研究事業報告書」（平成25年度厚生労働省老人保健健康増進等事業）

主な論点

○居宅介護支援事業所の公正・中立性の確保の更なる推進のため，特定事業所集中減算や独立型事業所と併設型事業所（いわゆる経営グループの傘下にある事業所を含む）のあり方についてどう考えるか。

○インフォーマルサービスなどの地域資源の積極的な活用促進の観点から，ケアプランに位置づけられたサービスがインフォーマルサービスのみの場合の評価についてどう考えるか。

○ケアマネジメントの質の向上に資することを目的とした評価についてどう考えるか。

　①地域全体のケアマネジメントの質の向上という観点から，特定事業所加算についてどう考えるか。

　②サービス担当者会議における居宅サービス計画と個別サービス計画の連動性を高める取組の必要性についてどう考えるか。

○ケアマネジメントや個別サービスの質を評価していくにあたって，ケアマネジメントのデータの活用を推進していくことについてどう考えるか。

○保健・医療・福祉サービスが，総合的かつ効率的に提供されなければならないが，ケアプランに位置づけられているサービスのうち，退院直後のリハビリテーションなど必要なサービスが十分に提供されていないという指摘もある。このため，自立支援に資するケアマネジメントの実践，多職種連携の強化及び地域ケア会議，在宅医療介護連携推進事業の活用について推進すべきではないか。

○ケアマネジメントの適正化を推進するため，以下の点についてどのように考えるか。

　①福祉用具貸与のみのケアプランに係るケアマネジメントのあり方について

　②同一建物に居住する者に対するケアマネジメントについて

○新しい地域支援事業の導入・実施に伴い，介護予防給付の利用者が総合事業を利用するようになるなど，介護予防支援の仕組みが変わることを踏まえた対応をどう考えるか。

居宅サービス計画の変更

Q50 厚生労働省が例示しているもの以外は，軽微な変更にはあたらないの？

2012年の居宅サービスの算定基準の改正により，通所介護のサービス提供時間区分の見直しが行われました。これにより，サービス提供の時間を変更する通所介護事業所も多くあり，私が担当する利用者についてもサービス提供の時間変更を希望され，実際に変更する方が複数人いました。

その際に浮かんだ疑問について教えてください。2010年7月30日に厚生労働省老健局から「『介護保険制度に係る書類・事務手続きの見直し』に関するご意見への対応について」の通知が発出され，「サービス提供の曜日変更」「サービス提供の回数変更」「利用者の住所変更」「事業所の名称変更」「目標期間の延長」「福祉用具で同等の用具に変更するに際して単位数のみが異なる場合」「目標もサービスも変わらない（利用者の状況以外の原因による）単なる事業所変更」「目標を達成するためのサービス内容が変わるだけの内容」「担当介護支援専門員の変更」について，軽微な変更の考え方が示されました。

この中で「サービス提供の時間変更」が列挙されておらず，これも軽微な変更に該当するのか事業所の管理者に確認したところ，「通知で取り上げられていないので軽微な変更には該当しないだろう」と言われましたが，本当に軽微な変更にはあたらないのでしょうか。

A50 軽微な変更かどうかは，一連の業務を行う必要性があるかどうかを考慮し，介護支援専門員が判断します。

2011年度までは軽微な変更かどうかを誰が判断するのか曖昧でしたが，2012年改正後の居宅サービス計画の変更の規定では，「利用者の希望による軽微な変更（例えばサービス提供日時の変更等で，介護支援専門員が基準第13条第3号から第11号までに掲げる一連の業務を行う必要性がないと判断したもの）を行う場合には，この必要はないものとする。」とされ，軽微な変更かどうかは介護支援専門員が判断することが明確にされました。

規定ではサービス提供日時の変更が例示されていますが，2010年7月30日の通知に列挙されていない事柄など，軽微な変更に該当するかどうかは介護支援専門員の判断に委ねられています。

【参考】
「介護保険制度に係る書類・事務手続きの見直し」に関するご意見への対応について
Ⅰ　居宅介護支援・介護予防支援・サービス担当者会議・介護支援専門員関係

3　ケアプランの軽微な変更の内容について（ケアプランの作成）	「指定居宅介護支援等の事業の人員及び運営に関する基準について（平成11年7月29日老企22号厚生省老人保健福祉局企画課長通知）」（以下，「基準の解釈通知」という。）の「第Ⅱ　指定居宅介護支援等の事業の人員及び運営に関する基準」の「3 運営に関する基準」の「(7) 指定居宅介護支援の基本取扱方針及び具体的取扱方針」の「⑯居宅サービス計画の変更」において，居宅サービス計画を変更する際には，原則として，指定居宅介護支援等の事業及び運営に関する基準（平成11年3月31日厚令38，以下「基準」という。）の第13条第3号から第11号までに規定されたケアプラン作成にあたっての一連の業務を行うことを規定している。 　なお，「利用者の希望による軽微な変更（サービス提供日時の変更等）を行う場合には，この必要はないものとする。」としているところである。
サービス提供の曜日変更	利用者の体調不良や家族の都合などの臨時的，一時的なもので，単なる曜日，日付の変更のような場合には，「軽微な変更」に該当する場合があるものと考えられる。 　なお，これはあくまで例示であり，「軽微な変更」に該当するかどうかは，変更する内容が同基準第13条第3号（継続的かつ計画的な措定居宅サービス等の利用）から第11号（居宅サービス計画の交付）までの一連の業務を行う必要性の高い変更であるかどうかによって軽微か否かを判断すべきものである。
サービス提供の回数変更	同一事業所における週1回程度のサービス利用回数の増減のような場合には，「軽微な変更」に該当する場合があるものと考えられる。 　なお，これはあくまで例示であり，「軽微な変更」に該当するかどうかは，変更する内容が同基準第13条第3号（継続的かつ計画的な措定居宅サービス等の利用）から第11号（居宅サービス計画の交付）までの一連の業務を行う必要性の高い変更であるかどうかによって軽微か否かを判断すべきものである。

利用者の住所変更	利用者の住所変更については，「軽微な変更」に該当する場合があるものと考えられる。 　なお，これはあくまで例示であり，「軽微な変更」に該当するかどうかは，変更する内容が同基準第13条第3号（継続的かつ計画的な指定居宅サービス等の利用）から第11号（居宅サービス計画の交付）までの一連の業務を行う必要性の高い変更であるかどうかによって軽微か否かを判断すべきものである。
事業所の名称変更	単なる事業所の名称変更については，「軽微な変更」に該当する場合があるものと考えられる。 　なお，これはあくまで例示であり，「軽微な変更」に該当するかどうかは，変更する内容が同基準第13条第3号（継続的かつ計画的な指定居宅サービス等の利用）から第11号（居宅サービス計画の交付）までの一連の業務を行う必要性の高い変更であるかどうかによって軽微か否かを判断すべきものである。
目標期間の延長	単なる目標設定期間の延長を行う場合（ケアプラン上の目標設定〈課題や期間〉を変更する必要が無く，単に目標設定期間を延長する場合など）については，「軽微な変更」に該当する場合があるものと考えられる。 　なお，これはあくまで例示であり，「軽微な変更」に該当するかどうかは，変更する内容が同基準第13条第3号（継続的かつ計画的な指定居宅サービス等の利用）から第11号（居宅サービス計画の交付）までの一連の業務を行う必要性の高い変更であるかどうかによって軽微か否かを判断すべきものである。
福祉用具で同等の用具に変更するに際して単位数のみが異なる場合	福祉用具の同一種目における機能の変化を伴わない用具の変更については，「軽微な変更」に該当する場合があるものと考えられる。 　なお，これはあくまで例示であり，「軽微な変更」に該当するかどうかは，変更する内容が同基準第13条第3号（継続的かつ計画的な指定居宅サービス等の利用）から第11号（居宅サービス計画の交付）までの一連の業務を行う必要性の高い変更であるかどうかによって軽微か否かを判断すべきものである。
目標もサービスも変わらない（利用者の状況以外の原因による）単なる事業所変更	目標もサービスも変わらない（利用者の状況以外の原因による）単なる事業所変更については，「軽微な変更」に該当する場合があるものと考えられる。 　なお，これはあくまで例示であり，「軽微な変更」に該当するかどうかは，変更する内容が同基準第13条第3号（継続的かつ計画的な指定居宅サービス等の利用）から第11号（居宅サービス計画の交付）までの一連の業務を行う必要性の高い変更であるかどうかによって軽微か否かを判断すべきものである。

目標を達成するためのサービス内容が変わるだけの内容	第一表の総合的な援助の方針や第二表の生活全般の解決すべき課題，目標，サービス種別等が変わらない範囲で，目標を達成するためのサービス内容が変わるだけの場合には，「軽微な変更」に該当する場合があるものと考えられる。 　なお，これはあくまで例示であり，「軽微な変更」に該当するかどうかは，変更する内容が同基準第13条第3号（継続的かつ計画的な指定居宅サービス等の利用）から第11号（居宅サービス計画の交付）までの一連の業務を行う必要性の高い変更であるかどうかによって軽微か否かを判断すべきものである。
担当介護支援専門員の変更	契約している居宅介護支援事業所における担当護支援専門員の変更（但し，新しい担当者が利用者はじめ各サービス担当者と面識を有していること。）のような場合には，「軽微な変更」に該当する場合があるものと考えられる。 　なお，これはあくまで例示であり，「軽微な変更」に該当するかどうかは，変更する内容が同基準第13条第3号（継続的かつ計画的な措指居宅サービス等の利用）から第11号（居宅サービス計画の交付）までの一連の業務を行う必要性の高い変更であるかどうかによって軽微か否かを判断すべきものである。

【参考】
指定居宅介護支援等の事業の人員及び運営に関する基準について
第2の3の（7）　指定居宅介護支援の基本取扱方針及び具体的取扱方針
⑯　居宅サービス計画の変更（第16号）
　介護支援専門員は，居宅サービス計画を変更する際には，原則として，基準第13条第3号から第12号までに規定された居宅サービス計画作成に当たっての一連の業務を行うことが必要である。
　なお，利用者の希望による軽微な変更（例えばサービス提供日時の変更等で，介護支援専門員が基準第13条第3号から第12号までに掲げる一連の業務を行う必要性がないと判断したもの）を行う場合には，この必要はないものとする。ただし，この場合においても，介護支援専門員が，利用者の解決すべき課題の変化に留意することが重要であることは，同条第13号（⑬居宅サービス計画の実施状況等の把握及び評価等）に規定したとおりであるので念のため申し添える。

Q51 事業所内で担当の介護支援専門員が交代する場合，ケアプランの再作成は必要なの？

従業員1人の居宅介護支援事業所で介護支援専門員をしています。いわゆる"1人ケアマネ"です。2カ月後に介護支援専門員を増員することが決まり，現在私が担当している利用者36人のうち，16人を新しい介護支援専門員に担当し

てもらう予定です。利用者に対しては，担当する介護支援専門員が交代することを説明し，すでに理解は得ています。

　これまでも人事異動や介護支援専門員の退職などで担当が代わることが何度かありましたが，その度に「居宅サービス計画書（1）」の「居宅サービス計画作成者氏名」を変更し，新たな担当者名を記載した計画書を交付してきました。

　これについて近隣の居宅介護支援事業所に聞いてみたところ，私と同じように新たな担当者名を記載した計画書を交付している事業所が多数でした。一方，少数ながら「一律に新たな担当者名への変更と再交付は行わず，計画内容の変更が必要になった時に併せて変更と再交付を行っている」という事業所もありました。

　その事業所に担当者名を変更しない理由を尋ねたところ，次のような返事をいただきました。

　「居宅サービス計画作成者氏名を記載する欄なので，実際に作成した介護支援専門員の氏名でなければおかしいと思うからです。居宅サービス計画を作成するということは，原則としては，アセスメントを行い，居宅サービス計画原案の作成とサービス担当者会議を経て，利用者へ説明し同意を得るといった，一連のプロセスを踏む必要があると考えています。ですから，新たに担当する介護支援専門員がこれらの一連のプロセスを行った際に，居宅サービス計画作成者氏名を変更するようにしています」。

　言われてみれば，「居宅サービス計画作成者氏名」ですので，現在担当している介護支援専門員の氏名に変更する必要はないようにも思うのですが，どうしたらよいのかわからなくなってしまいました。担当する介護支援専門員が交代となった場合，この欄の記載変更と再交付は必要なのでしょうか。

A51 「居宅サービス計画作成者氏名」を変更するだけのケアプランの作成は必要ないでしょう。

　居宅サービス計画書にどのように記載するかについては，ほとんどのことは「居宅サービス計画書記載要領」で明らかにされています。「居宅サービス計画書（1）」の「居宅サービス計画作成者氏名」欄についても，この記載要領にその記載の仕方が記されています。

　記載要領では「当該居宅サービス計画作成者（介護支援専門員）の氏名を記載する」と規定されていますので，実際に居宅サービス計画を作成した介護支援専門員の氏名を記載するのが本来でしょう。質問者が「現在担当している介護支援専門員

の氏名にする必要はないのでは」と思っているように，記載要領に照らせば，たとえ前任で現在は担当していない介護支援専門員だとしても，実際に居宅サービス計画を作成した介護支援専門員の氏名が記載されていることが適当だと考えられます。

居宅サービス計画の再交付に至るまでには，原則として，次のような段階を踏むことになります。

①居宅を訪問しての利用者および家族との面接によるアセスメントの実施
②利用者の希望・アセスメントの結果・家族の希望・居宅サービスなどの提供体制を勘案した居宅サービス計画原案の作成
③居宅サービス計画原案に位置付けた担当者を招集してのサービス担当者会議の実施（やむを得ない事情がある場合にはサービス担当者に対する照会）
④サービス担当者会議やサービス担当者に対する照会の結果により，必要であれば居宅サービス計画原案の修正
⑤居宅サービス計画原案内容の説明と同意
⑥利用者やサービス担当者に対する居宅サービス計画の再交付
⑦担当者に対する個別サービス計画の提出依頼

これらの段階を経るには，相当の時間を要しますので，居宅介護支援の業務に照らして現実的に考えると，新たに担当する介護支援専門員が移行予定の16人の利用者に対してこれらを同時期に，しかも短期間で行うことは不可能であると容易に察しがつきます。

もちろん，同時に16人の利用者を移行することが不適切かといえば，そうではありません。つまり，居宅介護支援事業所内で介護支援専門員の交代がある場合，「居宅サービス計画作成者氏名」欄の変更は不要であると考えられます。

では，今回の質問は介護支援専門員の増員に伴う，いわば居宅介護支援事業所側の都合による介護支援専門員の交代ですが，これが利用者からの求めによる交代であればどうでしょうか。たとえば，A介護支援専門員が担当していたけれど，利用者からの苦情があり，B介護支援専門員に交代するという対応をとった場合です。

利用者としては，「居宅サービス計画書（1）」にA介護支援専門員の氏名が記載されたままで支援が続くことに，心理面での不快感があるかもしれません。このような時は，やはり「居宅サービス計画書（1）」の「居宅サービス計画作成者氏名」欄をB介護支援専門員の氏名に変更するのが望ましいと言えます。

この場合，B介護支援専門員はアセスメントから居宅サービス計画の交付に至る一連のケアマネジメントを行わなければならないかというと，その必要はありません。つまり，「サービス内容への具体的な影響がほとんど認められないような軽微

な変更」として，A介護支援専門員が作成した「居宅サービス計画書（1）」の「居宅サービス計画作成者氏名」欄にあるA介護支援専門員の氏名を消し，「（令和○年○月○日変更）B介護支援専門員」と記載して，作成者氏名だけを変える取り扱いが可能です。

　この方法は居宅サービス計画の再作成ではありませんので，利用者やサービス担当者に対する居宅サービス計画の再交付は必要ありません。しかし，すでに交付してある「居宅サービス計画書（1）」の「居宅サービス計画作成者氏名」をB介護支援専門員に修正してほしい旨を周知する，などの対応が必要でしょう。

【参考】
介護サービス計画書の様式及び課題分析標準項目の提示について
別紙1　居宅サービス計画書記載要領
　本様式は，当初の介護サービス計画原案を作成する際に記載し，その後，介護サービス計画の一部を変更する都度，別葉を使用して記載するものとする。但し，サービス内容への具体的な影響がほとんど認められないような軽微な変更については，当該変更記録の箇所の冒頭に変更時点を明記しつつ，同一用紙に継続して記載することができるものとする。

1　第1表：「居宅サービス計画書（1）」
④「居宅サービス計画作成者氏名」
　当該居宅サービス計画作成者（介護支援専門員）の氏名を記載する。

「介護保険制度に係る書類・事務手続きの見直し」に関するご意見への対応について
　3．ケアプランの軽微な変更の内容について（ケアプランの作成）
担当介護支援専門員の変更
　契約している居宅介護支援事業所における担当介護支援専門員の変更（但し，新しい担当者が利用者はじめ各サービス担当者と面識を有していること。）のような場合には，「軽微な変更」に該当する場合があるものと考えられる。
　なお，これはあくまで例示であり，「軽微な変更」に該当するかどうかは，変更する内容が同基準13条第3号（継続的かつ計画的な指定居宅サービス等の利用）から第11号（居宅サービス計画の交付）までの一連の業務を行う必要性が高い変更であるかどうかによって軽微か否かを判断すべきものである。

筆者注釈：ここでいう「第11号（居宅サービス計画の交付）」は現在の「第12号（担当者に対する個別サービス計画の提出依頼）」を指します。

Q52 要介護状態区分の変更を申請したら，ケアプラン内容が大きく変わらなくても再度ケアプランを作成しなければいけないの？

担当している利用者が更新認定を受け，3カ月余り前に要介護1と認定されました。認定の有効期間は1年間です。その前の要介護度は要介護2で，ホームヘルプサービスとデイサービス，それに福祉用具貸与を利用していましたが，要介護1の認定を受けたことにより以前と同じ頻度で居宅サービスを利用すると区分支給限度基準額を超えてしまうため，デイサービスの利用回数を減らしました。

認定審査会資料を取り寄せて要介護認定等訪問調査結果を確認したところ，前回の訪問調査結果から変わった点といえば，2-8洗顔が「2．一部介助」から「1．介助されていない」になったこと，2-12外出頻度が「2．月1回以上」から「1．週1回以上」になったことだけです。洗顔については，1年余り前は介護者が蒸しタオルを用意していたのに対し，現在は洗面所へ行き自分で顔を洗っています。外出頻度については，1年余り前は4週に1回の通院と2カ月に1回の床屋へ行く程度の外出だったのに対し，現在は週に何度かデイサービスへ出かけるようになっています。直近の訪問調査とその前の訪問調査では，洗顔と外出頻度の選択肢に違いが見られますが，一次判定結果についてはいずれも要介護2です。

更新認定の結果が届いた時，認定の結果に納得がいかないのであれば不服申し立て（審査請求）できることを利用者に伝えたのですが，その際は「そこまでしなくてもよい。今回の要介護1との結果に応じ，区分支給限度基準額を超えないように居宅サービスの利用調整を頼みたい」とのことであり，要介護1の認定結果に対応した居宅サービス計画を新たに作成し交付しました。

ところが，この利用者へ2日前にモニタリングのために訪問したところ，「デイサービスの利用回数を減らしてから1週間が長く感じる。仲間と一緒に何かに取り組むことが自分にとって楽しみになっていたと改めて気づかされた。デイサービスの利用を前の頻度に戻せないか」と相談されました。再度，要介護1のままでは区分支給限度基準額を超えてしまうことを伝えると共に，認定の結果が届いてから3カ月以上が経過しているので不服申し立てもできないことを説明しました。しかし，本人としては直近の訪問調査時点とその前の訪問調査時点とであまり状態が変わりないのに要介護2から要介護1になったのはおかしいとの引っかかりがあり，話し合った結果，要介護状態区分の変更の認定を受けることにしました。

再アセスメントの結果，3カ月余り前にアセスメントを行った時と状態に変わりがありません。また，デイサービスの利用回数が週1回増えますが，これは軽微な変更に該当するケースではないかと考えています。要介護状態区分の変更申請を行ったことから，居宅サービス計画（1）の介護保険被保険者証に関連する情報は変わりますが，ニーズや目標に変更はなく，大きくケアプラン内容が変わるわけではありません。それでも再度ケアプランを作成しなければいけないのでしょうか。

A52 ケアプランの作成にあたっては認定の有効期間を考慮しなければならず，再度ケアプランを作成する必要があるでしょう。

居宅サービス計画書記載要領によると，居宅サービス計画書（2）の長期目標と短期目標に付する期間について，「期間の設定においては『認定の有効期間』も考慮するものとする」と，援助内容欄にある期間についても「『期間』の設定においては『認定の有効期間』も考慮するものとする」とされています。

したがって，要介護状態区分の変更の認定により新たに認定の有効期間が設定される状況では，居宅サービス計画を再作成し（居宅サービス計画の変更），改めて利用者に交付する必要があるでしょう。具体的には，アセスメントから始まる一連の業務ならびに，運営基準第13条第15号にあるサービス担当者会議を行うことになります。

なお，要介護状態区分の変更申請後であっても，この認定結果が届くまではすでに作成した直近の居宅サービス計画（質問内容でいうと要介護1に対応した居宅サービス計画）があるので，新たな居宅サービス計画は要介護状態区分の変更の認定結果が明らかになってからでもよいと考えている介護支援専門員もいますが，これは誤りです。

要介護状態区分の変更の認定は申請日にさかのぼり効力が生じることを考えると，変更認定の申請と同時に新たな居宅サービス計画の作成に着手しなければなりません。速やかに着手せず，要介護状態区分の変更の認定を受けてから新たな要介護認定結果に応じた居宅サービス計画を作成したのでは，変更認定の申請から認定までの間，居宅サービス計画が存在しない空白の期間が生じ，利用者が償還払いで居宅サービスを利用しなければならない事態となってしまいます。また，速やかに着手しないと，居宅介護支援事業所としては運営基準に定めた業務を行っていない状況となり，運営基準減算を適用しなければならなくなる可能性があります。

【参考】
介護保険法
（要介護状態区分の変更の認定）

第29条　要介護認定を受けた被保険者は，その介護の必要の程度が現に受けている要介護認定に係る要介護状態区分以外の要介護状態区分に該当すると認めるときは，厚生労働省令で定めるところにより，市町村に対し，要介護状態区分の変更の認定の申請をすることができる。

（審査請求）

第183条　保険給付に関する処分（被保険者証の交付の請求に関する処分及び要介護認定又は要支援認定に関する処分を含む。）又は保険料その他この法律の規定による徴収金（財政安定化基金拠出金，納付金及び第157条第1項に規定する延滞金を除く。）に関する処分に不服がある者は，介護保険審査会に審査請求をすることができる。

（審査請求の期間及び方式）

第192条　審査請求は，処分があったことを知った日の翌日から起算して3月以内に，文書又は口頭でしなければならない。ただし，正当な理由により，この期間内に審査請求をすることができなかったことを疎明したときは，この限りでない。

介護サービス計画書の様式及び課題分析標準項目の提示について
別紙1：居宅サービス計画書記載要領

2　第2表：「居宅サービス計画書（2）」

③　（「長期目標」及び「短期目標」に付する）「期間」

　「長期目標」の「期間」は，「生活全般の解決すべき課題（ニーズ）」を，いつまでに，どのレベルまで解決するのかの期間を記載する。

　「短期目標」の「期間」は，「長期目標」の達成のために踏むべき段階として設定した「短期目標」の達成期限を記載する。

　また，原則として開始時期と終了時期を記入することとし，終了時期が特定できない場合等にあっては，開始時期のみ記載する等として取り扱って差し支えないものとする。

　なお，期間の設定においては「認定の有効期間」も考慮するものとする。

⑦　「頻度」・「期間」

　「頻度」は，「サービス内容」に掲げたサービスをどの程度の「頻度（一定期間内での回数，実施曜日等）」で実施するかを記載する。

　「期間」は，「サービス内容」に掲げたサービスをどの程度の「期間」にわたり実施するかを記載する。

　なお，「期間」の設定においては「認定の有効期間」も考慮するものとする。

指定居宅介護支援等の事業の人員及び運営に関する基準
第13条

13　介護支援専門員は，居宅サービス計画の作成後，居宅サービス計画の実施状況の把握（利用者についての継続的なアセスメントを含む。）を行い，必要に応じて居宅サービス計画の変更，指定居宅サービス事業者等との連絡調整その他の便宜の提供を行うものとする。

15　介護支援専門員は，次に掲げる場合においては，サービス担当者会議の開催により，居宅サービス計画の変更の必要性について，担当者から，専門的な見地からの意見を求めるものとする。ただし，やむを得ない理由がある場合については，担当者に対する照会等により意見を求めることができるものとする。

イ　要介護認定を受けている利用者が法第28条第２項に規定する要介護更新認定を受けた場合

ロ　要介護認定を受けている利用者が法第29条第１項に規定する要介護状態区分の変更の認定を受けた場合

16　第３号から第12号までの規定は，第13号に規定する居宅サービス計画の変更について準用する。

指定居宅介護支援等の事業の人員及び運営に関する基準について

第２の３の（７）　指定居宅介護支援の基本取扱方針及び具体的取扱方針

⑬　居宅サービス計画の実施状況等の把握及び評価等（第13号・第13号の２）

　指定居宅介護支援においては，利用者の有する解決すべき課題に即した適切なサービスを組み合わせて利用者に提供し続けることが重要である。このために介護支援専門員は，利用者の解決すべき課題の変化に留意することが重要であり，居宅サービス計画の作成後，居宅サービス計画の実施状況の把握（利用者についての継続的なアセスメントを含む。以下「モニタリング」という。）を行い，利用者の解決すべき課題の変化が認められる場合等必要に応じて居宅サービス計画の変更，指定居宅サービス事業者等との連絡調整その他の便宜の提供を行うものとする。

［略］

⑮　居宅サービス計画の変更の必要性についてのサービス担当者会議等による専門的意見の聴取（第15号）

　介護支援専門員は，利用者が要介護状態区分の変更の認定を受けた場合など本号に掲げる場合には，サービス担当者会議の開催により，居宅サービス計画の変更の必要性について，担当者から，専門的な見地からの意見を求めるものとする。ただし，やむを得ない理由がある場合については，サービス担当者に対する照会等により意見を求めることができるものとする。なお，ここでいうやむを得ない理由がある場合とは，開催の日程調整を行ったが，サービス担当者の事由により，サービス担当者会議への参加が得られなかった場合や居宅サービス計画の変更から間もない場合で利用者の状態に大きな変化が見られない場合等が想定される。

［略］

⑯　居宅サービス計画の変更（第16号）

　介護支援専門員は，居宅サービス計画を変更する際には，原則として，基準第13条第３号から第12号までに規定された居宅サービス計画作成に当たっての一連の業務を行うことが必要である。

　なお，利用者の希望による軽微な変更（例えばサービス提供日時の変更等で，介護支援専門員が基準第13条第３号から第12号までに掲げる一連の業務を行う必要性がないと判断したもの）を行う場合には，この必要はないものとする。［略］

Q53 居宅介護支援事業所を移転し，事業所の名称変更もする場合，居宅サービス計画の変更は必要？

介護保険制度が始まったのは2000年度からですが，その当時は看護師として病院で働いていました。その後，2004年度から訪問看護事業所へ配属され，利用者や家族とかかわる中で，利用者の生活の拠点である自宅を中心として支援することにやりがいを感じるようになりました。そして，2009年度の介護支援専門員実務研修受講試験を受験して合格し，実務研修も無事に修了して，2010年度からは介護支援専門員として働くようになりました。

私が介護支援専門員として働くようになった当時の事業所の介護支援専門員数は2人でしたが，現在は6人にまで増えています。また，通所介護事業所も併設しており，そちらの利用者も増え，新規利用者をお断りしなければならない状況でもあるため，居宅介護支援事業所と通所介護事業所を拡張し，近くの別の場所へ移転する計画があります。

居宅介護支援事業所と通所介護事業所を移転するにあたり，法人名は変更しないものの，事業所名を変更し新たな気持ちで事業をスタートする案が出てきています。現在私が担当している要介護状態の利用者は27人で，居宅介護支援事業所全体では150人程度になります。これらの利用者は，新たに事業所を移転しても，これまでどおりにうちの居宅介護支援事業所で担当していく予定です。

事業所の移転と名称変更に伴い，居宅サービス計画を変更しなければならないのでしょうか。事業所が移転し名称変更することになっても，事業所内での担当介護支援専門員は変更せず，現在の利用者は，現在担当している介護支援専門員がそのまま担当することになります。担当している介護支援専門員は変わりませんが，居宅サービス計画書（1）：第1表に記載のある「居宅介護支援事業者・事業所名及び所在地」欄にある事業所名と所在地は変わります。新たな事業所になった時点から実在しない事業所となってしまうことから，この欄を変更しなければならないと思っていますが，移転で忙しい時期に，ごくわずかな期間ですべての利用者の居宅サービス計画を変更しなければならなくなると思うと，今から気が重くて仕方がありません。

居宅介護支援事業所を移転し，事業所の名称変更をすることに伴い，「居宅介護支援事業者・事業所名及び所在地」欄の内容だけが変わる場合であっても，一連のケアマネジメントを行わなければならないのでしょうか。

A53 居宅サービス計画の肝要な部分に影響がなければ，軽微な変更に該当すると判断します。

　国が定める居宅サービス計画書様式は，厚生省老人保健福祉局企画課長通知である「介護サービス計画書の様式及び課題分析標準項目の提示について」（老企第29号）の別紙1で通知されています。この通知の冒頭には，「本様式は，当初の介護サービス計画原案を作成する際に記載し，その後，介護サービス計画の一部を変更する都度，別葉を使用して記載するものとする。但し，サービス内容への具体的な影響がほとんど認められないような軽微な変更については，当該変更記録の箇所の冒頭に変更時点を明記しつつ，同一用紙に継続して記載することができるものとする」とあり，原則，居宅サービス計画書の一部を変更する度に別の用紙を使用して記載することになりますが，サービス内容への具体的な影響がほとんど認められないような軽微な変更については，同一用紙に変更個所と変更時点が記載されていればよいということです。

　また，2010年7月30日には，厚生労働省老健局介護保険計画課長，高齢者支援課長，振興課長，老人保健課長の連名で，通知「『介護保険制度に係る書類・事務手続の見直し』に関するご意見への対応について」が発出されています。この中に，次のような記載があり，居宅サービス事業所や居宅介護支援事業所の名称変更が一連の業務を行う必要性が高い変更でなければ，「軽微な変更」として扱えることになります。

〈事業所の名称変更〉

　単なる事業所の名称変更については，「軽微な変更」に該当する場合があるものと考えられる。

　なお，これはあくまでも例示であり，「軽微な変更」に該当するかは，変更する内容が同基準第13条第3号（継続的かつ計画的な指定居宅サービス等の利用）から第11号（居宅サービス計画の交付）までの一連の業務を行う必要性の高い変更であるかどうかによって軽微か否かを判断すべきものである。

　筆者注釈：現行基準に照らすと，下線部は「第12号（担当者に対する個別サービス計画の提出依頼）まで」となります。

　また，居宅介護支援事業所の移転についての例示はありませんが，「なお，これはあくまでも例示であり，『軽微な変更』に該当するかは，変更する内容が同基準

第13条第3号(継続的かつ計画的な指定居宅サービス等の利用)から第11号(居宅サービス計画の交付)までの一連の業務を行う必要性の高い変更であるかどうかによって軽微か否かを判断すべきものである」とされていることから，これについても，一連の業務を行う必要性の高い変更でなければ「軽微な変更」として扱えることになります。

　居宅介護支援事業所の名称が変わることにより，利用者の状態や生活サイクル，居宅サービス計画のニーズや目標，サービス内容などに変化が生じることは想定しにくいため，軽微な変更に該当すると考えられます。移転についても，通所サービスや短期入所サービスであれば利用者が過ごす環境が変わるため影響が生じるかもしれませんが，居宅介護支援を含む訪問サービスでは，利用者や居宅サービス計画の変化が生じることは想定しにくいことから，軽微な変更に該当すると考えられます。

【参考】
介護サービス計画書の様式及び課題分析標準項目の提示について
別紙1：居宅サービス計画書記載要領
　本様式は，当初の介護サービス計画原案を作成する際に記載し，その後，介護サービス計画の一部を変更する都度，別葉を使用して記載するものとする。但し，サービス内容への具体的な影響がほとんど認められないような軽微な変更については，当該変更記録の箇所の冒頭に変更時点を明記しつつ，同一用紙に継続して記載することができるものとする。

介護保険制度に係る書類・事務手続の見直し」に関するご意見への対応について
項目：事業所の名称変更
意見への対応：
　単なる事業所の名称変更については，「軽微な変更」に該当する場合があるものと考えられる。
　なお，これはあくまでも例示であり，「軽微な変更」に該当するかは，変更する内容が同基準第13条第3号(継続的かつ計画的な指定居宅サービス等の利用)から<u>第11号(居宅サービス計画の交付)までの</u>一連の業務を行う必要性の高い変更であるかどうかによって軽微か否かを判断すべきものである。

筆者注釈：現行基準に照らすと，下線部は「第12号(担当者に対する個別サービス計画の提出依頼)まで」となります。

居宅サービス費の算定

Q54 体験利用と称してサービスを利用した場合，報酬算定はできるの？

Rさんの介護者から，「外出しなくなって半年くらい経つ。家では主に居間で過ごしているが，動く機会といえばトイレや自分の部屋へ行くくらいで，あとはテレビを見たりソファーで横になったりとほとんど活動しない生活を送っている。このままでは認知症を発症したり足腰が弱くなったりするのではないかと心配なので，本人には相談していないのだが，デイサービスを利用させたいと思っている。相談に乗ってもらえないか」との電話がありました。

早速訪問してRさんと介護者から話をうかがうと，外出しなくなったのと同じ時期に夜間の排泄で苦労していたため，要介護認定を申請してすでに要介護1の認定を受けていること，ポータブルトイレを購入したこと，その時は居宅サービスの利用を考えていなかったので居宅介護支援はどの事業所にも依頼していないことなどを把握しました。また，本人にデイサービスの利用について意向を尋ねると「話で聞いたことはあるが，実際に行ってみたことはないので即答はできない。見学することができるのであればその後に利用するかどうかを考えてみたい」とのことで，完全に拒否的な態度ではないことがわかりました。

何カ所かのデイサービスセンターがあることを説明したところ，最近事業を開始したデイサービスセンターを見学してみたいとのことで，すぐに電話をし，見学が可能かどうかを確認しました。すると，「体験利用として1～2回，デイサービスセンターでの送迎を含め他の利用者と同じように利用していただき，その上で正式に利用するかどうかを決めていただいても構いません。体験利用ですので，居宅サービス計画は不要です。ただし，保険請求はしますので，サービス提供票とサービス提供票別表の作成だけお願いします。通所介護計画は，正式に利用するとなった時点で作成します」と説明を受けました。

その場で3日後に体験利用できるよう申し込みをしたものの釈然としません。「体験利用」と言いつつ保険請求をするということは，居宅サービス計画や通所介護計画を作成しなければいけないのではないでしょうか。

通所介護計画を作成しないのであれば、報酬算定はできないでしょう。

　まずは，居宅サービスを利用する，つまりは居宅介護サービス費の支給を受ける場合，居宅サービス計画の作成が必要かどうかを整理します。居宅サービス計画の作成が必要かといえば，答えは「いいえ」です。居宅介護サービス費が支給されるのは，①居宅介護支援事業所に居宅サービス計画の作成を依頼し，このことを保険者に届け出ている場合（介護支援専門員に居宅サービス計画の作成を依頼している場合），②サービス利用票およびサービス利用票別表を利用者自らが作成して保険者からの確認を受けている場合（居宅サービス計画を自己作成している場合），③居宅サービス計画を作成せずに居宅サービスを利用し，サービス提供証明書の交付を受ける場合（居宅サービス計画を作成しない場合）の3とおりです。

　①と②の場合は，居宅介護サービス費の代理受領が認められており，1～3割負担で居宅サービスを利用することができます。③の場合は，居宅サービスを利用した際に10割分の利用料を支払い，利用した居宅サービス事業所からサービス提供証明書の交付を受け，その後に必要な手続きをとることで7～9割分が給付される（結果として1～3割負担での居宅サービス利用となる）という償還払い方式で介護給付を受けることができます。この場合，居宅サービス計画を作成しなくても居宅介護サービス費を受給できますので，必ずしも居宅サービス計画を作成しなくてもよいということになります。

　次に，通所介護事業所が通所介護費を算定する場合，通所介護計画の作成が必要かどうかを整理しましょう。「指定居宅サービス等の事業の人員，設備及び運営に関する基準」に目を通すと，「通所介護計画を作成しなければならない」「通所介護計画に基づき，利用者の機能訓練及びその者が日常生活を営むことができるよう必要な援助を行う」というように，サービス提供は通所介護計画に基づいて（通所介護計画の作成を前提として）行われることが規定されています。このことから，通所介護の利用にあたっては通所介護計画の作成は必須で，原則としては通所介護計画が作成されていない状況での通所介護の提供は認められず，通所介護計画がないのに通所介護費を算定するのは不適切であると理解できます。

　なお，デイサービスセンターからの求めに応じてサービス提供票やサービス提供票別表を作成しなければならないかについては，これも「いいえ」です。サービス提供票やサービス提供票別表は，サービス利用票やサービス利用票別表を作成した後にこれらから転記して作成するものであり，サービス提供票やサービス提供票別

表を単独で作成することはあり得ません。

【参考】
介護保険法
（居宅介護サービス費の支給）
第41条　市町村は，要介護認定を受けた被保険者（以下「要介護被保険者」という。）のうち居宅において介護を受けるもの（以下「居宅要介護被保険者」という。）が，都道府県知事が指定する者（以下「指定居宅サービス事業者」という。）から当該指定に係る居宅サービス事業を行う事業所により行われる居宅サービス（以下「指定居宅サービス」という。）を受けたときは，当該居宅要介護被保険者に対し，当該指定居宅サービスに要した費用（特定福祉用具の購入に要した費用を除き，通所介護，通所リハビリテーション，短期入所生活介護，短期入所療養介護及び特定施設入居者生活介護に要した費用については，食事の提供に要する費用，滞在に要する費用その他の日常生活に要する費用として厚生労働省令で定める費用を除く。以下この条において同じ。）について，居宅介護サービス費を支給する。ただし，当該居宅要介護被保険者が，第37条第1項の規定による指定を受けている場合において，当該指定に係る種類以外の居宅サービスを受けたときは，この限りでない。

介護保険法施行規則
（居宅介護サービス費の代理受領の要件）
第64条　法第41条第6項の厚生労働省令で定める場合は，次のとおりとする。
一　居宅要介護被保険者が指定居宅サービス（居宅療養管理指導及び特定施設入居者生活介護（利用期間を定めて行うものを除く。以下この条において同じ。）を除く。）を受ける場合であって，次のいずれかに該当するとき。
イ　当該居宅要介護被保険者が法第46条第4項の規定により指定居宅介護支援を受けることにつきあらかじめ市町村に届け出ている場合であって，当該指定居宅サービスが当該指定居宅介護支援に係る居宅サービス計画の対象となっているとき。
ロ・ハ　［略］
ニ　当該居宅要介護被保険者が当該指定居宅サービスを含む指定居宅サービスの利用に係る計画をあらかじめ市町村に届け出ているとき。

指定居宅サービス等の事業の人員，設備及び運営に関する基準
（指定通所介護の具体的取扱方針）
第98条　指定通所介護の方針は，次に掲げるところによるものとする。
一　指定通所介護の提供に当たっては，次条第1項に規定する通所介護計画に基づき，利用者の機能訓練及びその者が日常生活を営むことができるよう必要な援助を行う。
（通所介護計画の作成）
第99条　指定通所介護事業所の管理者は，利用者の心身の状況，希望及びその置かれている環境を踏まえて，機能訓練等の目標，当該目標を達成するための具体的なサービスの内容等を記載した通所介護計画を作成しなければならない。

Q55 2時間以上の間隔を空けない訪問介護の利用を考えているが可能なの？

食事介助や排泄介助などが必要な方の介護者から相談がありました。昼のパート勤務を始めるためその時間帯に介護ができなくなることから、訪問介護の利用を開始したいとの相談です。パートの時間は午前11時30分から午後4時30分までで、午後0時30分から1時間の昼食介助（準備と後片付けを含む）と午後3時から30分の排泄介助（トイレ誘導、見守り、おむつ交換を含む）を希望しています。昼食介助が午後1時30分で終わり、排泄介助が午後3時から始まるということで、訪問の間隔が1時間30分しかありません。しかし、昼食時にしっかりと水分を摂る方で、ちょうど午後3時頃に尿意を催すことからこのペースは崩したくなく、午後3時30分に訪問したのではおむつへ失禁している可能性が高いことから、2時間は空けられない事情にあります。

訪問介護を1日に複数回算定する場合にあっては、算定する時間の間隔は概ね2時間以上としなければならないのは通知で知っていますが、このように利用者に応じて必要と判断した場合には、2時間以上の間隔を空けなくても訪問介護を算定できるものなのでしょうか。

A55 訪問介護費の算定は可能です。それぞれの訪問介護の所要時間を合計して1回の訪問介護として取り扱います。

利用者の生活パターンや家族の状況などはさまざまですから、2時間以上の間隔を空けず近接した時間で訪問介護を必要とする利用者がいても不思議ではありません。しかし、訪問介護の算定ではおおむね2時間以上の間隔を空けることを原則としておりますので、これを無視するわけにもいきません。

老企第36号には「訪問介護は在宅の要介護者の生活パターンに合わせて提供されるべきであることから、単に1回の長時間の訪問介護を複数回に区分して行うことは適切ではない。したがって、前回提供した指定訪問介護からおおむね2時間未満の間隔で指定訪問介護が行われた場合には、それぞれの所要時間を合算するものとする」とあります。この後半部分から、ご質問の場合には1時間の身体介護（身体介護2）と30分の身体介護（身体介護1）を合算し、合計1時間30分の身体介護（身体介護3）として算定できることがわかります。もしもこれが2時間以上の

間隔がある場合では，合算する必要はありませんから1時間の身体介護（身体介護2）と30分の身体介護（身体介護1）をそれぞれ算定することになるわけです。

訪問の間隔	算定の方法
2時間未満	訪問時間を合算して算定
2時間以上	訪問時間をそれぞれ算定

【参考】
指定居宅サービスに要する費用の額の算定に関する基準（訪問通所サービス，居宅療養管理指導及び福祉用具貸与に係る部分）及び指定居宅介護支援に要する費用の額の算定に関する基準の制定に伴う実施上の留意事項について
第2の2の（4）　訪問介護の所要時間
④　訪問介護は在宅の要介護者の生活パターンに合わせて提供されるべきであることから，単に1回の長時間の訪問介護を複数回に区分して行うことは適切ではない。したがって，前回提供した指定訪問介護からおおむね2時間未満の間隔で指定訪問介護が行われた場合には，それぞれの所要時間を合算するものとする（20分未満の身体介護中心型を算定する場合及び緊急時訪問介護加算を算定する場合を除く。）。
［略］

Q56 尿カテーテル挿入後，訪問看護を利用していなくても，特別管理加算を算定できるの？

床ずれがあり，この処置や入浴介助などのために訪問看護を週2回利用している利用者の特別管理加算の算定について教えてください。

この利用者は，2年以上前から訪問看護を利用しており，訪問診療を受けながら，訪問介護や福祉用具貸与も活用し在宅生活しています。身体状況や病状などには大きな変化が見られず，入院することもなく経過していました。

前月の4日と7日にこれまでどおりの内容で訪問看護を利用していたのですが，11日の訪問看護利用時に介護者から訪問看護の職員に「昨日の昼からおしっこが出ていない」との相談があり，訪問看護から主治医への連絡により，11日のうちに入院となりました。入院中の経過は良好で，その後，3週間の入院を経て31日に退院となったのですが，尿カテーテルを挿入した状態での退院となりました。31日も訪問看護を利用する予定の日ではあったのですが，この日は利用せず，翌日（月が替わった1日）に訪問看護を利用しました。

このように，月の初めには特別管理加算の算定対象とはならない利用者が，月途中で算定対象の状態となり，なおかつ算定対象の状態となった後の訪問看護の利用実績がない場合，この月は訪問看護の特別管理加算を算定できるのでしょうか。

A56 特別管理加算の算定基準日は当該月の1回目の訪問看護利用日ですので，算定できないと考えます。

　留意事項通知によると，訪問看護の特別管理加算は「当該月の第1回目の介護保険の給付対象となる訪問看護を行った日の所定単位数に加算する」とあります。この利用者の場合，1回目の訪問看護は4日ですので，この日に特別管理加算を算定することになりますが，この時点では特別管理加算の算定対象となる状態ではありませんので，算定することはできません。その後に尿カテーテルを挿入した状態で退院し，予定どおり31日に訪問看護を利用していたとしても，31日は1回目の訪問看護利用日ではありませんので，この日にも特別管理加算を算定することはできません。

　したがって，特別管理加算を算定できるのは，退院の翌月の1回目の訪問看護利用日ということになります。

　繰り返しになりますが，訪問看護の特別管理加算は，算定対象の状態になったことをもって月の途中からでも算定できる加算ではなく，特別管理加算を算定する日がその月の1回目の訪問看護利用日かどうかも確認しなければなりません。

　なお，2012年の介護報酬改定で特別管理加算は区分支給限度基準額の算定外とされましたので，限度額管理は必要ありません。

【参考】
指定居宅サービスに要する費用の額の算定に関する基準(訪問通所サービス，居宅療養管理指導及び福祉用具貸与に係る部分)及び指定居宅介護支援に要する費用の額の算定に関する基準の制定に伴う実施上の留意事項について
第2の4の（17）　特別管理加算について
② 　特別管理加算は，当該月の第1回目の介護保険の給付対象となる訪問看護を行った日の所定単位数に加算するものとする。なお，当該加算を介護保険で請求した場合には，同月に定期巡回・随時対応型訪問介護看護及び看護小規模多機能型居宅介護を利用した場合の当該各サービスにおける特別管理加算並びに同月に医療保険における訪問看護を利用した場合の当該訪問看護における特別管理加算は算定できないこと。

Q57 利用者が通所サービスの利用中にサービス担当者会議を開催してはいけないの？

介護支援専門員の資格を取得したばかりの新人です。新規に開設したデイサービスセンター併設の居宅介護支援事業所へ就職しましたが、介護支援専門員は私だけで、いわゆる「1人ケアマネ」の状況で仕事をしています。

併設のデイサービスセンターを利用しており、要介護認定の有効期限を迎える利用者から、認定結果が出た（更新認定を受けた）との連絡があったので、新たな認定の有効期間に対応した居宅サービス計画の原案内容を検討するため、Kさんがデイサービスセンターを利用する日の午後2時から、サービス担当者会議を両事業所共有の面接室で行いたいとデイサービスセンター主任に相談しました。そうしたところ「利用途中でのサービス担当者会議には応じられない」と言われました。理由を尋ねると「運営基準に違反しているとして、指導を受けるから」と説明されましたが、その後に居宅サービスや居宅介護支援の運営基準を調べても該当する規定は見当たりません。

私は、利用者のために、利用者に必要なことを話し合うのだから、利用途中であっても利用者自身のために使う時間なのでサービス担当者会議を開催しても問題ないと思うのですが、やはり問題があるのでしょうか。

A57 通所サービス利用中のサービス担当者会議は「問題あり」です。

利用者が併設のデイサービスセンターへ来るわけですし、同センターの主任や介護支援専門員もすぐ側にいるわけですから、利用者の利便性やサービス担当者会議の開催効率などを考えると、デイサービスセンター利用日に会議を開催したいと考えるその発想は理解できます。また運営基準に、通所サービス利用中にサービス担当者会議を開催してはならない旨の規定がないのも確かにそのとおりです。

それでは、なぜ通所サービス利用中のサービス担当者会議が「問題あり」なのでしょうか。これは、通所介護費（通所リハビリテーション費）を算定して行う通所サービスは、原則として法令等に規定された通所サービスの内容を提供する事業であり、サービス担当者会議はこの内容に含まれていないからです。

通所サービスの内容とは、デイサービスセンターであれば、入浴、排せつ、食事等の介護、生活等に関する相談及び助言、健康状態の確認、機能訓練などがこれに

あたります。これらは，介護保険法及び介護保険法施行規則に規定されています。「『生活等に関する相談及び助言』はサービス担当者会議の内容と重複しないとも言い切れないのではないか」との意見もあるかもしれませんが，ここでいう「生活等に関する相談及び助言」とは，デイサービスセンター職員によるものを想定しており，介護支援専門員を含むサービス担当者会議とは一線を画すものであると考えます。

しかし，例外的に理美容サービスについてはＱ＆Ａの発出により，いわゆる「中抜け」が認められており，利用者に必要なものとして当初から予定されている通所サービスの提供プログラムなどに影響しないよう配慮した上であれば，デイサービスセンターの利用途中であっても実施して差し支えないとされています。ただし，通所サービスの提供時間には，理美容サービスに要した時間は含まれません。

「要介護者を対象とした通所サービスでは，利用時間に応じて介護報酬が設定されているので「中抜け」は原則として認められず，利用途中にサービス担当者会議を開催することは認められないが，要支援者を対象とした介護予防通所サービスでは，利用時間に応じた介護報酬が設定されておらず「中抜け」にはならないので，サービス担当者会議を開催しても差し支えない」とする意見もありますが，私は算定基準から考えるのではなく，本質的には介護保険法や介護保険法施行規則，運営基準などから考えるべきものであると思っています。

【参考】
介護保険法
第8条
7　この法律において「通所介護」とは，居宅要介護者について，老人福祉法第5条の2第3項の厚生労働省令で定める施設又は同法第20条の2の2に規定する老人デイサービスセンターに通わせ，当該施設において入浴，排せつ，食事等の介護その他の日常生活上の世話であって厚生労働省令で定めるもの及び機能訓練を行うこと（利用定員が厚生労働省令で定める数以上であるものに限り，認知症対応型通所介護に該当するものを除く。）をいう。

介護保険法施行規則
第10条　法第8条第7項の厚生労働省令で定める日常生活上の世話は，入浴，排せつ，食事等の介護，生活等に関する相談及び助言，健康状態の確認その他の居宅要介護者に必要な日常生活上の世話とする。

2002年5月14日事務連絡 介護保険最新情報Vol.127

（質問）
デイサービスセンター等の通所サービスの提供場所において，通所サービスに付随して理美容サービスを提供することはできるか。

（答）
　理美容サービスは，介護保険による通所サービスには含まれないが，デイサービスセンター等において，通所サービスとは別に，利用者の自己負担により理美容サービスを受けることは問題ない。その際，利用者に必要なものとして当初から予定されている通所サービスの提供プログラム等に影響しないよう配慮が必要である。なお，通所サービスの提供時間には，理美容サービスに要した時間は含まれない。

Q58 訪問入浴介護は，寝たきりの状態の人しか利用できないの？

　先日依頼があった新規利用者の介護サービス利用について教えてください。78歳の男性で，妻と2人暮らしです。子どもが2人いますが，いずれも遠方に住んでおり，年に1度来るか来ないかといった状況で，日常的な介護を担える存在ではありません。しかし，週に何度かは電話を入れてくれており，親子関係は良好です。隣近所とも仲良くしており，毎日のように本人宅へ足を運んでくれる方が数人います。

　本人の状況は，食事や歩行などに見守り，排せつや着替え，整容などに一部介助が必要で，物忘れがあり薬の管理は一部介助，金銭管理は全介助を受けています。2年くらい前から物忘れが目立つようになりましたが，介護サービスは利用せず妻が介護してきました。要介護認定の申請を済ませアセスメントも終えており，見込みでは要介護1となりそうです。妻は，腰が曲がっている，歩く時に太ももに手をつくといった状態ですが，家事の一切を担い自立した日常生活を送っています。

　これまで，妻が背中を流すなどの介助を行うことにより自宅で入浴してきましたが，妻に腰痛があることから入浴についての相談がありました。子どもや近所の方などから何度か通所サービスの利用を勧められていましたが，介護サービスを利用するまでもなく妻で介護できていたこと，何よりも本人は人付き合いが苦手で地域の会合などにも出ずにいた方なので，通所サービスの利用にも首を縦に振らなかったということがあり，今日まで利用したことはありませんでした。今回の入浴の相談を進める中でも通所サービスについて話をしましたが，これまでと同じく首を縦に振りません。また，築50年以上の自宅であり，妻が「人に見せられるような風呂ではない」と言うことから，訪問介護により自宅浴槽を利用しての入浴も受け入れてはもらえません。

　お会いしている際，パンフレットを使って介護サービスの説明を行いました。そ

の中の訪問入浴介護が本人と妻の目にとまり，「これは利用できないか」と質問されたのですが，訪問入浴介護の利用者は寝たきりの状態の方ばかりです。歩ける方が利用できるサービスなのかどうか自信がなく「調べてみます」とお伝えして事業所へ戻ってきました。

訪問入浴介護事業所に問い合わせると，「介護保険制度が始まる以前から訪問入浴介護をしているが，歩ける方の利用の相談はこれまでなく初めてです。利用できないこともないかもしれないが，大丈夫と自信を持って言うこともできません」と言われました。

本人は，歩行に見守りが必要なものの直接手をかけなければならない介助は受けておらず，また必要もありません。訪問入浴介護は寝たきりの状態の方に限定して利用できるサービスだと思っていたのですが，そのような制限はなく自分で歩ける方でも問題なく利用できるのでしょうか。

A58 寝たきりの状態であることに限定はしていません。

訪問入浴介護は，かつては移動入浴車と呼ばれたサービスですが，介護保険制度の開始により訪問入浴介護と呼ばれるようになりました。訪問入浴介護の歴史は意外に古く，1970年代の初め，臥床した状態で入浴できるタイプの特殊浴槽が開発されたことに始まります。その後，全国各地の社会福祉協議会が移動入浴車を導入し，民間でも移動入浴車事業を始める事業所が増えました。市町村においては在宅福祉サービスとして移動入浴車を位置づけるようになり，次第に普及していったのです。

介護保険制度開始以前の在宅福祉サービスが市町村の措置による利用だった時代，使用する浴槽が臥床した状態で入浴できるタイプのものであることから，移動入浴車を利用できるのは「寝たきりの状態の方」と条件を付ける市町村がほとんどだったのではないでしょうか。このことから，現在もなお訪問入浴介護の利用者は寝たきりの状態であるとイメージしてしまうのではないかと思います。

介護保険法では訪問入浴介護を「居宅要介護者について，その者の居宅を訪問し，浴槽を提供して行われる入浴の介護をいう。」と定義づけしているだけで，寝たきりの状態にまでは踏み込んでいません。かつて私が担当していた利用者で，自宅に内風呂がないけれども自宅で風呂に入りたいという要支援状態の方がおり，実際に利用を開始したことがありましたが，特に問題はありませんでした。

また，2006年には要支援者を対象とした介護予防サービスが創設され，この一つに介護予防訪問入浴介護が位置づけられました。要支援者というと寝たきりの状態をイメージしにくいのですが，それでも介護予防訪問入浴介護が利用できる（要介護者を対象とした訪問入浴介護は職員3人体制ですが，要支援者を対象とした介護予防訪問介護は職員2人体制）ことからいっても，訪問入浴介護の利用対象者は寝たきりの状態に限定していないと考えられます。

【参考】
介護保険法
第8条
3　この法律において「訪問入浴介護」とは，居宅要介護者について，その者の居宅を訪問し，浴槽を提供して行われる入浴の介護をいう。

第8条の2
2　この法律において「介護予防訪問入浴介護」とは，要支援者であって，居宅において支援を受けるもの（以下「居宅要支援者」という。）について，その介護予防（身体上又は精神上の障害があるために入浴，排せつ，食事等の日常生活における基本的な動作の全部若しくは一部について常時介護を要し，又は日常生活を営むのに支障がある状態の軽減又は悪化の防止をいう。以下同じ。）を目的として，厚生労働省令で定める場合に，その者の居宅を訪問し，厚生労働省令で定める期間にわたり浴槽を提供して行われる入浴の介護をいう。

介護保険法施行規則
（法第8条の2第2項等の厚生労働省令で定める期間）
第22条の2　法第8条の2第2項から第4項まで，第6項から第8項まで及び第13項の厚生労働省令で定める期間は，居宅要支援者（法第8条の2第2項に規定する居宅要支援者をいう。以下同じ。）ごとに定める介護予防サービス計画（同条第16項に規定する介護予防サービス計画をいう。以下同じ。），第83条の9第1号ハの計画，同号ニの計画又は第85条の2第1号ハの計画において定めた期間とする。
（法第8条の2第3項の厚生労働省令で定める場合）
第22条の4　法第8条の2第2項の厚生労働省令で定める場合は，疾病その他のやむを得ない理由により入浴の介護が必要なときとする。

指定居宅サービス等の事業の人員，設備及び運営に関する基準
（従業者の員数）
第45条　指定訪問入浴介護の事業を行う者（以下「指定訪問入浴介護事業者」という。）が当該事業を行う事業所（以下「指定訪問入浴介護事業所」という。）ごとに置くべき指定訪問入浴介護の提供に当たる従業者（以下この節から第四節までにおいて「訪問入浴介護従業者」という。）の員数は，次のとおりとする。
一　看護師又は准看護師（以下この章において「看護職員」という。）　一以上
二　介護職員　二以上

> 指定介護予防サービス等の事業の人員，設備及び運営並びに指定介護予防サービス等に係る介護予防のための効果的な支援の方法に関する基準
> （従業員の員数）
> 第47条　指定介護予防訪問入浴介護の事業を行う者（以下「指定介護予防訪問入浴介護事業者」という。）が当該事業を行う事業所（以下「指定介護予防訪問入浴介護事業所」という。）ごとに置くべき指定介護予防訪問入浴介護の提供に当たる従業者（以下この節から第五節までにおいて「介護予防訪問入浴介護従業者」という。）の員数は次のとおりとする。
> 一　看護師又は准看護師（以下この章において「看護職員」という。）　一以上
> 二　介護職員　一以上

Q59 利用者がデイサービスの利用を途中でやめることになり，「２時間以上３時間未満」となったが，保険算定できないの？

居宅介護支援事業所の介護支援専門員です。私が担当するＦさんは，デイサービスを週３回利用しています。Ｆさんについて，昨年の某月にデイサービスの職員から「入浴後，急にＦさんの熱が上がり意識がもうろうとしてきたので，体調不良により，この日の利用は中断した方がよいと判断し，ご家族へ連絡して途中で帰宅していただきました。午前９時30分から午前11時50分までの利用でしたので，Ｆさんへのサービス提供時間は２時間20分です」との連絡がありました。

サービス利用票およびサービス提供票では「７時間以上８時間未満」で予定していましたが，デイサービスから国民健康保険団体連合会へは，実際に利用した時間の「２時間以上３時間未満」で実績を送ることを確認しました。これに合わせて，利用者の１割負担分は「２時間以上３時間未満」になるということでした。予定では「７時間以上８時間未満」ですが，実際の利用は「２時間以上３時間未満」であり，予定を上回らない実績でしたので，サービス利用票およびサービス提供票の再作成と再交付は行いませんでした。

先日，居宅介護支援事業所に実地指導があり，このＦさんの介護報酬算定について指導を受けました。実地指導担当者が言うには，「デイサービスの『２時間以上３時間未満』は，特別な理由があり，長時間のサービス利用が困難な利用者や病後などで短時間からの利用開始とせざるを得ない利用者などを想定しての時間設定なので，たまたま利用日に具合が悪くなったという理由で２時間以上３時間未満で請求するのは適切ではありません。それに，結果として単に入浴だけを行うというデ

イサービス利用となっているため，この点からも適切な請求とはいえません。したがって，通所介護費は算定できません」とのことでした。

この場合，指導を受けたようにデイサービスとしては通所介護費を算定できず，ただ働きのような扱いになってしまうのでしょうか。

A59 体調不良により，結果として利用が２時間以上３時間未満となったのであれば保険算定できます。

　居宅介護支援事業所の介護支援専門員は，利用者の希望やモニタリングの結果などを勘案して月々のサービス利用票を作成し，基本的には居宅サービスを利用する前月にこれを利用者へ交付します。サービス利用票は，いつ，どのような居宅サービスを利用するかといった「予定」が記載された書類ですが，利用者の体調や都合などから，居宅サービスの利用が予定どおりにいかない場合もあります。

　デイサービスは，原則として３時間以上の利用を想定している居宅サービスですが，利用者側のやむを得ない事情により，あらかじめ長時間のサービス利用が困難と判断できる利用者などは，例外的に「２時間以上３時間未満」での利用も認められています。ご質問にある利用者は，あらかじめ長時間のサービス利用が困難と判断できる利用者ではありませんのでこの理由には合致しません。しかし，2003年５月30日に発出された介護報酬に係るＱ＆Ａを見ると，利用者が体調を崩したために，当日，途中でデイサービスの利用を中止した場合には，当初の予定どおりの単位数を算定してもよい。あるいは，利用者負担の軽減という観点から，実際の利用時間に応じた単位数を算定してもよいとされています。

　また，緊急やむを得ず医療機関を受診したことでデイサービスの利用を途中で中止した場合は，変更後の所要時間（実際にデイサービスを利用した時間）に応じた単位数を算定することになっていますので，この場合は当初の予定どおりの単位数を算定することはできません。

　ただし，これらの体調不良を理由とするデイサービスの利用中止ではなく，利用者の希望や定期検診などの緊急を要しない理由により医療機関を受診する場合などには，通所介護計画の変更が必要となりますので，理由によって扱いが異なることに注意してください。

　それから，実地指導担当者は「結果として，単に入浴だけを行うというデイサービス利用となっているケースなので，この点から適切な請求とはいえないため，通

所介護費は算定できない」との見解を示していますが，留意事項通知にある「単に入浴サービスのみといった利用は適当ではなく」というのは，初めから入浴だけを目的としたデイサービスの利用は不適切であるという趣旨であり，利用を中止した結果として入浴サービスのみとなった場合を指すものではないと考えられます。

【参考】
指定居宅サービスに要する費用の額の算定に関する基準
別表　指定居宅サービス介護給付費単位数表
　6　通所介護費
注2　別に厚生労働大臣が定める基準に適合する利用者に対して，所要時間2時間以上3時間未満の指定通所介護を行う場合は，注1の施設基準に掲げる区分に従い，イ（2），ロ（2），ハ（2）の所定単位数の100分の70に相当する単位数を算定する。

指定居宅サービスに要する費用の額の算定に関する基準（訪問通所サービス，居宅療養管理指導及び福祉用具貸与に係る部分）及び指定居宅介護支援に要する費用の額の算定に関する基準の制定に伴う実施上の留意事項について
第2の7の（2）　2時間以上3時間未満の通所介護を行う場合の取扱い
　　2時間以上3時間未満の通所介護の単位数を算定できる利用者は，心身の状況から，長時間のサービス利用が困難である者，病後等で短時間の利用から始めて長時間利用に結びつけていく必要がある者など，利用者側のやむを得ない事情により長時間のサービス利用が困難な者（利用者等告示第14号）であること。なお，2時間以上3時間未満の通所介護であっても，通所介護の本来の目的に照らし，単に入浴サービスのみといった利用は適当ではなく，利用者の日常生活動作能力などの向上のため，日常生活を通じた機能訓練等が実施されるべきものであること。

厚生労働大臣が定める基準に適合する利用者等
14　指定居宅サービス介護給付費単位数表の通所介護費の注2の厚生労働大臣が定める基準に適合する利用者
　　心身の状況その他利用者のやむを得ない事情により，長時間のサービス利用が困難である利用者

平成24年度介護報酬改定に関するQ＆A

> 問59　「当日の利用者の心身の状況から，実際の通所サービスの提供が通所サービス計画上の所要時間よりもやむを得ず短くなった場合には通所サービス計画上の単位数を算定して差し支えない。」とされているが，具体的にどのような内容なのか。

（答）通所サービスの所要時間については，現に要した時間ではなく，通所サービス計画に位置付けられた内容の通所サービスを行うための標準的な時間によることとされている。
　こうした趣旨を踏まえ，例えば7時間以上9時間未満のサービスの通所介護計画を作成していた場合において，当日の途中に利用者が体調を崩したためにやむを得ず6時間でサービス提供を中止した場合に，当初の通所介護計画による所定単位数を算定してもよいとした。（た

だし，利用者負担の軽減の観点から，5時間以上7時間未満の所定単位数を算定してもよい。）こうした取り扱いは，サービスのプログラムが個々の利用者に応じて作成され，当該プログラムに従って，単位ごとに効果的に実施されている事業所を想定しており，限定的に適用されるものである。

当初の通所介護計画に位置付けられた時間よりも大きく短縮した場合は，当初の通所介護計画を変更し，再作成されるべきであり，変更後の所要時間に応じた所定単位数を算定しなければならない。

（例）

① 利用者が定期検診などのために当日に併設保険医療機関の受診を希望することにより6時間程度のサービスを行った場合には，利用者の当日の希望を踏まえて当初の通所サービス計画を変更し，再作成されるべきであり，6時間程度の所要時間に応じた所定単位数を算定する。

② 利用者の当日の希望により3時間程度の入浴のみのサービスを行った場合には，利用者の当日の希望を踏まえて当初の通所サービス計画を変更し，再作成するべきであり，3時間程度の所要時間に応じた所定単位数を算定する。

③ 7時間以上9時間未満の通所介護を行っていたが，当日利用者の心身の状況から1～2時間で中止した場合は，当初の通所サービス計画に位置付けられていた時間よりも大きく短縮しているため，当日のキャンセルとして通所介護費を算定できない。

介護報酬に係るQ＆A

Q3　緊急やむを得ない場合における併設医療機関（他の医療機関を含む）の受診による通所サービスの利用の中止について

A3　併設医療機関等における保険請求が優先され，通所サービスについては変更後の所要時間に応じた所定単位数を算定しなければならない。

Q60 通所介護で，入浴を中止し身体清拭を行った場合，入浴介助加算は算定できるの？

要介護4で寝たきりの状態にあり，入浴を兼ねて通所介護を週2回利用している方を担当しています。

通所介護利用の当日，この方に関して通所介護の職員から「事業所に到着して検温したところ37.5℃の熱があったので，家族に電話し，今日は入浴を中止することを伝えました。このまま熱が上がらないようでしたら最後まで利用していただこうと思っていますので，様子を見ながら対応します。しかし，家族から，今日の利用で入浴しなければ，次回に入浴したとしても1週間も入浴しないことになるので，せめて身体を拭いて帰してほしい，と依頼されましたので，入浴はしませんが，全身清拭はします」との連絡がありました。

翌月の初め，この通所介護事業所から利用実績が記入されたサービス提供票が届いたのですが，これを見ると，全身清拭を行った利用日の通所介護入浴介助加算に「1」と実績が記されていました。

入浴していないのに通所介護入浴加算を算定できるのかが半信半疑だったので，通所介護事業所へ確認すると，「方法は違うが，入浴も全身清拭も身体清潔との目的からいえば同じなので，算定できるのではないか」とのことでした。そういわれればそのようにも思いますが，全身清拭でも入浴介助加算を算定できるのでしょうか。

A60 全身清拭を実施した場合，訪問入浴介護では算定できますが，通所介護では算定できません。

通所介護事業所は，単に入浴を中止したということではなく，この代替として全身清拭を行ったわけですから，職員の手間もかかっていますし，通所介護入浴加算を算定したくなる気持ちはわかります。しかし，通所介護入浴加算は，あくまで，入浴に対して設定されている加算ですから，全身清拭では算定できないと考えられます。

一方，入浴を提供するサービスの一つに訪問入浴介護があります。このサービスでは，全身入浴が困難で，利用者の希望により清拭または部分浴を実施した時には，本来入浴を実施した場合と同様に，単位数の7割を算定できることになっています。しかし，これはあくまで訪問入浴介護に限ってのことですので，通所介護にも適用できるのではないかといった拡大解釈をしないよう注意が必要です。

なお，入湯せずにシャワーのみを実施した場合は，これも入浴に含むものとして通所介護入浴介助加算の算定を可能と判断している市区町村がありますので，個別に具体的に問い合わせてみてください。

【参考】
指定居宅サービスに要する費用の額の算定に関する基準（訪問通所サービス，居宅療養管理指導及び福祉用具貸与に係る部分）及び指定居宅介護支援に要する費用の額の算定に関する基準の制定に伴う実施上の留意事項について
第2の3の（3）利用者の心身の状況により入浴を見合わせた場合の取扱い
　実際に入浴を行った場合に算定の対象となり，入浴を見合わせた場合には算定できない。ただし，利用者の希望により清拭，部分浴を実施した場合には，所定単位数に100分の70を乗じて得た単位数を算定できる。
第2の7の（7）入浴介助加算について
　通所介護入浴介助加算は，入浴中の利用者の観察を含む介助を行う場合について算定されるものである（利用者等告示第15号）が，この場合の「観察」とは，自立生活支援のための見守

り的援助のことであり，利用者の自立支援や日常生活動作能力などの向上のために，極力利用者自身の力で入浴し，必要に応じて介助，転倒予防のための声かけ，気分の確認などを行うことにより，結果として，身体に直接接触する介助を行わなかった場合についても，加算の対象となるものであること。

また，通所介護計画上，入浴の提供が位置付けられている場合に，利用者側の事情により，入浴を実施しなかった場合については，加算を算定できない。

指定居宅サービスに要する費用の額の算定に関する基準
別表　指定居宅サービス介護給付費単位数表
2　訪問入浴介護費
　注3　訪問時の利用者の心身の状況等から全身入浴が困難な場合であって，当該利用者の希望により清拭又は部分浴（洗髪，陰部，足部等の洗浄をいう。）を実施したときは，所定単位数の100分の70に相当する単位数を算定する。
6　通所介護費
　注6　イからニまでについては，別に厚生労働大臣が定める基準に適合しているものとして都道府県知事に届け出て当該基準による入浴介助を行った場合は，1日につき50単位を所定単位数に加算する。

Q61 年末に送迎と入浴のみの通所介護は可能なの？

地域内の通所介護事業所より「運営規定では年末年始休業を12月30日から1月3日までと定めていますが，日曜の休業日を合わせると1月4日までの休業となり，利用者によっては1週間以上にわたって利用できない方がいらっしゃることから，12月30日は午前9時から午後0時まで，入浴サービスの提供を目的として営業することにしました。このことについて利用者への希望をうかがったところ，貴居宅介護支援事業所でご担当の方1名より利用の希望がありましたので，居宅サービス計画の変更をお願いします。ただし，臨時営業であることから，送迎と入浴のみの実施とし，昼食，レクリエーション，機能訓練などのサービスは実施いたしませんので，ご了承のほどお願い申し上げます」とのFAX連絡がありました。

6日間という長い期間の休業であり，入浴を実施してくれることはありがたいことだと思います。しかし，臨時営業とはいっても，送迎と入浴だけを提供することは通所介護のサービスとして認められるのでしょうか。万が一，あとから指導を受けるのではないかと思うと，どうしても慎重にならざるを得ません。

A61 特定のサービスのみの提供は不適切です。適正なサービス内容を伴った営業としなければなりません。

　ご質問にある通所介護事業所は，事業所の年末年始休業の影響から利用者が入浴できなくなることを心配し，これを何とかしようとその対応策を講じるすばらしい事業所だと思います。しかし，たとえ臨時営業といえども，通所介護として報酬算定する以上は，やはり通所介護としての適正なサービス内容を伴った営業としなければなりません。

　通所介護については，長時間のサービス利用が困難な利用者や徐々に利用時間を長くしていく必要がある利用者などの場合，例外的に2時間以上3時間未満での利用ができることになっていますが，このような場合であっても，単に入浴サービスのみといった利用は適当ではないとの見解が示されています。これに照らして考えれば，通常営業か臨時営業かにかかわらず，連絡があったような送迎と入浴のみに限定したサービスの提供は適当でないと判断され，通所介護費を算定すること自体が不適切として，これを居宅サービス計画に位置づけたことに対しても指導を受ける可能性があります。

　ただし，休業日であっても通常どおりの体制で通常どおりのサービスを提供するのであれば問題はありませんので，通所介護事業所に対してこれを提案してみてはいかがでしょうか。

【参考】
指定居宅サービスに要する費用の額の算定に関する基準（訪問通所サービス，居宅療養管理指導及び福祉用具貸与に係る部分）及び指定居宅介護支援に要する費用の額の算定に関する基準の制定に伴う実施上の留意事項について
第2の7の（2）　2時間以上3時間未満の通所介護を行う場合の取扱い
　2時間以上3時間未満の通所介護の単位数を算定できる利用者は，心身の状況から，長時間のサービス利用が困難である者，病後等で短時間の利用から始めて長時間利用に結びつけていく必要がある者など，利用者側のやむを得ない事情により長時間のサービス利用が困難な者（利用者等告示第14号）であること。なお，2時間以上3時間未満の通所介護であっても，通所介護の本来の目的に照らし，単に入浴サービスのみといった利用は適当ではなく，利用者の日常生活動作能力などの向上のため，日常生活を通じた機能訓練等が実施されるべきものであること。

Q62 通所介護の認知症加算算定終了日はいつ？

居宅介護支援事業所の介護支援専門員となって2年目です。まだまだ自信を持って仕事をするにはほど遠い感じですが，幸い，先輩の介護支援専門員が2人おり，分からないことがあった時には懇切丁寧に教えていただける環境にあるので助かっています。

約1年前の法人内での人事異動により居宅介護支援事業所の介護支援専門員を命じられ，2カ月かけて2人の先輩から合計15人の利用者を引き継ぎました。3カ月目からは新規利用者も担当させてもらえるようになり，今月も1人の新規利用者を受け持つ予定です。利用者の入退院や契約終了などにより変動がありますが，毎月30人程度の利用者を担当しています。このうち，4人に対して通所介護の認知症加算の算定があり，今月末に現在の認定の有効期限を迎える利用者1人もこの認知症加算に該当しています。

この利用者は，以前は別の居宅介護支援事業所が担当していましたが，以前担当していた事業所が閉鎖するということで紹介されました。紹介された時点で認定の有効期間は2年間あり，紹介されてから今まではこの認定の有効期間内にあったので，当居宅介護支援事業所で担当してから初めて迎える認定の有効期限になります。この先も通所介護を利用したいという意向があり，先月の早い時期に要介護認定更新申請を行い，この認定結果も，今月既に出ています。

紹介を受け，私が担当することになった時点で入手した主治医意見書の認知症高齢者の日常生活自立度は「Ⅲa」でしたが，今回の要介護更新認定に合わせて作成された最も新しい主治医意見書の交付申請をして記載内容を確認したところ，認知症高齢者の日常生活自立度は「Ⅱb」と記載してあります。ほかの記載内容を見ると，主治医意見書の記入日は今月の8日，最終診察日は今月の4日です。

認知症高齢者の日常生活自立度が「Ⅱb」となったことにより，これまで算定してきた通所介護の認知症加算を算定できなくなるわけですが，いつの時点を算定終了の基準日と考えたらよいのか分かりません。今月末までの現在の認定の有効期間中は算定し続けることができるのでしょうか。それとも，主治医から新たな認知症高齢者の日常生活自立度が示されましたので，認定の有効期間とは関係なく，現在の認定の有効期間内であっても途中から算定できなくなるのでしょうか。

途中で算定できなくなるとしたら，この基準日は主治医意見書の記入日である今月の8日，あるいは最終診察日である今月の4日と考えるのでしょうか。

A62 主治医意見書に記載のある「最終診察日」が基準日となります。

　通所介護の認知症加算を算定できる認知症高齢者の日常生活自立度であったものの，更新認定の際，新たに作成された主治医意見書には要件を満たさなくなる認知症高齢者の日常生活自立度が記載してあり，いつから算定できなくなるのか判断に迷っているようですね。

　厚生労働省から発出された通知「指定居宅サービスに要する費用の額の算定に関する基準（訪問通所サービス，居宅療養管理指導及び福祉用具貸与に係る部分）及び指定居宅介護支援に要する費用の額の算定に関する基準の制定に伴う実施上の留意事項について」（留意事項通知）によると，「認知症高齢者の日常生活自立度の決定に当たっては，医師の判定結果又は主治医意見書を用いるものとする」との考え方が示されています。また，「複数の判定結果がある場合にあっては，最も新しい判定を用いるものとする」とされていることから，最新の主治医意見書に記載された「Ⅱb」を用いることになります。

　この「Ⅱb」をいつから適用するかと言えば，明確な規定はありません。とはいえ，居宅介護支援事業所でも通所介護事業所でも，明確でなければいつから算定開始あるいは終了してよいのか迷います。筆者自身も疑問に思ったことがあり，厚生労働省へ問い合わせたところ，次の回答を得ました。

（質問）
　主治医意見書を用いる場合の認知症加算の算定基準日として，主治医が判定した日は，「最終診察日」なのか「記入日」なのか。

（答）
　「最終診察日」となります。

　問答のとおり，「最終診察日」により判断し，「今月の4日」以降は認知症加算を算定できなくなります。「最終診察日」により判断するということは，今回の質問内容とは反対に「Ⅱb」から「Ⅲa」となった場合を想定すると，認定の有効期限を待たず，現在の認定の有効期間内であっても，「今月の4日」以降は認知症加算を算定できるということです。

　また，主治医意見書以外にも，例えば認定の有効期間の途中で入院することになり，退院時に病院から提供された情報の中に認知症高齢者の日常生活自立度が記載されているような場合もあります。通所介護の認知症加算を算定していた利用者

が，要介護状態区分変更認定は受けずに退院する時（入院以前の認定結果のままで在宅生活を再開する時），入院中の医師から新たな認知症高齢者の日常生活自立度が示されて「Ⅲa」以上であった場合は，退院後の通所介護の利用再開時には認知症加算を算定できることになります。

あるいは，居宅療養管理指導を受けていて，介護支援専門員に対する情報提供書類の中に認知症高齢者の日常生活自立度が記載されているような場合も，最も新しい認知症高齢者の日常生活自立度により算定の可否を判断することになります。この際も，情報提供を受けた日ではなく，居宅療養管理指導が実施された日が算定基準日になります。

【参考】
指定居宅サービスに要する費用の額の算定に関する基準（訪問通所サービス，居宅療養管理指導及び福祉用具貸与に係る部分）及び指定居宅介護支援に要する費用の額の算定に関する基準の制定に伴う実施上の留意事項について

第2の1の（7）「認知症高齢者の日常生活自立度」の決定方法について

①加算の算定要件として「『認知症高齢者の日常生活自立度判定基準』の活用について」（平成5年10月26日老健第135号厚生省老人保健福祉局長通知）に規定する「認知症高齢者の日常生活自立度」（以下「日常生活自立度」という。）を用いる場合の日常生活自立度の決定に当たっては，医師の判定結果又は主治医意見書（以下この号において「判定結果」という。）を用いるものとする。

②①の判定結果は，判定した医師名，判定日と共に，居宅サービス計画又は各サービスのサービス計画に記載するものとする。また，主治医意見書とは，「要介護認定等の実施について」（平成21年9月30日老発0930第5号厚生労働省老健局長通知）に基づき，主治医が記載した同通知中「3　主治医の意見の聴取」に規定する「主治医意見書」中「3　心身の状態に関する意見（1）日常生活の自立度等について・認知症高齢者の日常生活自立度」欄の記載をいうものとする。なお，複数の判定結果がある場合にあっては，最も新しい判定を用いるものとする。

③医師の判定が無い場合（主治医意見書を用いることについて同意が得られていない場合を含む。）にあっては，「要介護認定等の実施について」に基づき，認定調査員が記入した同通知中「2（4）認定調査員」に規定する「認定調査票」の「認定調査票（基本調査）」7の「認知症高齢者の日常生活自立度」欄の記載を用いるものとする。

第2の7の（13）認知症加算について

②「日常生活に支障を来すおそれのある症状又は行動が認められることから介護を必要とする認知症の者」とは，日常生活自立度のランクⅢ，Ⅳ又はMに該当する者を指すものとし，これらの者の割合については，前年度（3月を除く。）又は届出日の属する月の前3月の1月当たりの平均について，利用実人員数又は利用延人員数

を用いて算定するものとし，要支援者に関しては人員数には含めない。

平成21年4月改定関係Q&A（Vol.1）

（問67）認知症加算において，認知症高齢者の日常生活自立度については，どのように記録しておくのか。

（答）
　主治医意見書の写し等が提供された場合は，居宅サービス計画等と一体して保存しておくものとする。
　それ以外の場合は，主治医との面談等の内容を居宅介護支援経過等に記録しておく。
　また，認知症高齢者の日常生活自立度に変更があった場合は，サービス担当者会議等を通じて，利用者に関する情報共有を行うものとする。

Q63 「旅行へ行く時に車いすをレンタルしたい」は認められるの？

　先月のモニタリング訪問の際に，利用者の家族から「具体的にいつとは決めていないのですが，母の身体が弱くなって動くのが大変になる前に，できれば1年以内に，遠方にある母の実家を訪ねて，親の墓参りをさせたい」との希望がありました。利用者本人も「行けるものなら，家族に苦労をかけることにはなるが連れて行ってほしい」と話しています。続けて，どのような方法で行くのか確認すると，家族が運転する車に乗り，高速道路を使って3時間くらいかけて行くとのことでした。温泉旅館にも宿泊したいそうで，旅館内やサービスエリア，墓参り時の移動などの際に車いすを使いたいとのことでした。

　この利用者は，時々物忘れがあり，日課を理解できる時とできない時があり，薬の内服も忘れることがあるため，一部介助を受けています。また，歩行と床面からの立ち上がりが不安定で転倒の危険性があるため，歩行器と介護用ベッドをレンタルしています。

　要介護認定については，半年前に要介護2の認定を受けました。認定の有効期間は2年間ありますので，墓参りへ行くとしたら現在の認定の有効期間内にあり，要介護2から考えれば車いすのレンタルは可能なことになります。

　屋内では歩行器を使用して歩いていますし，通院などの外出時は家族の介助を受けて敷地内に停めてある車まで歩き，家族が運転する車に乗って出かけることができています。通院先の病院や買い物先のスーパーでは，準備されている車いすを，

必要時に借りています。普段は車いすの必要性がなく，これまでレンタルしたことはありません。

　２～３泊くらいでの墓参りを想定しており，ごく短期間の車いすレンタルとなりますが，短期間であっても介護給付として車いすをレンタルするとしたら，再アセスメント，居宅サービス計画原案の作成，サービス担当者会議の開催，居宅サービス計画の説明および同意ならびに交付，個別サービス計画提供の依頼といった一連の業務を行わなければならないのでしょうか。

　もちろん，緊急対応が必要な事態ではなく，車いすをレンタルするまでに十分な時間があるので一連のケアマネジメントの実施が必要だと思うのですが，自信がありません。

　また，同じ居宅介護支援事業所の介護支援専門員へ相談しても，明確な答えが返ってきません。後に，実は一連のケアマネジメントの実施は不要だったとなると，行う必要のないサービス担当者会議だったということにもなります。そうなった場合，貴重な時間を割いて出席してくれる利用者や家族，担当者に申し訳ありません。

A63 日常生活を営むのに支障があるかどうかが判断のポイントになります。

　移動状況に関し，現在の生活において，介護支援専門員としては「車いすはレンタルする必要はない」と判断しているわけですね。しかし，普段は行かない墓参りや温泉旅館，サービスエリアへ行く際に，車いすがないと移動が不便なので車いすを使いたいとの話が出たことから，介護保険制度を活用し，一時的に車いすをレンタルできないかとの考えが浮かんだものと理解しました。せっかくの旅行ですし，思い出深く心地良いものになるよう，利用者の家族が言うように車いすがあった方がよいと私も思います。歩行器を使用している利用者ですから，慣れない場所での移動には不安があるでしょうし，車いすがあることで快適な旅行になることも想像できます。

　それでは，保険算定する福祉用具貸与として，車いすのレンタルが可能なのか，介護保険制度における福祉用具貸与の定義を確認していきます。

　介護保険法第8条には各種介護保険サービスの定義が規定されており，第12項に福祉用具貸与が位置付けられています。この介護保険法第8条第12項には，「心身の機能が低下し日常生活を営むのに支障がある要介護者等の日常生活上の便宜を図るための用具及び要介護者等の機能訓練のための用具であって，要介護者等の日

常生活の自立を助けるためのもの」と規定されています。「日常生活上の便宜を図るため」でも「要介護者等の機能訓練のため」でもよいのですが，「要介護者等の日常生活の自立を助けるためのもの」ですから，レンタル品を使う場面が日常生活と言えるかどうかが問われるでしょう。

現に，今の生活の中で，車いすを使用する時はあるものの，病院や買い物先のスーパーで用意してくれているものを使用することで支障はない状況です。今回の話に出てくる旅行が日常生活かと言えば，特別なイベントであり日常生活の一部とは言えません。したがって，保険算定にはなじまないと考えます。

しかし，車いすがあった方がよいということであれば，使用が想定される各地に車いすが用意してあるか確認する，保険対象外の車いすをレンタルして用意するなどの方法もあるでしょう。

また，再アセスメントからなる一連のケアマネジメントが必要かについては，旅行に行くことをニーズや目標とし，これにより機能訓練やリハビリテーションに取り組むなど，援助内容にも影響があるならば居宅サービス計画の変更が必要でしょう。しかし，旅行時に車いすを借りることだけでは日常生活に影響があることは想定しづらく，居宅サービス計画の変更を含む一連のケアマネジメントは必要ないものと考えます。

【参考】

介護保険法

第8条

12　この法律において「福祉用具貸与」とは，居宅要介護者について福祉用具（心身の機能が低下し日常生活を営むのに支障がある要介護者等の日常生活上の便宜を図るための用具及び要介護者等の機能訓練のための用具であって，要介護者等の日常生活の自立を助けるためのものをいう。次項並びに次条第10項及び第11項において同じ。）のうち厚生労働大臣が定めるものの政令で定めるところにより行われる貸与をいう。

Q64 福祉用具貸与事業所を変更した月の福祉用具貸与費の計算方法は？

現在担当しているAさんの5月分の福祉用具貸与の算定について教えてください。Aさんは一人暮らしでB市に住んでおり，親族は隣接するC市に住んでいます。

Aさんは12月から5月にかけて親族宅で生活します。5月8日まで親族宅で過ごしましたが，この際に体調を崩しベッドで横になって過ごす時間が多くあり，5月1日に発赤が出現，5月2日には表皮剝離の状態になりました。本人と親族を交え，取り急ぎ悪化させないための方法を検討し，対策として床ずれ防止用具貸与を利用することにしました。貸与期間は5月2日から5月8日で，C市にあるG福祉用具貸与事業所に依頼しました。親族の手厚い介護のおかげで，5月8日までに表皮剝離が治癒し，発赤も消失しました。

5月8日には予定どおりB市の自宅に戻りましたが，この際，再発防止策としてB市のH福祉用具貸与事業所から床ずれ防止用具をレンタルしました。H福祉用具貸与事業所からの貸与期間は，5月8日から5月31日です。

この場合，5月8日までレンタルしたC市にあるG福祉用具貸与事業所からの福祉用具貸与費請求は半月分（本来は日割り），B市にあるH福祉用具貸与事業所からの福祉用具貸与費請求は，貸与期間が24日間と半月を超えているため，1カ月分の請求が可能と思っていました。

ところが，B市に確認したところ「同一月内で同一種目の用具を2社以上からレンタルした場合，報酬請求としては合わせて1カ月分を超えるのはおかしい。B市のH福祉用具貸与事業所もC市のG福祉用具貸与事業所も，それぞれ半月分で請求してください」と言われました。本来は日割りである報酬請求が合わせて1カ月分を超えるのはおかしいとの説明もわからないではないと思う一方，B市のH福祉用具貸与事業所は24日間もレンタルしたのに半月分しか報酬請求できないのはおかしいとも思います。

A64 どの時期に開始または中止したかで取り扱いが異なります。

2003年6月30日に発出されている「介護報酬に係るQ&A」に「月途中でサービス提供の開始及び中止を行った場合の算定方法について」というのがあり，ここ

で「福祉用具貸与の開始月と中止月が異なり,かつ,当該月の貸与期間が一月に満たない場合については,当該開始月及び中止月は日割り計算を行う。」と明らかにされています。どのような場合に日割り計算を行うのかというと,「福祉用具貸与の開始月と中止月が異なり」,かつ「当該月の貸与期間が一月に満たない場合」に「開始月及び中止月は日割り計算を行う」となっています。また,日割りに代えて「当分の間,半月単位の計算方法を行うことも差し支えない」としていることから,日割り計算が適用される場合には,月の前半と後半に分けて取り扱う必要があります。

　Aさんに当てはめて考えると,いずれの福祉用具貸与事業所も「当該月の貸与期間が一月に満たない場合」には該当しますが,「福祉用具貸与の開始月と中止月が異なり」には該当しません。前述のQ&Aに「福祉用具貸与の介護報酬については,公定価格を設定せず,歴月単位の実勢価格としている」とあることから,福祉用具貸与の算定原則は「歴月単位」であることが分かります。したがって,福祉用具貸与の開始月と中止月が同一のH福祉用具貸与事業所もG福祉用具貸与事業所も半月分に設定するのではなく,いずれも1カ月分の満額を請求することができます。

1カ月の算定が可能な場合			
前月	当月の前半	当月の後半	翌月
	←→ ←――――――→ 月の途中で開始し,かつ月の途中で中止した場合 （半月単位未満か半月単位以上かは問わない）		
	←―――――――――――――――→ 月の途中での中止であり,半月を超える場合		
		←―――――――――――→ 月の途中での開始であり,半月を超える場合	
	前月から引き続き利用し,月の途中で開始や中止がない場合		

半月で算定する場合			
前月	当月の前半	当月の後半	翌月
	―――――――→ 月の途中での中止であり半月に満たない場合	←――――――― 月の途中での開始であり,半月に満たない場合	

それでは，次のような場合はどのように考えたらよいのでしょうか。

> 9月1日にX福祉用具貸与事業所から特殊寝台（1,500単位）をレンタルしましたが，事業所の対応に不満があり9月6日の午前中に中止しました。
>
> 同日9月6日の午後にY福祉用具貸与事業所から特殊寝台（1,500単位）をレンタルしましたが，Y事業所にも不満があり9月11日の午前中に中止しました。
>
> 9月11日にZ福祉用具貸与事業所から特殊寝台（1,500単位）をレンタルし，10月以降も継続してレンタルしています。
>
> この場合，X・Y・Zの福祉用具貸与事業所は，それぞれ何単位を算定できるのでしょうか？

「同一月内で同一種目の用具を2社以上からレンタルした場合，報酬請求としては合わせて1カ月分を超えるのはおかしい」としたら，X福祉用具貸与事業所＝500単位，Y福祉用具貸与事業所＝500単位，Z福祉用具貸与事業所＝500単位となり，Z福祉用具貸与事業所では半月以上もレンタルしているのに3分の1の報酬しか算定できないことになり，これもまたおかしな話です。

これに対する私の見解は，X福祉用具貸与事業所＝1,500単位，Y福祉用具貸与事業所＝1,500単位，Z福祉用具貸与事業所＝1,500単位です。X福祉用具貸与事業所とY福祉用具貸与事業所については「福祉用具貸与の介護報酬については，公定価格を設定せず，歴月単位の実勢価格としている」上で，開始月と中止月が異ならないわけですから，半月単位で考える必要はありません。Z福祉用具貸与事業所については，半月を超えるので暦月単位そのままで算定します。

> 【参考】
> **介護報酬に係るQ＆A（Vol.2）**
>
> （Q9）
> 月途中でサービス提供の開始及び中止を行った場合の算定方法について
>
> （A9）
> 福祉用具貸与の介護報酬については，公定価格を設定せず，歴月単位の実勢価格としている。福祉用具貸与の開始月と中止月が異なり，かつ，当該月の貸与期間が一月に満たない場合については，当該開始月及び中止月は日割り計算を行う。ただし，当分の間，半月単位の計算方法を行うことも差し支えない。いずれの場合においても，居宅介護支援事業者における給付計算が適切になされるよう，その算定方法を運営規定に記載する必要がある。
> なお，介護給付費明細書の記載方法について，福祉用具貸与を現に行った日数を記載することとなったことに留意する。

Q65 特殊寝台と一緒にマットレスもレンタルする場合，マットレスが必要な理由も必要なの？

5カ月前に転倒し，骨折したために入院した利用者がいます。入院前は寝返りができていましたが，先日病院を訪問した際は寝返りができなくなっていました。本人と家族，病院スタッフの意向としては，特殊寝台貸与と特殊寝台付属品の貸与が必要と考えていることを確認しています。担当介護支援専門員の私としても，同じように特殊寝台貸与と特殊寝台付属品の貸与が必要で，付属品のマットレスは床ずれの発生を予防するため，体圧分散機能に優れているタイプが適当だろうと考えています。

この利用者は，パーキンソン病の診断を受けており，病院スタッフからは，これが影響して寝返りができなくなったのではないかとの説明を受けています。介助により身体を起こしてもらえれば見守りの下で自力歩行できますし，尿意と便意もしっかりしており，これも見守り程度でトイレで排泄できます。入浴時の洗身では，一部介助，上衣やズボンなどの着替えにも一部介助を受けています。認知機能面では物忘れがあることから，薬や金銭の管理に一部介助が必要，食事の準備や買い物には全介助が必要です。

約1カ月前に要介護更新認定の申請を行い，訪問調査は順調に実施され，認定の結果は要介護1でした。最新の認定調査票では，「1－3寝返り」の項目が「3.できない」であることを確認しています。入院前と比較して，自力で寝返りができなくなっているものの，このほかの状況に大きな変化はありません。更新認定を受ける前も要介護1でしたし，今回も要介護1でした。今回の要介護1の判定は妥当なものであろうと思いますので，これに対してとやかく言うつもりはありません。

困っているのは，軽度者の福祉用具貸与理由書の記載内容についてです。私が所属する居宅介護支援事業所の所在地では，要支援状態や要介護1の方が特殊寝台貸与や特殊寝台付属品貸与を利用する場合，福祉用具貸与理由書（以下，理由書）を保険者へ提出し，これが認められて初めて貸与可能になるという決まりがあります。

特殊寝台貸与については，「自力で寝返りが行えず，起居動作の際に介助が必要です。特殊寝台を利用することにより，本人の力を活用した起居動作の実行および介護負担の軽減に資すると見込まれます」という理由を記しました。

これについては問題ないのですが，すんなりといかないのが特殊寝台付属品貸与についての理由です。一度，理由書を作成して保険者へ提出したのですが，保険者

から「種目それぞれの貸与が必要なことが分かるよう，特殊寝台付属品であるマットレスの貸与の理由を明記してください」と言われ，理由書が差し戻されました。付属品ですので，当然特殊寝台と一体的に使用するためのものと理解していましたが，それだけでは理由が不十分とのことで困惑しています。どのように記載したらよいのでしょうか。

A65 一次判定の結果が「寝返りできない」であれば，市町村の判断は誤りです。

　いわゆる軽度者への福祉用具貸与の適用にあたり，2006年度の介護報酬改定時から，一定の条件に該当する方（例外に該当する者）を除いて，状態像から利用が想定されにくい福祉用具貸与の種目（対象外種目）を保険給付の対象としないことになりました。例外に該当する者の判定にあたっては，原則として認定調査票を基に客観的に判定します。しかし，一部の種目については判定材料となる基本調査の結果が存在しないことから，主治医の意見を踏まえつつ，サービス担当者会議を開催するなどの適切なケアマネジメントを通じて，居宅介護支援事業者（介護支援専門員）が判断することができます。

　対象外種目には，車いす，車いす付属品，特殊寝台，特殊寝台付属品，床ずれ防止用具，体位変換器，認知症老人徘徊感知器，移動用リフト（つり具の部分を除く）があり，それぞれ例外に該当する者が設定されています。対象外種目と例外に該当する者を表にまとめます。

　軽度者の福祉用具貸与理由書の作成にあたり，特殊寝台付属品が必要な理由をどのように記載したらよいかとお困りのようですが，認定調査票で「1－3寝返り」の項目が「3．できない」であることを確認しているのであれば，このことをもって「例外に該当する者」となりますので，市町村の判断は誤りです。市町村が書面などの確実な方法で確認する必要があるのは，「軽度者のうちで一定の条件に該当しない方であっても，医師の医学的な所見に基づき，『疾病その他の原因により，状態が変動しやすく，日によってまたは時間帯によって，頻繁に〈例外に該当する者〉の状態となる方』『疾病その他の原因により状態が急速に悪化し，短期間のうちに〈例外に該当する者〉の状態に至ることが確実に見込まれる方』『疾病その他の原因により身体への重大な危険性または症状の重篤化の回避などの医学的判断から〈例外に該当する者〉の状態にあると判断できる方』のいずれかであると判断され，サービス担当者会議などを通じた適切なケアマネジメントにより福祉用具貸与

195

表　対象外種目と例外に該当する者

対象外種目	例外に該当する者	要介護認定結果など（例外に該当する状態）
車いすおよび車いす付属品 ※（1）（2）のいずれかに該当する者	（1）日常的に歩行が困難な者	基本調査1－7歩行「3．できない」
	（2）日常生活範囲において移動の支援が特に必要と認められる者	認定調査結果がないため，主治医の意見を踏まえつつ，サービス担当者会議などを開催するなどの適切なケアマネジメントを通じて，指定介護予防支援事業者または指定居宅介護支援事業者が判断
特殊寝台および特殊寝台付属品 ※（1）（2）のいずれかに該当する者	（1）日常的に起き上がりが困難な者	基本調査1－4起き上がり「3．できない」
	（2）日常的に寝返りが困難な者	基本調査1－3寝返り「3．できない」
床ずれ防止用具および体位変換器	日常的に寝返りが困難な者	基本調査1－3寝返り「3．できない」
認知症老人徘徊感知器 ※（1）（2）のいずれにも該当する者	（1）意思の伝達，介護を行う者への反応，記憶または理解に支障がある者	基本調査3－1意思の伝達「1．調査対象者が意思を他者に伝達できる」以外 または 基本調査3－2日課の理解～基本調査3－7場所の理解のうち，いずれかが「2．できない」 または 基本調査3－8徘徊～基本調査4－15話がまとまらないのうち，いずれかが「1．ない」以外 その他，主治医意見書において，認知症の症状がある旨が記載されている場合も含む
	（2）移動において全介助を必要としない者	基本調査2－2移動「4．全介助」以外
移動用リフト（つり具の部分を除く） ※（1）（2）（3）のいずれかに該当する者	（1）日常的に立ち上がりが困難な者	基本調査1－8立ち上がり「3．できない」
	（2）移乗において一部介助または全介助を必要とする者	基本調査2－1移乗「3．一部介助」または「4．全介助」
	（3）生活環境において段差の解消が必要と認められる者	認定調査結果がないため，主治医の意見を踏まえつつ，サービス担当者会議などを開催するなどの適切なケアマネジメントを通じて，指定介護予防支援事業者または指定居宅介護支援事業者が判断
自動排泄処理装置 ※（1）（2）のいずれにも該当する者	（1）排便において全介助を必要とする者	基本調査2－6排便「4．全介助」
	（2）移乗が全介助を必要とする者	基本調査2－1移乗「4．全介助」

が特に必要である旨が判断されている場合」ですので，これと取り扱いを混同しているのではないでしょうか。

　仮に，認定調査票での「1－3寝返り」の項目が「3．できない」以外で，市町村が書面などの確実な方法で確認する必要がある利用者であっても，「介護保険の給付対象となる福祉用具及び住宅改修取扱いについて」の第1の1の（4）にあるとおり，「特殊寝台付属品」とは「利用することにより，当該特殊寝台の利用効果の増進に資するもの」ですから，特殊寝台と同じように「特殊寝台付属品を利用することにより，本人の力を活用した起居動作の実行および介護負担の軽減に資すると見込まれます」という理由で違和感はありませんし，特殊寝台と「一体的に使用

されるもの」である特殊寝台付属品にまで貸与が必要な理由を求めることに疑問が残ります。

「例外に該当する者」の場合に話を戻します。解釈通知によれば，介護支援専門員は，軽度者の居宅サービス計画に福祉用具貸与を位置づける場合は，利用者が「例外に該当する者」かどうかを確認するため，「調査票について必要な部分（実施日時，調査対象者等の時点の確認及び本人確認ができる部分並びに基本調査の回答で当該軽度者の状態像の確認が必要な部分）の写し（以下「調査票の写し」という。）を市町村から入手しなければならない。ただし，当該軽度者がこれらの結果を介護支援専門員へ提示することに，あらかじめ同意していない場合については，当該軽度者の調査票の写しを本人に情報開示させ，それを入手しなければならない」とされています。

そして，「介護支援専門員は，当該軽度者の調査票の写しを指定福祉用具貸与事業者へ提示することに同意を得たうえで，市町村より入手した調査票の写しについて，その内容が確認できる文書を指定福祉用具貸与事業者へ送付しなければならない」ともされています。

つまり，介護支援専門員は，軽度者の福祉用具貸与にあたっては，市町村から直接あるいは利用者を通じて調査票の必要な部分の写しを入手し，利用者の同意を得てこれを福祉用具貸与事業者へ提示しなければならないことに留意する必要があります。

【参考】
指定居宅サービスに要する費用の額の算定に関する基準（訪問通所サービス，居宅療養管理指導及び福祉用具貸与に係る部分）及び指定居宅介護支援に要する費用の額の算定に関する基準の制定に伴う実施上の留意事項について
第二　居宅サービス単位数表（訪問介護費から通所リハビリテーション費まで及び福祉用具貸与費に係る部分に限る。）に関する事項
9　福祉用具貸与費
（2）要介護1の者等に係る指定福祉用具貸与費
①算定の可否の判断基準
ウ　また，アにかかわらず，次のi）からiii）までのいずれかに該当する旨が医師の医学的な所見に基づき判断され，かつ，サービス担当者会議等を通じた適切なケアマネジメントにより福祉用具貸与が特に必要である旨が判断されている場合にあっては，これらについて，市町村が書面等確実な方法により確認することにより，その要否を判断することができる。この場合において，当該医師の医学的な所見については，主治医意見書による確認のほか，医師の診断書又は担当の介護支援専門員

が聴取した居宅サービス計画に記載する医師の所見により確認する方法でも差し支えない。

ⅰ）疾病その他の原因により，状態が変動しやすく，日によって又は時間帯によって，頻繁に利用者等告示第31号のイに該当する者

（例　パーキンソン病の治療薬によるON・OFF現象）

ⅱ）疾病その他の原因により，状態が急速に悪化し，短期間のうちに利用者等告示第31号のイに該当することが確実に見込まれる者

（例　がん末期の急速な状態悪化）

ⅲ）疾病その他の原因により，身体への重大な危険性又は症状の重篤化の回避等医学的判断から利用者等告示第31号のイに該当すると判断できる者

（例　ぜんそく発作等による呼吸不全，心疾患による心不全，嚥下障害による誤嚥性肺炎の回避）

注　括弧内の状態は，あくまでもⅰ）～ⅲ）の状態の者に該当する可能性のあるものを例示したにすぎない。また，逆に括弧内の状態以外の者であっても，ⅰ）～ⅲ）の状態であると判断される場合もありうる。

介護保険の給付対象となる福祉用具及び住宅改修の取扱いについて

第一　福祉用具

1　厚生労働大臣が定める福祉用具貸与及び介護予防福祉用具貸与に係る福祉用具の種目

（4）特殊寝台付属品

　貸与告示第4項に掲げる「特殊寝台付属品」とは，利用することにより，当該特殊寝台の利用効果の増進に資するものに限られ，例えば次に掲げるものが該当する。

　なお，同項にいう「一体的に使用されるもの」とは，特殊寝台の貸与の際に併せて貸与される付属品又は既に利用者が特殊寝台を使用している場合に貸与される付属品をいう。

②マットレス

　特殊寝台の背部又は脚部の傾斜角度の調整を妨げないよう，折れ曲がり可能な柔軟性を有するものに限る。

指定居宅介護支援等の事業の人員及び運営に関する基準について

第2の3の（7）

㉑福祉用具貸与及び特定福祉用具販売の居宅サービス計画への反映（第22号・第23号）

［略］介護支援専門員は，居宅サービス計画に福祉用具貸与及び特定福祉用具販売を位置付ける場合には，サービス担当者会議を開催し，当該計画に福祉用具貸与及び特定福祉用具販売が必要な理由を記載しなければならない。

　　なお，福祉用具貸与については，居宅サービス計画作成後必要に応じて随時サービス担当者会議を開催して，利用者が継続して福祉用具貸与を受ける必要性について専門的意見を聴取するとともに検証し，継続して福祉用具貸与を受ける必要があ

る場合には，その理由を再び居宅サービス計画に記載しなければならない。
　　　また，福祉用具貸与については以下の項目について留意することとする。
　ア　介護支援専門員は，要介護1の利用者（以下「軽度者」という。）の居宅サービス計画に指定福祉用具貸与を位置付ける場合には，「厚生労働大臣が定める基準に適合する利用者等」（平成27年厚生労働省告示第94号）第31号のイで定める状態像の者であることを確認するため，当該軽度者の「要介護認定等基準時間の推計の方法」（平成12年厚生省告示第91号）別表第1の調査票について必要な部分（実施日時，調査対象者等の時点の確認及び本人確認ができる部分並びに基本調査の回答で当該軽度者の状態像の確認が必要な部分）の写し（以下「調査票の写し」という。）を市町村から入手しなければならない。
　　　ただし，当該軽度者がこれらの結果を介護支援専門員へ提示することに，あらかじめ同意していない場合については，当該軽度者の調査票の写しを本人に情報開示させ，それを入手しなければならない。
　イ　介護支援専門員は，当該軽度者の調査票の写しを指定福祉用具貸与事業者へ提示することに同意を得たうえで，市町村より入手した調査票の写しについて，その内容が確認できる文書を指定福祉用具貸与事業者へ送付しなければならない。

Q66 認知症老人徘徊感知機器は，外出してしまう利用者でなければレンタルできないの？

　3年前から物忘れが目立つようになりましたが，当初は頻繁に動き回ることはなく，自室やトイレ，茶の間の場所なども認識できていたため，介護者が四六時中ついていなければならないわけではありませんでした。しかし，6カ月くらい前から1人で外出しようとする行動が出てきました。毎日，5回以上は玄関に行きドアを開けようとします。幸いにも，これは日中だけの行動で，介護者が付き添っていることと施錠していることで不用意な外出を防ぐことができています。なお，夜間は外出しようとする行動は見られません。

　また，この利用者は腰が曲がっており，以前から足腰も丈夫ではなく，伝い歩きでの歩行です。また，動作開始時に足元がふらつくことから，転倒予防も考慮し，福祉用具貸与として，特殊寝台および特殊寝台付属品をレンタルしています。実際，ベッドからの立ち上がり時は足元がおぼつかないため，移動用バーにつかまり安定した動作を保持しています。

　そして，3カ月前に介護者から「施錠しているため今のところは外出してしまう

ことはないが，万が一鍵をかけ忘れてしまった場合，外に出てしまう恐れがある。そうなった時，捜索しなければならず，交通事故にでも遭ったら，人に迷惑をかけることになる。施錠以外に，外出したことが即座に分かる方法はないだろうか」「本人がベッドで昼寝をしている時，私は台所の物を片付けたり，掃除したりしているが，台所は本人の部屋から離れており，また，掃除機を使っていると本人の物音に気づきにくい。これについても，本人が動き出したことが分かる方法はないだろうか」と相談を受けました。

　そこで，前者については玄関が開いた時に知らせてくれるセンサーを，後者についてはベッドサイドにマットセンサーを設置してみてはどうかとアドバイスし，再アセスメント，居宅サービス計画原案の作成，サービス担当者会議の開催，居宅サービス計画の交付を経て，すぐに利用開始となりました。

　しかし，先日，福祉用具貸与事業所への実地指導があった際，その担当者から「玄関センサーについては，施錠など対策を講じており実際に外へ出ることがないのであれば，必要不可欠なレンタル品とは言い難い。これまでの分は仕方ないが，これから先の分は，福祉用具貸与費としては認められない」「マットセンサーについても，実際に外出してしまうことがないのであれば，これも同じく福祉用具貸与費としては認められない」と言われたと連絡がありました。

　認知症老人徘徊感知機器は，実際に外出した事実がなければ，福祉用具貸与としてのレンタルは認められないのでしょうか？

A66 外出の事実があるかどうかを問わず，認知症老人徘徊感知機器はレンタル可能です。

　状況判断などがうまくできず，幾度となく繰り返し外へ出ようとしてしまう利用者の介護は，介護者の気が休まることがなく大変なことは容易に想像がつきます。訪問サービスや通所サービス，短期入所サービスだけでなく，福祉用具貸与も上手に活用していきたいものです。

　福祉用具貸与には，貸与告示（基準）においてその種目が示され，車いす，車いす付属品，特殊寝台，特殊寝台付属品，床ずれ防止用具，体位変換器，手すり，スロープ，歩行器，歩行補助杖，認知症老人徘徊感知機器，移動用リフト，自動排泄処理装置の合計13種目が位置付けられています。このうち，認知症老人徘徊感知機器は，「認知症の方が屋外へ出ようとした時等にセンサーで感知し，通報するもの」との趣旨の規定がありますが，「屋外へ出ようとした時」であり，実際に外出した

という既成事実があるかどうかは問わないことが分かります。また,「等」とあることから,屋外へ出ようとする行為のみに限定されていないことも分かります。

さらには,具体的な通知が発出され,「介護保険の給付対象となる福祉用具及び住宅改修の取扱いについて」にある「厚生労働大臣が定める福祉用具貸与及び介護予防福祉用具貸与に係る福祉用具の種目」では,「屋外に出ようとした時又は屋内のある地点を通過した時」としており,「屋内のある地点を通過した時」も含まれるとの解釈が明示されています。

これに加えて,2009年には,「『厚生労働大臣が定める特定福祉用具販売に係る特定福祉用具の種目及び厚生労働大臣が定める特定介護予防福祉用具販売に係る特定介護予防福祉用具の種目』及び『介護保険の給付対象となる福祉用具及び住宅改修の取扱いについて』の改正等に伴う実施上の留意事項について」も発出され,「屋内のある地点を通過したときに家族,隣人等へ通報するもの」には「ベッドや布団等を離れた時に通報する」ものも含まれるとの解釈が明記してあります。

以上のことから,「玄関センサーについては,施錠など対策を講じており実際に外へ出ることがないのであれば必要不可欠なレンタル品とは言い難く,福祉用具貸与費としては認められない」「マットセンサーについても,実際に外出してしまうことがないのであれば,これも同じく福祉用具貸与費としては認められない」との発言は,基準・通知から逸脱した合理性に欠ける見解であり,今回のことだけで福祉用具貸与費を算定できないとの結論には至らないと考えます。

【参考】
厚生労働大臣が定める福祉用具貸与及び介護予防福祉用具貸与に係る福祉用具の種目
11　認知症老人徘徊感知機器
　介護保険法第5条の2に規定する認知症である老人が屋外へ出ようとした時等,センサーにより感知し,家族,隣人等へ通報するもの

介護保険の給付対象となる福祉用具及び住宅改修の取扱いについて
第1　福祉用具
1　厚生労働大臣が定める福祉用具貸与及び介護予防福祉用具貸与に係る福祉用具の種目
(11)　認知症老人徘徊感知機器
　貸与告示第11項に掲げる「認知症老人徘徊感知機器」とは,認知症である老人が徘徊し,屋外に出ようとした時又は屋内のある地点を通過した時に,センサーにより感知し,家族,隣人等へ通報するものをいう。

> 「厚生労働大臣が定める特定福祉用具販売に係る特定福祉用具の種目及び厚生労働大臣が定める特定介護予防福祉用具販売に係る特定介護予防福祉用具の種目」及び「介護保険の給付対象となる福祉用具及び住宅改修の取扱いについて」の改正等に伴う実施上の留意事項について
> （別添）
> 第2　保険給付の対象となる福祉用具等の範囲の整理について
> 　1　認知症老人徘徊感知機器
> 　　貸与告示第11項に掲げる「認知症老人徘徊感知機器」については，解釈通知において，「屋外へ出ようとした時又は屋内のある地点を通過したときに家族，隣人等へ通報するもの」を対象としているところであるが，今般，検討会での議論を踏まえ，「ベッドや布団等を離れた時に通報する」ものについても，「屋内のある地点を通過した時に」の解釈に含まれ，給付対象であることと整理したものである。

Q67　居宅サービス計画書（2）に位置づけのない短期入所サービスは，介護保険が適用されないの？

　介護者が急に入院しなければならなくなり，連絡の当日から1週間の短期入所サービスを利用した方がいたのですが，定期的・継続的に起こると予測しがたい事態であり，ニーズとしても特定できなかったため，居宅サービス計画書（2）には記載しておらず，サービス利用票とサービス利用票別表にだけ記載して短期入所サービスを利用しました。

　このことについて，実地指導の際に「一時的なサービスの変動に対しても居宅サービス計画書（2）の変更を行い，利用する居宅サービスを計画書へ位置付けなければならない。計画書への位置付けがない場合には介護給付を行うことはできない」と，短期入所サービスに掛かる報酬の返還を指導されました。

　居宅サービス計画書（2）に記載のない短期入所サービスは介護保険が適用されないとする指導は，適切なのでしょうか。

A67　居宅サービス計画書（2）への位置づけがなくても，保険算定できます。

　介護保険制度では，居宅介護支援事業所に居宅サービス計画の作成を依頼し，このことを保険者へ届け出ている場合，あるいはサービス利用票およびサービス利用

票別表を利用者自らが作成して保険者からの確認を受けている場合には，居宅介護サービス費の代理受領が認められて，1割負担で居宅サービスを利用することができます。書類を作成せずに利用した場合であっても，いったんは10割分の利用料を支払い，必要な手続きをすれば，その9割分が給付されるという償還払い方式で介護給付を受けることができます。

　質問は，居宅介護支援事業所に居宅サービス計画の作成を依頼してこれを保険者に届け出ている場合なので，これに絞って考えていきますが，そもそも居宅サービス計画とは，居宅サービス計画書（1），居宅サービス計画書（2），週間サービス計画表のみを指すのではなく，サービス利用票，サービス利用票別表も含むものです。これは，介護保険法施行規則を見れば明らかです。

　仮に，その利用者がケアプランの自己作成により居宅サービスを利用している方，あるいはケアプランを作成せずに利用している方だった場合は，介護給付を受けることができます。しかし，これでは，居宅サービス計画の作成を依頼している方とそうでない方の間に不合理な差が生じてしまいます。

　これらのことから，サービス利用票並びにサービス利用票別表への短期入所サービスの位置づけがあるにもかかわらず，「居宅サービス計画書（2）の援助内容に位置付けられていない」との理由で短期入所サービスが介護給付の対象にならないとする指導は適切さに欠けると考えられますが，今後も短期入所サービスの利用が必要となる利用者の場合は，居宅サービス計画書（1），居宅サービス計画書（2），週間サービス計画表の見直しが必要でしょう。

　なお，解釈通知に「利用者の課題分析（第6号）から個別サービス計画の提出依頼（第12号）に掲げる一連の業務については，基準第1条の2に掲げる基本方針を達成するために必要となる業務を列記したものであり，基本的にはこのプロセスに応じて進めるべきものであるが，緊急的なサービス利用等やむを得ない場合や，効果的・効率的に行うことを前提とするものであれば，業務の順序について拘束するものではない。ただし，その場合にあっても，それぞれ位置付けられた個々の業務は，事後的に可及的速やかに実施し，その結果に基づいて必要に応じて居宅サービス計画を見直すなど，適切に対応しなければならない。」とされています。

【参考】

介護保険法

第8条

24　この法律において「居宅介護支援」とは，居宅要介護者が第41条第1項に規定する指定居宅サービス又は特例居宅介護サービス費に係る居宅サービス若しくはこれに相当するサービス，第42条の2第1項に規定する指定地域密着型サービス又は特例地域密着型介護サービス費に係る地域密着型サービス若しくはこれに相当するサービス及びその他の居宅において日常生活を営むために必要な保健医療サービス又は福祉サービス（以下この項において「指定居宅サービス等」という。）の適切な利用等をすることができるよう，当該居宅要介護者の依頼を受けて，その心身の状況，その置かれている環境，当該居宅要介護者及びその家族の希望等を勘案し，**利用する指定居宅サービス等の種類及び内容，これを担当する者その他厚生労働省令で定める事項を定めた計画**（以下この項，第115条の45第2項第3号及び別表において「**居宅サービス計画**」という。）を作成するとともに，当該居宅サービス計画に基づく指定居宅サービス等の提供が確保されるよう，第41条第1項に規定する指定居宅サービス事業者，第42条の2第1項に規定する指定地域密着型サービス事業者その他の者との連絡調整その他の便宜の提供を行い，並びに当該居宅要介護者が地域密着型介護老人福祉施設又は介護保険施設への入所を要する場合にあっては，地域密着型介護老人福祉施設又は介護保険施設への紹介その他の便宜の提供を行うことをいい，「居宅介護支援事業」とは，居宅介護支援を行う事業をいう。

介護保険法施行規則

（法第8条第24項の厚生労働省令で定める事項）

第18条　法第8条第24項の厚生労働省令で定める事項は，当該居宅要介護者及びその家族の生活に対する意向，当該居宅要介護者の総合的な援助の方針並びに健康上及び生活上の問題点及び解決すべき課題，提供される指定居宅サービス等（同項に規定する指定居宅サービス等をいう。以下この条において同じ。）の目標及びその達成時期，**指定居宅サービス等が提供される日時**，指定居宅サービス等を提供する上での留意事項並びに**指定居宅サービス等の提供を受けるために居宅要介護者が負担しなければならない費用の額**とする。

（居宅介護サービス費の代理受領の要件）

第64条　法第41条第6項の厚生労働省令で定める場合は，次のとおりとする。

一　居宅要介護被保険者が指定居宅サービス（居宅療養管理指導及び特定施設入居者生活介護（利用期間を定めて行うものを除く。以下この条において同じ。）を除く。）を受ける場合であって，次のいずれかに該当するとき。

　　イ　当該居宅要介護被保険者が法第46条第4項の規定により指定居宅介護支援を受けることにつきあらかじめ市町村に届け出ている場合であって，**当該指定居宅サービスが当該指定居宅介護支援に係る居宅サービス計画の対象となっているとき**。

> 【参考】
> **指定居宅介護支援等の事業の人員及び運営に関する基準について**
> 第2の3の(7) 指定居宅介護支援の基本取扱方針及び具体的取扱方針
> 　基準第13条は，利用者の課題分析，サービス担当者会議の開催，居宅サービス計画の作成，居宅サービス計画の実施状況の把握などの居宅介護支援を構成する一連の業務のあり方及び当該業務を行う介護支援専門員の責務を明らかにしたものである。
> 　なお，利用者の課題分析(第6号)から担当者に対する個別サービス計画の提出依頼(第12号)に掲げる一連の業務については，基準第1条の2に掲げる基本方針を達成するために必要となる業務を列記したものであり，基本的にはこのプロセスに応じて進めるべきものであるが，緊急的なサービス利用等やむを得ない場合や，効果的・効率的に行うことを前提とするものであれば，業務の順序について拘束するものではない。ただし，その場合にあっても，それぞれ位置付けられた個々の業務は，事後的に可及的速やかに実施し，その結果に基づいて必要に応じて居宅サービス計画を見直すなど，適切に対応しなければならない。

Q68 「認定の有効期間のおおむね半数」を超えてショートステイを利用することはできないの？

　これまで居宅サービスを利用したことのない方の家族から「隣の市で2人暮らしをしている両親のことについてですが」との相談を受けました。妻が認知症，夫が介護者です。その夫が脳梗塞を発症し，4カ月間は入院しなければならないことになりました。その間，妻を短期入所生活介護事業所で過ごさせたいとの相談です。

　妻は，要介護認定を受けておりませんでしたので，早急に家族が手続きをとりました。要介護3が見込まれる状態です。また，妻の自宅のすぐ近くに短期入所事業所があるので，家族が4～5カ月くらい先まで予約可能かについて問い合わせたところ，幸いにも予約は可能だそうです。

　介護保険施設や認知症対応型共同生活介護，小規模多機能型居宅介護などの利用も検討しましたが，「近くの短期入所生活介護事業所には身内が勤めており，他の施設を利用するよりも安心なので」との理由から，ショートステイの利用を第一に考えています。家族としては，両親の今後の生活が心配なので，夫の退院時期に合わせて退職し，両親と同居しながら介護していこうとの気持ちでいます。

　家族のお気持ちもわからないではないのですが，新規要介護認定の申請ですので，最長でも認定の有効期間は7カ月，4カ月以上にわたり連続してショートステ

イを利用するとなると，認定の有効期間の半数を超えてしまうことになります。

このような場合，「要介護認定の有効期間のおおむね半数を超えないようにしなければならない」との規定に反することになるのでしょうか。

A 68 利用できますが，おおむね半数を超えてもなお利用する必要があることについてのしっかりとした理由が求められます。

「短期入所生活介護及び短期入所療養介護を利用する日数が要介護認定の有効期間のおおむね半数を超えないようにしなければならない」との規定は，「指定居宅介護支援等の事業の人員及び運営に関する基準」の第13条第21号にあります。

ただし，機械的に「要介護認定の有効期間の半数を超える日数については，短期入所生活介護費及び短期入所療養介護費を算定しない」としているものではありません。「利用者の心身の状況等を勘案して特に必要と認められる場合を除き」とのことわりがある規定ですので，必要性いかんによっては要介護認定の有効期間の半数を超えてショートステイを利用することもできます。必要性については，アセスメントで明らかにしておきましょう。

なお，「認定の有効期間のおおむね半数」の規定は居宅介護支援の事業に課せられた規定ですので，居宅サービス計画を自己作成する場合あるいは居宅サービス計画を作成せずにサービスを利用する場合には，このルールは適用されないことになります。

しかし，ショートステイを連続して利用した場合は30日までを報酬算定の限度とするとの規定は適用されますので，これについて注意しなければなりません。

【参考】
指定居宅介護支援等の事業の人員及び運営に関する基準
第13条
21　介護支援専門員は，居宅サービス計画に短期入所生活介護又は短期入所療養介護を位置付ける場合にあっては，利用者の居宅における自立した日常生活の維持に十分に留意するものとし，**利用者の心身の状況等を勘案して特に必要と認められる場合を除き**，短期入所生活介護及び短期入所療養介護を利用する日数が要介護認定の有効期間のおおむね半数を超えないようにしなければならない。

運営基準等に係るQ&A

Ⅴ　居宅サービス計画

> 1【計画的な短期入所利用を目的とした居宅サービス計画について】
> 　要介護度の高い要介護者であって，その家族が在宅生活を維持することに強い意向もあり，毎月1週間ないし10日程度自宅で生活し，月の残りの期間は計画的に短期入所サービスを利用しようとする場合，このような利用ができる居宅サービス計画の作成は可能と考えるが，どうか。

（答）
　ご質問のような事例については，短期入所サービスを居宅サービス計画に位置づけることも可能である。

指定居宅サービスに要する費用の額の算定に関する基準

別表　指定居宅サービス介護給付費単位数表
　8　短期入所生活介護費
　　注14　利用者が連続して30日を超えて指定短期入所生活介護を受けている場合においては，30日を超える日以降に受けた指定短期入所生活介護については，短期入所生活介護費は，算定しない。
　9　短期入所療養介護費
　　注14　利用者が連続して30日を超えて指定短期入所療養介護を受けている場合においては，30日を超える日以降に受けた指定短期入所療養介護については，介護老人保健施設短期入所療養介護費は，算定しない。

Q69 短期入所サービスの有効期間半数超えの必要性は誰が決めるの？

　短期入所サービスの有効期間半数超え利用について教えてください。病院から，現在入院しており退院調整に入っている利用者の紹介を受けました。これまで要介護認定は受けておらず，今回の入院をきっかけに初めて要介護認定を受けた方で，一次判定の結果は要介護3です。退院する日までには二次判定も済み，認定されてから退院となる予定です。

　本人，夫，子の3人暮らしで，夫は定年退職を3カ月後に控えており，その後は延長雇用を希望せず，本人の介護にあたりたいと思っています。子も仕事をしており，朝7時過ぎには家を出て，帰宅は早くても夜8時は過ぎるため，日常的な介護は望めません。退院後のサービス利用の意向は，夫の定年退職までの3カ月は短期入所サービスを利用し，退職後からは通所サービスを主体として在宅介護をしてい

きたいと思っています。

　利用者の住む地域には介護老人保健施設が1カ所あり，短期入所療養介護も実施しています。このほか，短期入所生活介護事業所が2つあります。介護老人保健施設と1つの短期入所生活介護事業所は自宅から遠く，夫が仕事を終えてから立ち寄るには遠回りになるので，自宅からほど近く，通勤ルート上にあるもう1つの短期入所生活介護事業所の利用を希望しています。経済的にひっ迫している家庭ではないため，1日約820単位，保険算定可能な30日に加え，全額自己負担での利用日を1日挟んで3カ月間の短期入所生活介護を利用しても，利用料は問題なく支払えます。

　介護者となる予定の夫はバス旅行を趣味とし，介護の息抜きに1～2カ月に1回くらいは1泊2日でよいのでバス旅行に出掛けたい，出掛ける際は短期入所サービスを2～3泊で利用したいと言っています。そうなると，要介護認定の結果，認定有効期間が6カ月であった場合は，短期入所サービスの利用が有効期間の半数を超える可能性があります。

　認定の有効期間の半数を超えて短期入所サービスを利用する場合，介護支援専門員や短期入所サービス事業所が必要性を認めているだけでなく，保険者の関与も必要なのでしょうか。

A69 利用者や介護支援専門員を含む支援提供者の合意で決まります。

　検索エンジンを使って調べると，認定の有効期間の半数を超えて短期入所サービスを利用する場合，「認定有効期間の半数を超える短期入所サービス利用届出書」を事前に提出しなければならない保険者が相当あるようです。この書類はあくまで「届出書」であり「申請書」ではないので，許認可手続きが伴うことはないのでしょうが，果たして保険者の関与は必要なのでしょうか。

　短期入所生活介護および短期入所療養介護の居宅サービス計画への位置付けについて，運営基準では「介護支援専門員は，（略）利用者の心身の状況等を勘案して特に必要と認められる場合を除き，短期入所生活介護及び短期入所療養介護を利用する日数が要介護認定の有効期間のおおむね半数を超えないようにしなければならない」とあり，判断の主体は介護支援専門員であることがうかがえます。さらに解釈通知では「介護支援専門員は，短期入所サービスを位置付ける居宅サービス計画の作成に当たって，利用者にとってこれらの居宅サービスが在宅生活の維持につな

がるように十分に留意しなければならないことを明確化したものである」とあり，解釈通知からも判断の主体は介護支援専門員であることがうかがえます。同じく解釈通知には「短期入所サービスの利用日数に係る『要介護認定の有効期間のおおむね半数を超えない』という目安については，居宅サービス計画の作成過程における個々の利用者の心身の状況やその置かれている環境等の適切な評価に基づき」とされています。この「居宅サービス計画の作成過程における個々の利用者の心身の状況やその置かれている環境等の適切な評価」は介護支援専門員が実施するアセスメントによって明らかにされるものであり，通常は保険者が関与する過程ではないことから，やはり判断の主体は介護支援専門員であると考えられます。

実務においては，アセスメントの後に居宅サービス計画原案を作成し，その内容を検討するためのサービス担当者会議での合意を経て利用するサービスが決定されることから，有効期間の半数を超えた短期入所サービスの利用が必要かどうかは，利用者や介護支援専門員を含む支援提供者の合意で決まると言えるでしょう。

【参考】
指定居宅介護支援等の事業の人員及び運営に関する基準
第13条
21　介護支援専門員は，居宅サービス計画に短期入所生活介護又は短期入所療養介護を位置付ける場合にあっては，利用者の居宅における自立した日常生活の維持に十分に留意するものとし，利用者の心身の状況等を勘案して特に必要と認められる場合を除き，短期入所生活介護及び短期入所療養介護を利用する日数が要介護認定の有効期間のおおむね半数を超えないようにしなければならない。

指定居宅介護支援等の事業の人員及び運営に関する基準について
第2の3の（7）　指定居宅介護支援の基本取扱方針及び具体的取扱方針
㉑　短期入所生活介護及び短期入所療養介護の居宅サービス計画への位置付け
（第21号）
　短期入所生活介護及び短期入所療養介護（以下「短期入所サービス」という。）は，利用者の自立した日常生活の維持のために利用されるものであり，指定居宅介護支援を行う介護支援専門員は，短期入所サービスを位置付ける居宅サービス計画の作成に当たって，利用者にとってこれらの居宅サービスが在宅生活の維持につながるように十分に留意しなければならないことを明確化したものである。この場合において，短期入所サービスの利用日数に係る「要介護認定の有効期間のおおむね半数を超えない」という目安については，居宅サービス計画の作成過程における個々の利用者の心身の状況やその置かれている環境等の適切な評価に基づき，在宅生活の維持のための必要性に応じて弾力的に運用することが可能であり，要介護認定の有効期間の半数の

日数以内であるかについて機械的な適用を求めるものではない。
　従って，利用者の心身の状況及び本人，家族等の意向に照らし，この目安を超えて短期入所サービスの利用が特に必要と認められる場合においては，これを上回る日数の短期入所サービスを居宅サービス計画に位置付けることも可能である。

Q70 要介護認定の有効期間の半数を超える日数での短期入所サービスは利用できないという取り扱いは適正なの？

　先日，新規に相談を受けた利用者・Ｆさんについての相談です。Ｆさんは現在入院中で，介護者同席の下，主治医から病状説明があった時，退院の勧奨があったそうです。その次の日，当居宅介護支援事業所へ相談がありました。Ｆさんは介護者との２人暮らしで，介護者は仕事のために日中は不在になります。入院前から要介護状態であったものの，介護保険制度によるサービスを利用しなくても，日中は自宅にて一人で過ごすことができていました。しかし，今回の入院をきっかけに日中一人で過ごすことができない状態になりました。

　介護者は日曜と月曜が休みなので，「土曜の晩から火曜の朝まではＦさんを自宅で過ごさせたい」「火曜の朝にすぐ近くの短期入所生活介護事業所へ自分の車で送った後出勤し，土曜の晩に迎えに行くサイクルで介護していきたい」と希望しています。Ｆさんも「施設への入所は本意ではないが，短期入所サービスであれば構わない」と同意しており，短期入所生活介護事業所も受け入れ可能であることを確認しています。

　これは要介護認定の有効期間の半数を超える短期入所利用となることから，事前に保険者へ相談しておいた方がよいだろうと判断し，介護保険の担当者へ連絡しました。すると担当者から，「当市では，いかなる理由があろうと，要介護認定の有効期間の半数を超える短期入所サービスの利用は認めておりません。半数を超える部分については，短期入所生活介護費を算定しない方法，つまりは10割の全額自己負担で短期入所サービスを利用するのであれば，保険者として口を挟むことではないので利用可能ですが」と言われました。

　このような取り扱いは，適正なのでしょうか。

A70 法的根拠を持たない不当な取り決めである可能性があります。

　短期入所生活介護（ショートステイ）は，ゴールドプラン（高齢者保健福祉推進10カ年戦略）において，ホームヘルプサービス，デイサービスと並び「在宅3本柱」として在宅介護を推進する要（かなめ）と位置づけられ，その整備や利用の啓発が進められてきました。現在は一本化されている区分支給限度基準額ですが，介護保険制度が始まる際には，実は訪問通所支給限度基準額と短期入所支給限度基準額の2本立てでした。短期入所サービスは，要介護度に応じてその要介護認定の有効期間内で利用できる日数が決まるという，日数管理の方式であったことをご存じの方も少なくないと思います。

　しかし，支給限度基準額内のサービス利用の選択性や利便性を高める，支給限度基準額の管理方法を簡素化して分かりやすくするなどの理由から，入院日数や入所日数が少ない利用者には短期入所サービスの利用日数を割り増しする拡大措置，訪問通所支給限度基準額の短期入所サービス利用限度日数への振替措置などを経て，2002年1月から訪問通所サービスと短期入所サービスの支給限度基準額が一本化され，現在に至ります。

　このことにより，居宅介護支援の基準省令（運営基準）と解釈通知の見直しが行われ，運営基準に「介護支援専門員は，居宅サービス計画に短期入所生活介護又は短期入所療養介護を位置付ける場合にあっては，（中略）利用者の心身の状況等を勘案して特に必要と認められる場合を除き，短期入所生活介護及び短期入所療養介護を利用する日数が要介護認定の有効期間のおおむね半数を超えないようにしなければならない」との規定が盛り込まれました。さらに解釈通知では，「短期入所サービスの利用日数に係る『要介護認定の有効期間のおおむね半数を超えない』という目安については，居宅サービス計画の作成過程における個々の利用者の心身の状況やその置かれている環境等の適切な評価に基づき，在宅生活の維持のための必要性に応じて弾力的に運用することが可能であり，要介護認定の有効期間の半数の日数以内であるかについて機械的な適用を求めるものではない。従って，利用者の心身の状況及び本人，家族等の意向に照らし，この目安を超えて短期入所サービスの利用が特に必要と認められる場合においては，これを上回る日数の短期入所サービスを居宅サービス計画に位置付けることも可能である」と規定されています。

　つまり，要介護認定の有効期間のおおむね半数を超える短期入所サービスが必要かどうかは，市町村による認可制ではなく，本来はケアマネジメントに委ねられて

いるものと考えられます。要介護認定の有効期間のおおむね半数を超える日数の短期入所サービスを利用しようとする場合に，「理由書」の提出を求める市町村がありますが，このような考えから「理由書」の提出は，過剰なローカルルールである可能性があります。

前置きが長くなりましたが，「要介護認定の有効期間の半数を超える日数の短期入所サービスは利用できない（半数を超える部分は保険算定しない）」という判断が，市町村の介護保険を担当する部署，あるいは一担当者のみによるものだとしたら，法的根拠を持たない，不当な取り決めである可能性を否定できません。

介護保険法においては，地域の居宅サービスの供給量が少なく，特定の利用者が特定の居宅サービスに偏り集中的に利用した場合は，ほかの利用者が必要なサービスを利用できなくなる可能性があるため，条例により種類支給限度基準額を定めることができるとされています。この条例を定めることなく「利用できない」とするのは，介護保険制度の本来のルールを無視した，法令に則らない乱暴な取り扱いであると言っても過言ではないでしょう。

【参考】
指定居宅介護支援等の事業の人員及び運営に関する基準
第13条
21　介護支援専門員は，居宅サービス計画に短期入所生活介護又は短期入所療養介護を位置付ける場合にあっては，利用者の居宅における自立した日常生活の維持に十分に留意するものとし，利用者の心身の状況等を勘案して特に必要と認められる場合を除き，短期入所生活介護及び短期入所療養介護を利用する日数が要介護認定の有効期間のおおむね半数を超えないようにしなければならない。

指定居宅介護支援等の事業の人員及び運営に関する基準について
第2の3の（7）　指定居宅介護支援の基本取扱方針及び具体的取扱方針
㉑　短期入所生活介護及び短期入所療養介護の居宅サービス計画への位置付け（第21号）
　　短期入所生活介護及び短期入所療養介護（以下「短期入所サービス」という。）は，利用者の自立した日常生活の維持のために利用されるものであり，指定居宅介護支援を行う介護支援専門員は，短期入所サービスを位置付ける居宅サービス計画の作成に当たって，利用者にとってこれらの居宅サービスが在宅生活の維持につながるように十分に留意しなければならないことを明確化したものである。この場合において，短期入所サービスの利用日数に係る「要介護認定の有効期間のおおむね半数を超えない」という目安については，居宅サービス計画の作成過程における個々の利用者の心身の状況やその置かれている環境等の適切な評価に基づき，在宅生活の維持のための必要性に応じて弾力的に運用することが可能であり，要介

護認定の有効期間の半数の日数以内であるかについて機械的な適用を求めるものではない。従って，利用者の心身の状況及び本人，家族等の意向に照らし，この目安を超えて短期入所サービスの利用が特に必要と認められる場合においては，これを上回る日数の短期入所サービスを居宅サービス計画に位置付けることも可能である。

介護保険法
（居宅介護サービス費等に係る支給限度額）
第43条
4 　市町村は，居宅要介護被保険者が居宅サービス及び地域密着型サービスの種類（居宅サービス等区分に含まれるものであって厚生労働大臣が定めるものに限る。次項において同じ。）ごとに月を単位として厚生労働省令で定める期間において受けた一の種類の居宅サービスにつき支給する居宅介護サービス費の額の総額及び特例居宅介護サービス費の額の総額の合計額並びに一の種類の地域密着型サービスにつき支給する地域密着型介護サービス費の額の総額及び特例地域密着型介護サービス費の額の総額の合計額について，居宅介護サービス費等種類支給限度基準額を基礎として，厚生労働省令で定めるところにより算定した額の百分の九十に相当する額を超えることができないこととすることができる。

5 　前項の居宅介護サービス費等種類支給限度基準額は，居宅サービス及び地域密着型サービスの種類ごとに，同項に規定する厚生労働省令で定める期間における当該居宅サービス及び地域密着型サービスの要介護状態区分に応じた標準的な利用の態様，当該居宅サービス及び地域密着型サービスに係る第四十一条第四項各号及び第四十二条の二第二項各号の厚生労働大臣が定める基準等を勘案し，当該居宅サービス及び地域密着型サービスを含む居宅サービス等区分に係る第一項の居宅介護サービス費等区分支給限度基準額（第三項の規定に基づき条例を定めている市町村にあっては，当該条例による措置が講じられた額とする。）の範囲内において，市町村が条例で定める額とする。

運営基準等に係るＱ＆Ａ
Ｖ　居宅サービス計画

> 1 【計画的な短期入所利用を目的とした居宅サービス計画について】
> 　要介護度の高い要介護者であって，その家族が在宅生活を維持することに強い意向もあり，毎月１週間ないし10日程度自宅で生活し，月の残りの期間は計画的に短期入所サービスを利用しようとする場合，このような利用ができる居宅サービス計画の作成は可能と考えるが，どうか。

（答）
　ご質問のような事例については，短期入所サービスを居宅サービス計画に位置づけることも可能である。

Q71 介護保険の単位が一部含まれる短期入所サービスは，おおむね半数のカウントに含まれるの？

　私は，管理者が法人を設立して立ち上げた，いわゆる併設事業所を持たない独立型の居宅介護支援事業所で常勤専従職員として介護支援専門員をしています。職員体制は，管理者と私の2人です。

　地域の中に閉鎖する居宅介護支援事業所があり，そこから5人の利用者を紹介していただきました。この中の1人に，定期的にショートステイ（短期入所生活介護）を利用している要介護2の利用者がいます。その利用者は，娘との2人暮らしです。週末は3泊4日でショートステイを利用し，平日は週1回デイサービスを利用しています。

　ショートステイは，金曜日に利用を開始し，月曜日に終了します。これだと毎月，区分支給限度基準額の19,616単位を超過しますが，それでもよいとのことで，居宅サービスを利用しています。火曜日と木曜日は居宅サービスを利用せず，水曜日にデイサービスを利用しています。デイサービスとショートステイ以外の居宅サービスは利用していません。娘は事務の仕事をしていますが自宅での仕事であり，時間の融通が利きます。このため，デイサービスもショートステイも利用しない日が週に2日ありますが，仕事と介護の両立ができています。

　この利用者の要介護認定の有効期間は12カ月で，現在は9カ月が経過したところです。ひと月あたりのショートステイ利用日数は，1カ月目が17日，2カ月目が19日，これ以降は19日，17日，20日，17日，18日，19日，18日で，合計は164日です。今月のショートステイ利用日数は18日を予定しており，これを足すと182日になります。このまま利用すると，来月には認定の有効期間の半数を超えることになります。

　私が働く地域の決まり事として，認定の有効期間の半数を超える前に，「認定有効期間の半数を超える短期入所サービス利用届出書」（**資料**）を提出することになっているので，管理者にその届出書を提出する

資料　認定有効期間の半数を超える短期入所サービス利用届出書（例）

被保険者氏名			被保険者番号		
被保険者住所					
要介護状態区分	要支援　1・2　　要介護　1・2・3・4・5				
認定有効期間	令和　年　月　日～令和　年　月　日（計　日）				
認定有効期間中の短期入所サービス利用計画（実績および予定）					
利用月	月	月	月	月	月
利用日数					
利用累積日数					
利用月	月	月	月	月	月
利用日数					
利用累積日数					
必要と認められる理由（健康状態・家族状況など）および今後の方針					

　　　　　　　　　　　　　　　　　　　令和　年　月　日
○○市長
　　　居宅介護支援事業者名　＿＿＿＿＿＿＿＿
　　　事業所住所　　　　　　＿＿＿＿＿＿＿＿
　　　担当介護支援専門員氏名＿＿＿＿＿＿㊞
　　　電話番号　　　　　　　＿＿＿＿＿＿＿＿

備考	受付印

認定有効期間のおおむね半数を超えて利用する予定月の前月末までに提出してください。

ことを報告しました。その際，利用日数の計算方法の話になりました。私は，保険対象分が含まれるすべてのショートステイ利用日を積算していたのですが，管理者は，「9割が給付され1割の自己負担で利用した日だけが計算の対象となる（区分支給限度基準額が中途半端に残り，これを使った日は計算に含めない）」と言いました。しかし，「以前に何かで確認したことがあるが，何かは思い出せない」と言っており，算定基準と留意事項通知を確認してみたものの記載されていません。

　管理者が言うとおりだと，ショートステイ利用日数は1カ月目が16日，2カ月目が18日，これ以降は18日，16日，19日，16日，17日，18日，17日で，合計は155日になり，計算が違ってきます。保険給付されるショートステイの利用日数の計算方法について，何か明確な取り決めはあるのでしょうか。

A71 計算式に当てはめると，介護保険の単位が一部含まれる短期入所サービスはカウントしないことになります。

　あなたは「保険対象分が含まれるすべてのショートステイ利用日を積算する」と考えているのに対し，管理者は「9割が給付され1割の自己負担で利用した日だけが計算の対象となる（区分支給限度基準額が中途半端に残り，これを使った日は計算に含めない）」と考えています。これにより，計算する日数が違ってきています。これを計算式に当てはめて整理していきます。

　要介護2の利用者ですので，区分支給限度基準額は19,616単位，仮に1回あたりのデイサービスの利用単位を800単位，ショートステイの利用単位を900単位とします。

　ある月において，デイサービスを5日，ショートステイを18日利用したとすると，800単位×5日＋900単位×18日＝20,200単位となり，584単位が超過することになります。この際，超過した単位をデイサービスに割り振るのであれば，ショートステイの18日はすべて「9割給付，1割自己負担」となるので，質問のような疑問は生じません。

　それでは，デイサービスではなくショートステイに割り振るとしたらどうなるでしょうか。区分支給限度基準額からデイサービスの利用単位を引くと15,616単位が残ります。このうち「9割給付，1割自己負担」になるのは17日分の15,300単位で，316単位が超過します。「9割給付，1割自己負担」にはなりませんが，18日目にこの316単位を使うと，区分支給限度基準額すべてを使い切ることができま

す。そうすると，ショートステイで使う区分支給限度基準内単位数は15,616単位ということになります。問題は，この18日目をカウントするかしないかということです。

　2001年8月29日に「訪問通所サービス及び短期入所サービスの支給限度額の一本化に係るQ&A」が出され，その中で要介護認定期間の半数と比較する短期入所サービスの利用日数の計算方法が次のように示されています。

短期入所サービスの区分支給限度基準内単位数
÷短期入所の総単位数
×短期入所の総利用日数（小数点以下切り捨て）

　これに質問の利用者の単位数と日数を当てはめていくと，次のようになります。
15,616単位÷16,200単位×18日＝17.3511…

　限度内相当部分としての要介護認定期間の半数との比較に含める日数は，「17日」になることが分かります。よって，区分支給限度基準額が中途半端に残り，これを使った18日目は計算に含めないことになります。

【参考】
指定居宅介護支援等の事業の人員及び運営に関する基準
第13条
21　介護支援専門員は，居宅サービス計画に短期入所生活介護又は短期入所療養介護を位置付ける場合にあっては，利用者の居宅における自立した日常生活の維持に十分に留意するものとし，利用者の心身の状況等を勘案して特に必要と認められる場合を除き，短期入所生活介護及び短期入所療養介護を利用する日数が要介護認定の有効期間のおおむね半数を超えないようにしなければならない。

指定居宅介護支援等の事業の人員及び運営に関する基準について
第2の3の（7）　指定居宅介護支援の基本取扱方針及び具体的取扱方針
㉑　短期入所生活介護及び短期入所療養介護の居宅サービス計画への位置付け（第21号）
　短期入所生活介護及び短期入所療養介護（以下「短期入所サービス」という。）は，利用者の自立した日常生活の維持のために利用されるものであり，指定居宅介護支援を行う介護支援専門員は，短期入所サービスを位置付ける居宅サービス計画の作成に当たって，利用者にとってこれらの居宅サービスが在宅生活の維持につながるように十分に留意しなければならないことを明確化したものである。
　この場合において，短期入所サービスの利用日数に係る「要介護認定の有効期間のおおむね半数を超えない」という目安については，居宅サービス計画の作成過程における個々の利用者の心身の状況やその置かれている環境等の適切な評価に基づき，在

宅生活の維持のための必要性に応じて弾力的に運用することが可能であり、要介護認定の有効期間の半数の日数以内であるかについて機械的な適用を求めるものではない。

　従って、利用者の心身の状況及び本人、家族等の意向に照らし、この目安を超えて短期入所サービスの利用が特に必要と認められる場合においては、これを上回る日数の短期入所サービスを居宅サービス計画に位置付けることも可能である。

訪問通所サービス及び短期入所サービスの支給限度額の一本化に係るQ＆A
Ⅰ　給付管理業務関係
（１）要介護認定期間中の短期入所利用日数の確認
４【区分限度を超えて利用した短期入所の扱い】
　区分限度を超えて短期入所を行った実績がある場合、短期入所の利用日数として通算し、要介護認定期間の半数との比較に含めるか。
（答）
　区分支給限度基準額を超えて全額利用者負担で利用した短期入所の日数については、「要介護認定期間中の短期入所利用日数の確認」欄において短期入所の利用日数には含めない。限度内相当部分としての要介護認定期間の半数との比較に含める日数は以下の算式により算出する。

短期入所サービスの区分支給限度基準内単位数
÷短期入所の総単位数
×短期入所の総利用日数（小数点以下切り捨て）

Q72 ショートステイの利用途中に個室から多床室へ移った場合、その日はどちらで算定するの？

　多床室と従来型個室の両方を有する短期入所生活介護を6泊7日で利用している方がおります。予約時に多床室の利用を希望していたのですが、多床室に空きがなく、やむを得ず利用者も同意の上で従来型個室を予約しました。

　利用開始から3日目、短期入所生活介護事業所から「他の利用者に急な入院があり、多床室に空きが出ました。利用者並びにご家族へ居室の移動を確認したところ、多床室への移動のご希望がありましたので、本日から居室を変更します。利用後でも結構ですので、翌月初めまでにサービス提供票の変更をお願いします」との連絡がありました。

　従来型個室を利用するよりも多床室を利用する方が料金としては安いので、今回

の連絡はありがたいと思いました。しかし，いざサービス利用票を再作成しようとパソコンへ向かったのですが，居室を変更するその日は，従来型個室を算定してよいのか多床室を算定してよいのかわかりません。

　両方を算定することはあり得ないと思うのですが，このような場合にはどちらを算定することになるのでしょうか。

これから利用することになる居室で算定します。

　ご質問では，利用後の居室タイプの変更ということですが，ショートステイの利用率が高い地域では，予約の時点で複数タイプの居室が混在することもよくあります。

　また，多床室が好まれる理由は，多床室の方が従来型個室よりも短期入所生活介護費あるいは短期入所療養介護費が高く設定されているのですが，多床室の方が従来型個室よりも滞在費が安く設定されることから，結果として利用者の金銭的な負担は多床室の方が安くて済むところにも一因があります。

　さて，利用の途中で居室タイプが変わる場合のその日の算定についてですが，多床室から従来型個室に変更する場合には従来型個室を，その逆の場合は多床室を算定することになります。つまりは，後から利用する居室を算定します。ご質問では従来型個室から多床室への変更ですので，後から利用する「多床室」を算定することになります。

　なお，多床室から従来型個室へ変更する場合は，もしもサービス利用票とサービス提供票の再作成を行わなかった場合であっても予定単位を下回る実績単位なので返戻は生じませんが，従来型個室から多床室へ変更する場合は，予定単位を上回る実績単位ということになります。これでは返戻が生じてしまいますので注意が必要です。

> 【参考】
> **平成17年10月改定関係Q＆A（追補版）**
>
> （問1）　多床室から従来型個室など，部屋替えした場合，当日の介護報酬はどちらで算定するのか。
>
> （答）　部屋替えした日については，以降に利用する部屋の報酬で算定する。

Q73 短期入所生活介護の予約を忘れており明日から利用したいという場合も，緊急短期入所受入加算に該当するの？

　本人，息子，息子の妻の3人で暮らしている利用者を担当しています。主な介護者は息子の妻で，家庭内の家事も担っています。本人は，週3回の通所介護と隔週で2泊3日の短期入所生活介護を利用しています。居宅サービスは，2年前に退院した時から利用を開始しています。

　介護者は昔から病弱で，退院直後は通所介護を週2回利用していましたが，介護疲れが見られることから，居宅サービスの利用開始から2カ月後に，通所介護の利用頻度を週3回に変更しました。通所介護の利用を週3回に変更してからしばらくの間様子を見ていましたが，慢性的に疲れている感じがするとのことから，短期入所生活介護の利用を提案しました。

　通所介護の利用開始にあたっては，本人も了承していたため，すんなりと利用することができたのですが，短期入所生活介護の利用にあたっては，宿泊を伴うサービスであることに対し本人は消極的でした。その反面，息子の妻に介護負担をかけていることを気にしており，渋々ながら短期入所生活介護の利用に合意が得られました。当然ながら介護支援専門員としても，在宅生活を続けていくために，短期入所生活介護の利用が必要と判断しての提案です。

　まずは短期入所生活介護を体験し，どのように過ごすのかを知ってもらうことが肝心と考え，1泊2日の利用を試みました。利用2日目の退所日に短期入所生活介護事業所を訪ね，本人に利用した感想を聴いてみたところ，それまで本人が抱いていた短期入所生活介護のイメージとは違っていたようで，「また利用してみてもよい」との言葉が聞かれました。そのため，その場で介護者に電話で確認をとり，翌々週に1泊2日で短期入所生活介護を利用できるように予約しました。

　2度の短期入所生活介護の利用の後，本人と介護者を交えて利用を定期化しても問題ないか話し合い，問題ないとの結論に至りました。居宅サービス計画を1泊2日の隔週利用に変更してしばらく続けていたところ，介護者から「1泊2日では忙しない」との思いも聞いたため，本人も承諾の上で，途中から2泊3日の利用に変えて現在に至ります。

　ある日，介護者から突然電話があり「明後日から2泊3日の泊まりを予約してもらっているが，明後日の早朝から泊まりでの町内会行事があり，夫婦で家を留守にすることを忘れていた。急だが，もともとの予約に1日増やし，明日から3泊4日

で利用できないか」との相談がありました。本人も了承しており，短期入所生活介護事業所に空きがあるとのことでしたので，3泊4日の利用に変更しました。このように，短期入所生活介護の予約を忘れていて急に予約した場合でも，緊急短期入所受入加算は算定できるのでしょうか。

A73 緊急短期入所受入加算の主旨には合致せず，加算算定はできないでしょう。

　2014年度まで緊急短期入所受入加算は，緊急短期入所体制確保加算の対象となる枠（ベッド）として，利用定員の100分の5に相当する空床を確保し，緊急時に短期入所生活介護を提供できる体制を整備している短期入所生活介護事業所であることを前提として，次のような条件を満たす必要がありました。

- 介護を行う者が疾病にかかっていることその他やむを得ない理由により，介護を受けることができない者であること
- 居宅サービス計画において当該日に利用することが計画されていないこと
- 指定居宅介護支援事業所の介護支援専門員が緊急の利用を認めていること
- 緊急利用のために確保した利用定員の100分の5に相当する空床（緊急用空床）以外の利用が出来ない場合であって，緊急用空床を利用すること

　また，「緊急短期入所受入加算は利用を開始した日から起算して原則7日を限度」として算定できる加算でした（ただし，連続する3カ月間において，緊急短期入所受入加算を算定しない場合，続く3カ月間においては，緊急短期入所体制確保加算および緊急短期入所受入加算は算定できませんでした）。

　これが2015年度からは緊急短期入所体制確保加算の要件が廃止され，次のように改められました。

- 利用者の状態や家族等の事情により，介護支援専門員が，緊急に短期入所生活介護を受けることが必要と認めた者に対し，居宅サービス計画に位置付けられていない短期入所生活介護を緊急に行った場合
- 緊急短期入所受入加算として短期入所生活介護を行った日から起算して7日（利用者の日常生活上の世話を行う家族の疾病等やむを得ない事情がある場合は，14日）を限度として算定可能

　さて，隔週2泊3日の短期入所生活介護を利用している利用者について，予定利用日の前にあらかじめ予約していない1日を追加して3泊4日とする場合に緊急短期入所受入加算を算定できるかとの質問だと理解しました。理由にある「泊まりで

の町内会行事があり，夫婦で家を留守にすることを忘れていた」ことが緊急にあたるかの判断が，算定可否の分かれ目になります。

　介護者の町内会行事への参加は社会的な理由に該当し，介護者が泊まりでの町内会行事に参加することで利用者の日常生活上の世話を行えなくなることは，利用者や家屋にとっては緊急を要する事態と見ることもできます。しかし，泊まりでの町内会行事であり，事前に短期入所生活介護の利用を予約することができたのに，「単に予約を忘れていた」ことから生じた事態とも見ることができます。

　緊急とは，重大で即座に対応しなければならないことであり，算定基準（指定居宅サービスに要する費用の額の算定に関する基準）では，「利用者の日常生活上の世話を行う家族の疾病等やむを得ない事情」が例示されています。この加算の主旨は，突発的に起こった即座に対応しなければならない事態に対し，短期入所生活介護の利用で対応した場合に算定できるものであると考えられるため，短期入所生活介護の予約忘れが理由では，緊急短期入所受入加算は算定できないでしょう。

【参考】
指定居宅サービスに要する費用の額の算定に関する基準
別表　指定居宅サービス介護給付費単位数表
　8　短期入所生活介護費
注11　医師が，認知症の行動・心理症状が認められるため，在宅での生活が困難であり，緊急に指定短期入所生活介護を利用することが適当であると判断した者に対し，指定短期入所生活介護を行った場合は，利用を開始した日から起算して7日を限度として，1日につき200単位を所定単位数に加算する。
注15　別に厚生労働大臣が定める者に対し，居宅サービス計画において計画的に行うこととなっていない指定短期入所生活介護を緊急に行った場合は，緊急短期入所受入加算として当該指定短期入所生活介護を行った日から起算して7日（利用者の日常生活上の世話を行う家族の疾病等やむを得ない事情がある場合は，14日）を限度として，1日につき90単位を所定単位数に加算する。ただし，注11を算定している場合は，算定しない。

指定居宅サービスに要する費用の額の算定に関する基準（短期入所サービス及び特定施設入居者生活介護に係る部分）及び指定施設サービス等に要する費用の額の算定に関する基準の制定に伴う実施上の留意事項について
第2の2の（17）　緊急短期入所受入加算について
②「緊急利用者」とは，介護を行う者が疾病にかかっていることその他やむを得ない理由により居宅で介護を受けることができない，かつ，居宅サービス計画において当該日に利用することが計画されていない者をいう。なお，新規の利用者に限られ

るものではなく，既に当該事業所で緊急短期入所受入加算の算定実績のある利用者も算定対象となるものである。
③あらかじめ，担当する指定居宅介護支援事業所の介護支援専門員が緊急の必要性及び利用を認めていること。ただし，やむを得ない事情により，事後に介護支援専門員により当該サービス提供が必要であったと判断された場合には，加算の算定は可能である。

厚生労働大臣が定める基準に適合する利用者等
21　指定居宅サービス介護給付費単位数表の短期入所生活介護費の注15の厚生労働大臣が定める者
　利用者の状態や家族等の事情により，指定居宅介護支援事業所の介護支援専門員が，緊急に指定短期入所生活介護（指定居宅サービス等基準第120条に規定する指定短期入所生活介護をいう。第22号において同じ。）を受けることが必要と認めた者

Q74 短期入所生活介護に引き続き短期入所療養介護を利用した場合，30日を超えるかどうかはどのようにカウントするの？

　夫婦お２人で生活されている方なのですが，介護者が入院しなければならないことになりました。今月の半ばから来月の半ばにかけての４週間の入院です。退院後も１週間程度は休養してから介護を再開したいとのことで，５週間のショートステイ利用相談がありました。ショートステイの利用については，本人も同意しています。ショートステイの予約期間に応じて入院期間を決めるとのことでした。
　相談を受けて早速ショートステイ事業所に問い合わせてみたのですが，６週間も連続して利用できる事業所はなかったのですが，今月の16日から31日までは短期入所生活介護を，今月の31日から来月の19日までは短期入所療養介護を予約することができました。
　１カ所のショートステイあるいは２カ所以上であっても同じ種別のショートステイを利用した場合は30日を超えて算定できないことは知っているのですが，このように種別が違うショートステイの場合にも30日超過のルールは適用されるのでしょうか。

A74 短期入所生活介護と短期入所療養介護を合算する必要はなく，後者の利用初日を1日目としてカウントします。

　短期入所生活介護と短期入所療養介護は，短期入所という同じサービス区分ではありますが，それぞれ独立したサービス種別です。介護報酬の算定にあたっては，サービス区分ではなくサービス種別ごとにその額や注意事項を定めており，短期入所生活介護を利用している場合には，30日を超える日以降の短期入所生活介護費は算定しない，短期入所療養介護を利用している場合には，30日を超える短期入所療養介護費は算定しないとあります。

　このように，短期入所生活介護を利用している場合に30日を超えて算定できないのは短期入所生活介護費，短期入所療養介護を利用している場合に30日を超えて算定できないのは短期入所療養介護費であり，30日超過のルールは同一のサービス種別に対して適用されることがわかります。

　したがって，短期入所生活介護に引き続き利用する短期入所療養介護では30日超過のルールは適用されず，質問にある期間の今月16日から来月の19日までは，すべて短期入所生活介護費と短期入所療養介護費の算定が可能なことになります。

　なお，介護予防短期入所生活介護と短期入所生活介護，介護予防短期入所療養介護と短期入所療養介護も違うサービス種別ですので，これらを連続して算定する場合も連続しないものとして考えることができます。

【参考】
指定居宅サービスに要する費用の額の算定に関する基準
別表　指定居宅サービス介護給付費単位数表
8　短期入所生活介護費
　注17　利用者が連続して30日を超えて指定短期入所生活介護を受けている場合においては，30日を超える日以降に受けた指定短期入所生活介護については，**短期入所生活介護費は，算定しない。**

指定居宅サービスに要する費用の額の算定に関する基準
別表　指定居宅サービス介護給付費単位数表
9　短期入所療養介護費
　イ　介護老人保健施設における短期入所療養介護費
　　注15　利用者が連続して30日を超えて指定短期入所療養介護を受けている場合においては，

30日を超える日以降に受けた指定短期入所療養介護については，**介護老人保健施設における短期入所療養介護費は，算定しない。**
ロ　療養病床を有する病院における短期入所療養介護費
　注13　利用者が連続して30日を超えて指定短期入所療養介護を受けている場合においては，30日を超える日以降に受けた指定短期入所療養介護については，**病院療養病床を有する病院における短期入所療養介護費は，算定しない。**
ハ　診療所における短期入所療養介護費
　注12　利用者が連続して30日を超えて指定短期入所療養介護を受けている場合においては，30日を超える日以降に受けた指定短期入所療養介護については，**診療所における短期入所療養介護費は，算定しない。**
ニ　老人性認知症疾患療養病棟を有する病院における短期入所療養介護費
　注8　利用者が連続して30日を超えて指定短期入所療養介護を受けている場合においては，30日を超える日以降に受けた指定短期入所療養介護については，**老人性認知症疾患療養病棟を有する病院における短期入所療養介護費は，算定しない。**
ホ　介護医療院における短期入所療養介護費
　注12　利用者が連続して30日を超えて指定短期入所療養介護を受けている場合においては，30日を超える日以降に受けた指定短期入所療養介護については，**介護医療院における短期入所療養介護費は，算定しない。**

Q75　短期入所サービスで土日の送迎を実施していないため，利用者・家族が通院等乗降介助を希望されたが算定できるの？

　訪問介護，通所リハビリテーション，福祉用具貸与を利用している利用者の短期入所生活介護利用時の送迎方法について質問します。更新認定のタイミングで短期入所生活介護の利用希望があり，訪問介護，通所リハビリテーション，福祉用具貸与の各担当者に加え，短期入所生活介護の生活相談員にもサービス担当者会議へ出席いただいて協議しました。

　利用者は，介護者である妻との二人暮らしで，妻が親戚の法事のため，土曜日の昼から月曜日の遅くまで遠方へ出かけることからの利用を希望しています。このため，土曜日から火曜日までの3泊4日で短期入所生活介護を利用する予定です。利用予定の短期入所生活介護事業所は新規に開設したばかりで，現在は月曜日から金曜日まで送迎を実施していますが，土曜日と日曜日は実施していません。もうしばらくして，職員の動きに余裕が出たところで土曜日と日曜日の送迎も実施する予定

とのことです。

　本人は車いすを使用する状態にあり，つかまれば立位保持できますが，歩行はできません。通所リハビリテーション利用時は，リフト付き車両で送迎しています。妻は車を運転するものの，所有する車は軽トラックで，車いすと軽トラック座席の高低差や本人の身体動作から考えると，妻の介助で軽トラックに乗せて自宅と短期入所生活介護事業所の間を送迎するのは大変です。

　現在のところ短期入所生活介護事業所での送迎体制が整っておらず，軽トラックへの乗車時に協力してもらえる近隣の協力者はいないか，軽トラックよりもシート位置が低い乗用車で送ってくれる協力者はいないかなどを協議しました。土曜日の送迎が無理なのであれば，金曜日からの利用としてはどうかとの意見も出ました。いろいろと話をしていく中で，訪問介護のサービス提供責任者から，通院等乗降介助を利用してはどうかとの提案がありました。現在も身体介護と通院等乗降介助の訪問介護を利用しており，本人をよく知る職員が対応するメリットもあるのではないかということです。

　さまざまなアイデアが出された中で，本人も妻も「通院等乗降介助であれば最も安心できる。通院等乗降介助でお願いしたい」ということになりました。短期入所生活介護事業所の生活相談員からも，「通院等乗降介助でお願いしたい」と言われました。確かに本人や妻が言うように，これまでかかわりのある職員が対応してくれれば安心なのでしょうが，介護報酬を算定するという点から考えると，望ましい対応策なのでしょうか。

A75 特別な事情のない限り，通院等乗降介助は算定できません

　短期入所生活介護事業所において，入所や退所にあたっての送迎は必ず行わなければならないものではありませんが，利用者の利便性を考慮し，ほぼすべての短期入所生活介護事業所で送迎が行われているのが実情です。しかし，送迎を実施している事業所であれば，すべての利用者を送迎の対象にできるわけではなく，本来は，利用者の心身の状態や家族などの事情などから見て送迎を行うことが必要と認められる利用者が対象になります。

　あなたが担当する利用者の場合，「車いすを使用する状態」「つかまれば立位保持はできるが，歩行はできない」「通所リハビリテーション利用時は，リフト付き車両で送迎している」「妻が所有する車は軽トラック」ということですので，送迎を

行うことが必要と認められる利用者に該当すると考えられます。ところが，「土曜日と日曜日は送迎できる体制にない」という短期入所生活介護事業所側の要因で送迎できないとなれば話は別です。サービス担当者会議の場でさまざまな協議がなされ，「土曜日の送迎が無理なのであれば，金曜日からの利用としてはどうか」との意見が出たとのことですが，このような送迎体制に利用日を合わせることも本来であれば避けたい利用方法です。

　「通院等乗降介助により送迎する」という意見も出ていますが，留意事項通知「指定居宅サービスに要する費用の額の算定に関する基準（訪問通所サービス，居宅療養管理指導及び福祉用具貸与に係る部分）及び指定居宅介護支援に要する費用の額の算定に関する基準の制定に伴う実施上の留意事項について」の中に「当該利用者の心身の状況により当該事業所の送迎車を利用することができないなど特別な事情のない限り，短期入所サービスの送迎加算を算定することとし（通所サービスは基本単位に包括），『通院等乗降介助』は算定できない」とあります。留意事項通知では特別な事情として，利用者の心身状況による要因を挙げていますが，この特別な事情に短期入所生活介護事業所側の要因も含めるとは考えにくく，「通院等乗降介助」で対応することは難しいでしょう。

　現に，仙台市のように「送迎の体制がある短期入所生活介護の利用において，土日祝日は施設で送迎の体制がないとの理由で通院等乗降介助を位置付けている」ことに対し，「送迎の体制がある短期入所施設においては，利用者の心身の状況により施設の送迎車では対応できないなど特別事情のない限り短期入所サービスの送迎加算を算定することとし，通院等乗降介助は算定できないとされています。ご注意ください」と指摘している保険者もあります。

　このような通知や指摘があることを踏まえ，短期入所生活介護事業所と再検討する余地があるように思います。

【参考】
指定居宅サービスに要する費用の額の算定に関する基準
別表　指定居宅サービス介護給付費単位数表
8　短期入所生活介護費
注13　利用者の心身の状態，家族等の事情からみて送迎を行うことが必要と認められる利用者に対して，その居宅と指定短期入所生活介護事業所との間の送迎を行う場合は，片道につき184単位を所定単位数に加算する。
9　短期入所療養介護費
イ　介護老人保健施設における短期入所療養介護費

注12　利用者の心身の状態,家族等の事情からみて送迎を行うことが必要と認められる利用者に対して,その居宅と指定短期入所療養介護事業所との間の送迎を行う場合は,片道につき184単位を所定単位数に加算する。

指定居宅サービスに要する費用の額の算定に関する基準(訪問通所サービス,居宅療養管理指導及び福祉用具貸与に係る部分)及び指定居宅介護支援に要する費用の額の算定に関する基準の制定に伴う実施上の留意事項について
第2の2の(9)「通院等乗降介助」と通所サービス・短期入所サービスの「送迎」の区分
　通所サービス又は短期入所サービスにおいて利用者の居宅と当該事業所との間の送迎を行う場合は,当該利用者の心身の状況により当該事業所の送迎車を利用することができないなど特別な事情のない限り,短期入所サービスの送迎加算を算定することとし(通所サービスは基本単位に包括),「通院等乗降介助」は算定できない。

平成24年度指定居宅介護支援事業所・指定介護予防支援事業所集団指導資料(2013年3月13日　仙台市健康福祉局保険高齢部介護保険課)
指摘内容:居宅サービスの相互関係
　送迎の体制がある短期入所生活介護の利用において,土日祝日は施設で送迎の体制がないとの理由で通院等乗降介助を位置付けている。
参考
　送迎の体制がある短期入所施設においては,利用者の心身の状況により施設の送迎車では対応できないなど特別事情のない限り短期入所サービスの送迎加算を算定することとし,通院等乗降介助は算定できないとされています。ご注意ください。
留意事項通知
「通院等乗降介助」と通所サービス・短期入所サービスの「送迎」の区分
　通所サービスまたは短期入所サービスにおいて利用者の居宅と当該事業所との間送迎を行う場合は,利用者の心身の状況により事業所の送迎車を利用することができないなど特別な事情のない限り,短期入所サービスの送迎加算を算定することとし(通所サービスは基本単位に包括),「通院等乗降介助」は算定できない。

Q76 居宅サービス計画を交付する前の居宅サービス利用は可能なの?

　今月1日に契約した利用者についての質問です。認知症の診断を受けながらも一人で生活している82歳の利用者を担当することになりました。一人で生活しているとは言っても,娘家族が隣に住んでおり,買い物や掃除,洗濯,食事の準備,通院の付き添いなど,日常的にサポートを受けられる環境にあります。
　これまでの経過を簡単にまとめます。

＊　＊　＊

- 先月12日に，娘さんから「半年以上も外に出たがらず，通院や散髪で出かける以外は家の中で過ごしている。何をするわけでもなくボーッとして一日が過ぎ，物忘れが気になるようにもなってきた。身体を動かす機会もほとんどなく，このままでは，物忘れが進行したり，足腰が弱くなって転んだりするのではないかと心配」との相談あり。
- 翌13日に娘さんのお宅を訪問し，さらに詳しく話を伺う。本人は，昔は個人商店を営んでおり人付き合いには慣れていること，身体を動かすことや頭を働かせることの必要性，風呂にも満足には入っていないことが確認され，デイサービスセンターの利用が適当との結論になり，まずは娘さんが3・4カ所のデイサービスセンターを見学してみることになる。見学するにあたり，デイサービスセンターのパンフレットを渡して特徴を伝える。
- 同月29日に見学した結果の電話連絡あり。3日後に訪問してほしいとの希望で，午前10時00分での訪問を約束する。
- 今月1日，訪問して見学結果について話を伺う。「利用者を預かることがメインではなく，活動プログラムが充実しており，職員も活気があって認知症予防にも効果が期待できそうな事業所（Sデイサービスセンター）が1カ所あったので，利用するならそこにしたい」とのことであった。娘さんの案内で本人宅へ伺い，デイサービスの利用について話し，本人の同意を得る。居宅介護支援の開始についても同意を得られたため，契約を締結する。介護支援専門員業務の都合や本人および家族，Sデイサービスセンター担当者の都合を調整した結果，サービス担当者会議の開催を今月5日と設定したが，娘さんからは「本人の気持ちが変わらないうちに，できれば明後日の今月3日からサービス利用を開始したい」との希望があった。

＊　＊　＊

本来であれば，居宅サービス計画の原案を作成した後にサービス担当者会議を開催し，通所介護計画も作成された上でサービス提供が開始されることは理解しています。しかし，本人はデイサービスの利用について同意していますし，娘さんの「本人の気持ちが変わらないうちに，できれば明後日の今月3日からサービス利用を開始したい」との気持ちも分かります。利用開始に向けた具体的な準備としては，娘さんが希望する今月3日の前までに居宅サービス計画の原案を作成して，本人や家族，Sデイサービスセンターの担当者へ渡すことは可能です。担当者は，「今月3日からでも利用は可能です」と言っています。

本人のことを考えても，気持ちが変わらないうちにデイサービスの利用開始に結び付けた方がよいと思うのですが，利用開始後のサービス担当者会議の開催となっても差し支えないでしょうか。

A76 原則としては運営基準に規定されている順番での業務が求められますが，例外も認められています。

　居宅介護支援事業所の介護支援専門員が行うべき業務手順は，運営基準の第13条に列挙してあり，順に，課題分析，居宅サービス計画原案の作成，サービス担当者会議の開催，居宅サービス計画原案の説明と同意，居宅サービス計画の交付，担当者に対する個別サービス計画の提出依頼となっています。これが原則ですが，解釈通知によれば「利用者の課題分析（第6号）から担当者に対する個別サービス計画の提出依頼（第12号）に掲げる一連の業務については，基準第1条に掲げる基本方針を達成するために必要となる業務を列記したものであり，基本的にはこのプロセスに応じてすすめるべきものであるが，緊急的なサービス利用等やむを得ない場合や，効果的・効率的に行うことを前提とするものであれば，業務の順序について拘束するものではない」とされていることから，効果的あるいは効率的である場合は業務の順序が変わることも認められています。

　今回の相談の経過から考えると，介護支援専門員は「気持ちが変わらないうちにデイサービスの利用開始に結び付けた方がよい」との見解であり，本人や家族もデイサービスの利用に同意しています。時間を置くことで本人の気持ちが変わり，心身状況の維持または改善に有効と考えたデイサービスを利用しなくなる状況が想定され，早急なデイサービスの利用が効果的との判断であるならば，業務の順序が変わることについて否定されるものではありません。

　日数がない中での業務になりますが，「居宅サービス計画の原案を作成して本人や家族，Sデイサービスセンターの担当者へ渡すことは可能」とのことですから，デイサービスの初回利用までに利用者情報と居宅サービス計画の原案を提供し，できることなら，通所介護計画を作成していただいた上でサービス提供されることが望ましいと考えます。その後に予定どおりサービス担当者会議を開催して，正式に居宅サービス計画の原案への同意を得て，これを利用者やサービス担当者へ交付することで差し支えないでしょう。

　なお，居宅サービス計画の作成年月日がデイサービスの初回利用前に原案を渡し

た日付になるのかサービス担当者会議の開催日以降になるのか疑問が残るところでしょうが，サービス担当者会議とは居宅サービス計画の原案を検討する場であることから，作成年月日は後者の日付になると考えます。

【参考】
指定居宅介護支援等の事業の人員及び運営に関する基準
第13条

6 介護支援専門員は，居宅サービス計画の作成に当たっては，適切な方法により，利用者について，その有する能力，既に提供を受けている指定居宅サービス等のその置かれている環境等の評価を通じて利用者が現に抱える問題点を明らかにし，利用者が自立した日常生活を営むことができるように支援する上で解決すべき課題を把握しなければならない。

7 介護支援専門員は，前号に規定する解決すべき課題の把握（以下「アセスメント」という。）に当たっては，利用者の居宅を訪問し，利用者及びその家族に面接して行わなければならない。この場合において，介護支援専門員は，面接の趣旨を利用者及びその家族に対して十分に説明し，理解を得なければならない。

8 介護支援専門員は，利用者の希望及び利用者についてのアセスメントの結果に基づき，利用者の家族の希望及び当該地域における指定居宅サービス等が提供される体制を勘案して，当該アセスメントにより把握された解決すべき課題に対応するための最も適切なサービスの組合せについて検討し，利用者及びその家族の生活に対する意向，総合的な援助の方針，生活全般の解決すべき課題，提供されるサービスの目標及びその達成時期，サービスの種類，内容及び利用料並びにサービスを提供する上での留意事項等を記載した居宅サービス計画の原案を作成しなければならない。

9 介護支援専門員は，サービス担当者会議（介護支援専門員が居宅サービス計画の作成のために，利用者及びその家族の参加を基本としつつ，居宅サービス計画の原案に位置付けた指定居宅サービス等の担当者（以下この条において「担当者」という。）を召集して行う会議をいう。以下同じ。）の開催により，利用者の状況等に関する情報を担当者と共有するとともに，当該居宅サービス計画の原案の内容について，担当者から，専門的な見地からの意見を求めるものとする。ただし，利用者（末期の悪性腫瘍の患者に限る。）の心身の状況等により，主治の医師又は歯科医師（以下この条において「主治の医師等」という。）の意見を勘案して必要と認める場合その他のやむを得ない理由がある場合については，担当者に対する照会等により意見を求めることができるものとする。

10 介護支援専門員は，居宅サービス計画の原案に位置付けた指定居宅サービス等について，保険給付の対象となるかどうかを区分した上で，当該居宅サービス計画の原案の内容について利用者又はその家族に対して説明し，文書により利用者の同意を得なければならない。

11　介護支援専門員は，居宅サービス計画を作成した際には，当該居宅サービス計画を利用者及び担当者に交付しなければならない。

12　介護支援専門員は，居宅サービス計画に位置付けた指定居宅サービス事業者等に対して，訪問介護計画（指定居宅サービス等の事業の人員，設備及び運営に関する基準（平成11年厚生省令第37号。以下「指定居宅サービス等基準」という。）第24条第1項に規定する訪問介護計画をいう。）等指定居宅サービス等基準において位置付けられている計画の提出を求めるものとする。

指定居宅介護支援等の事業の人員及び運営に関する基準について

第2の3の（7）　指定居宅介護支援の基本取扱方針及び具体的取扱方針

　　基準第13条は，利用者の課題分析，サービス担当者会議の開催，居宅サービス計画の作成，居宅サービス計画の実施状況の把握などの居宅介護支援を構成する一連の業務のあり方及び当該業務を行う介護支援専門員の責務を明らかにしたものである。

　　なお，利用者の課題分析（第6号）から担当者に対する個別サービス計画の提出依頼（第12号）に掲げる一連の業務については，基準第1条の2に掲げる基本方針を達成するために必要となる業務を列記したものであり，基本的にはこのプロセスに応じて進めるべきものであるが，緊急的なサービス利用等やむを得ない場合や，効果的・効率的に行うことを前提とするものであれば，業務の順序について拘束するものではない。ただし，その場合にあっても，それぞれ位置付けられた個々の業務は，事後的に可及的速やかに実施し，その結果に基づいて必要に応じて居宅サービス計画を見直すなど，適切に対応しなければならない。

モニタリング

Q77 モニタリングではどのような事柄を把握しなければならないの？

介護支援専門員の業務として、運営基準に規定してあるように、毎月居宅を訪問して利用者と面接し、モニタリングを行わなければならないこと、その結果を記録しておかなければならないこと、これらが行われていない場合には運営基準減算の適用を受けることは理解しています。

居宅サービス計画の実施状況を把握することがモニタリングであることもわかるのですが、運営基準や解釈通知では、具体的にどのような事柄を把握しなければならないのかがよくわかりません。

現在は、訪問面接時にサービス利用票で予定したとおりに居宅サービスを利用しているかどうか、利用していない場合にはなぜなのか、その理由の確認を行っています。また、翌月のサービス利用票を作成するにあたり、意向の変化はないかという確認もしています。

計画の実施状況の把握というと、この程度のことしか思い浮かばないのですが、現在のモニタリングのやり方で大丈夫でしょうか。

A77 「居宅サービス計画書記載要領」に詳しい記載があります。

運営基準や解釈通知には、「居宅サービス計画の実施状況の把握を行い」とあるものの、モニタリングの具体的な事柄については規定されていないため、何を把握すればよいのかよくわからないのも無理はありません。

具体的な事柄については、「介護サービス計画書の様式及び課題分析標準項目の提示について」に記載があり、これにより、モニタリングでは何を把握すればよいのかが明らかにされています。「居宅サービス計画書記載要領」の「第5表：居宅介護支援経過」を見ると、「モニタリングを通じて把握した、利用者やその家族の意向・満足度等、目標の達成度、事業者との調整内容、居宅サービス計画の変更の必要性等について記載する」とあることから、これらの事柄をモニタリングで把握する必要があることがわかります。

なお、訪問時に利用者との面接で把握した事柄以外にも、例えば、「翌月よりサー

ビスの利用回数の増加を希望しています」「最近は自ら進んでレクリエーションに参加するなど，積極的に動く様子が見られるようになってきています」というような居宅サービス事業所からの連絡事項も貴重なモニタリング情報ですので，これもしっかりと記録するようにしましょう。

また，目標の達成度の把握については，目標の終了時期までにある程度期間がある場合には，達成に向けた進捗状況を，終了時期にあっては達成したかどうかを評価することになると考えられます。この評価は，訪問時に利用者との面談で把握してもよいのですが，「居宅サービス計画書（2）」において，目標の達成に有効なサービス内容を担う機関として，「サービス種別」および「事業所」を選定しているわけですから，月1回以上の居宅訪問による面接に加え，居宅サービス事業所に評価を依頼するのも，モニタリングの方法としては有効でしょう。

【参考】
介護サービス計画書の様式及び課題分析標準項目の提示について
別紙1：居宅サービス計画書標準様式及び記載要領
2．第2表：「居宅サービス計画書（2）」
⑥「サービス種別」
　「サービス内容」及びその提供方針を適切に実行することができる居宅サービス事業者等を選定し，具体的な「サービス種別」及び当該サービス提供を行う「事業所名」を記載する。
　家族が担う介護部分についても，誰が行うのかを明記する。
5．第5表：「居宅介護支援経過」
　いわゆるモニタリングを通じて把握した，利用者やその家族の意向・満足度等，目標の達成度，事業者との調整内容，居宅サービス計画の変更の必要性等について記載する。
　漫然と記載するのではなく，項目毎に整理して記載するように努める。

Q78 モニタリングは，家族とも毎月面接していないと指導の対象になるの？

　私は，介護予防支援事業所（地域包括支援センター）から要支援者に対する介護予防ケアマネジメントを受託している居宅介護支援事業所に勤務しています。研修で「居宅介護支援の場合，モニタリングは，介護予防支援とは違い毎月自宅を訪問して実施しなければならない。これを守っていない場合は，減算が適用されるとの基準になっている」と教わったため，必ず毎月自宅を訪問してモニタリン

グを行うようにしています。しかし，私が担当している利用者の中には，家族が就労しているため，事業所の通常の営業時間内にはなかなか会うことができない人が何人かいます。

　モニタリングの面接のあり方として，家族と同居している利用者の場合，毎月のモニタリングを行う際に，本人との面接のみでよいのかどうか半信半疑だったため，市区町村の介護保険担当窓口へ問い合わせたところ，「モニタリングは，ご家族との継続的な連絡も含むものであるため，毎月のモニタリングの際はご家族ともお会いして情報を得ることが必要です。これを行っていない場合は指導の対象になり，運営基準減算が適用になる可能性があります」と言われました。

　家族との面接ができていない利用者の中には，夕方に訪問すると，本人のほかに小学生や就学前の孫，ひ孫が在宅している人もいるのですが，小学生の孫との面接を実施したところで，これがモニタリングのあり方として適当とは思えません。かといって，営業時間外や休業日の訪問が多くなるのは，自分への負担が大きすぎます。

　家族との面接が行えない場合，減算として請求した方がよいのでしょうか。

A78 「家族とも毎月面接しなければならない」という規定はありません。

　毎月のモニタリングにあたり，収集する情報の多さやその内容などを考えれば，本人だけではなく，家族とも面接する方が望ましいといえます。しかし，仕事をしている家族にしてみれば，毎月の介護支援専門員の訪問に合わせて時間を取るのは大変なことだと思います。また，家族の都合に合わせて，介護支援専門員に営業時間外や休業日の訪問が増えるのであれば，これも大変なことだと思います。

　家族との面接について，そもそも基準においてどのような取り扱いになっているかといえば，「連絡を継続的に行うこと」とされてはいるものの，1月に1回の面接までは必須とされていません。指定居宅介護支援等の事業の人員及び運営に関する基準に，「少なくとも1月に1回，利用者の居宅を訪問し，利用者に面接すること」とあるように，1月に1回以上の面接を必須とするのは利用者のみです。

　このことから，「毎月のモニタリングの際に，ご家族ともお会いして情報を得ることが必要」という介護保険担当窓口の回答は誤りであり，指導の対象にはならないということになります。しかし，「モニタリングは，家族との継続的な連絡も含むものである」との部分については同感です。

　また，居宅サービス事業所との連絡もモニタリングに含まれる事柄なので，利用

者との面接や電話での会話などだけではなく，家族や事業所との連絡についてもしっかりと記録しておくように心がけましょう。

【参考】
指定居宅介護支援等の事業の人員及び運営に関する基準
（指定居宅介護支援の具体的取扱方針）
第13条
13　介護支援専門員は，居宅サービス計画の作成後，居宅サービス計画の実施状況の把握（利用者についての継続的なアセスメントを含む。）を行い，必要に応じて居宅サービス計画の変更，指定居宅サービス事業者等との連絡調整その他の便宜の提供を行うものとする。
13の2　［略］
14　介護支援専門員は，前号に規定する実施状況の把握（以下「モニタリング」という。）に当たっては，利用者及びその家族，指定居宅サービス事業者等との連絡を継続的に行うこととし，特段の事情のない限り，次に定めるところにより行わなければならない。
　イ　少なくとも1月に1回，利用者の居宅を訪問し，利用者に面接すること。
　ロ　少なくとも1月に1回，モニタリングの結果を記録すること。

指定居宅介護支援等の事業の人員及び運営に関する基準について
第2の3の（7）　指定居宅介護支援の基本取扱方針及び具体的取扱方針
⑬　居宅サービス計画の実施状況等の把握及び評価等（第13号・第13号の2）
　　指定居宅介護支援においては，利用者の有する解決すべき課題に即した適切なサービスを組み合わせて利用者に提供し続けることが重要である。このために介護支援専門員は，利用者の解決すべき課題の変化に留意することが重要であり，居宅サービス計画の作成後，居宅サービス計画の実施状況の把握（利用者についての継続的なアセスメントを含む。以下「モニタリング」という。）を行い，利用者の解決すべき課題の変化が認められる場合等必要に応じて居宅サービス計画の変更，指定居宅サービス事業者等との連絡調整その他の便宜の提供を行うものとする。
　　なお，利用者の解決すべき課題の変化は，利用者に直接サービスを提供する指定居宅サービス事業者等により把握されることも多いことから，介護支援専門員は，当該指定居宅サービス事業者等のサービス担当者と緊密な連携を図り，利用者の解決すべき課題の変化が認められる場合には，円滑に連絡が行われる体制の整備に努めなければならない。
　　［略］
⑭　モニタリングの実施（第14号）
　　介護支援専門員は，モニタリングに当たっては，居宅サービス計画の作成後においても，利用者及びその家族，主治の医師，指定居宅サービス事業者等との連絡を継続的に行うこととし，当該指定居宅サービス事業者等の担当者との連携により，モニタリングが行われている場合においても，特段の事情のない限り，少なくとも1月に1回は利用者の居宅で面接を行い，かつ，少なくとも1月に1回はモニタリングの結果を記録することが必要である。
　　また，「特段の事情」とは，利用者の事情により，利用者の居宅を訪問し，利用者に面接することができない場合を主として指すものであり，介護支援専門員に起因する事情は含まれない。さらに，当該特段の事情がある場合については，その具体的な内容を記録しておくことが必要である。

なお，基準第29条第2項の規定に基づき，モニタリングの結果の記録は，2年間保存しなければならない。

指定居宅介護支援に要する費用の額の算定に関する基準
別表　指定居宅介護支援給付費単位数表
居宅介護支援費
注2　別に厚生労働大臣が定める基準に該当する場合には，運営基準減算として，所定単位数の100分の50に相当する単位数を算定する。また，運営基準減算が2月以上継続している場合には，所定単位数は算定しない。

指定居宅サービスに要する費用の額の算定に関する基準
（訪問通所サービス，居宅療養管理指導及び福祉用具貸与に係る部分）
及び指定居宅介護支援に要する費用の額の算定に関する
基準の制定に伴う実施上の留意事項について
第3の6の（3）　居宅サービス計画の作成後，居宅サービス計画の実施状況の把握（以下「モニタリング」という。）に当たっては，次の場合に減算されるものであること。
① 　当該事業所の介護支援専門員が1月に利用者の居宅を訪問し，利用者に面接していない場合には，特段の事情のない限り，その月から当該状態が解消されるに至った月の前月まで減算する。
② 　当該事業所の介護支援専門員がモニタリングの結果を記録していない状態が1月以上継続する場合には，特段の事情のない限り，その月から当該状態が解消されるに至った月の前月まで減算する。

厚生労働大臣が定める基準
82　居宅介護支援費における運営基準減算の基準
　　指定居宅介護支援等の事業の人員及び運営に関する基準第4条第2項並びに第13条第7号，第9号から第11号まで，第14号及び第15号（これらの規定を同条第16号において準用する場合を含む。）に定める規定に適合していないこと。

Q79 再アセスメントを行った月は，モニタリングを行わなくても減算にならないの？

　先日，市が主催する居宅介護支援事業所の介護支援専門員向けの研修に参加したのですが，グループでの情報交換の時間があり，モニタリングのことが話題に上りました。私が入ったグループは全員で6人おり，「毎月のモニタリングは居宅を訪問して実施しているか」「訪問した際には利用者と面接しているか」「訪問の結果は毎月必ず記録に残しているか」といったことについては，6人全員が

「行っている」との結果でした。

　しかし，再アセスメントを行った月にモニタリングも行っているかとの話題では，私を含む5人は「再アセスメント実施日とは異なる日にモニタリングを行っている」のに対し，1人は「再アセスメントではモニタリング以上の事柄を把握することになるので，再アセスメントを行った月は改めてモニタリングは行っていない」とのことでした。この話を聞いた時，グループ内ではざわめきが起こりましたが，「なるほどね。そういう考え方もできるよね」と，納得した様子のメンバーもいて，正直驚きました。

　現在の居宅介護支援の基準では，モニタリングにあたっては「少なくとも1月に1回，利用者の居宅を訪問し，利用者に面接すること」「少なくとも1月に1回，モニタリングの結果を記録すること」とされ，これが適切に行われていない場合には運営基準減算が適用されることになっています。再アセスメントを行った月はモニタリングを行わなくても減算にはならないという考え方は，「あり」なのでしょうか。

A79 居宅サービス計画の実施状況の把握（モニタリング）には，継続的なアセスメントも含まれます。

　新規に居宅介護支援の依頼を受け，利用者への支援が始まると，少なくとも1カ月に1回は利用者の居宅を訪問し利用者に面接すること，そしてこの結果を記録することが義務づけられています。もしもこれらを行わなかった場合には，運営基準減算が適用されるばかりでなく，都道府県知事による指導があってもなおこれに従わなかった場合には事業所指定の取り消しといった厳重処分もあり得るほどの，重大な業務の一つがモニタリングなのです。

　さて，研修会に「再アセスメントを行った月は改めてモニタリングは行っていない」という参加者がいたとのことですが，運営基準に照らすと，このようなやり方で問題はありません。

　運営基準の第13条第14号では「前号に規定する実施状況の把握」がモニタリングであると定義しています。「前号に規定する実施状況の把握」とは何かといえば，第13号に「居宅サービス計画の実施状況の把握（利用者についての継続的なアセスメントを含む。）」とあります。つまりは「再アセスメントを通じて居宅サービス計画の実施状況の把握（＝モニタリング）を行うことも想定される」ということになります。

ただし，運営基準の第13条第7号では「前号に規定する解決すべき課題の把握」がアセスメントであると定義されており，前号の第6号に「利用者が自立した日常生活を営むことができるように支援する上で解決すべき課題を把握しなければならない。」とあります。

　このことから，アセスメントとは「利用者が自立した日常生活を営むことができるように支援する上での解決すべき課題の把握」であり，モニタリングの定義である「居宅サービス計画の実施状況の把握」とは本来異なることがわかります。また，「介護サービス計画書の様式及び課題分析標準項目の提示について」にある「居宅サービス計画書標準様式及び記載要領」の第5表「居宅介護支援経過」を見ると，モニタリングではどのようなことを把握するのかが読み取れます。

　効率的な居宅介護支援業務の実施という観点からいっても，再アセスメントとモニタリングを異なる日に行うのは非効率的ですので，これらを同時に行うことはむしろ望ましいといえます。

　なお，アセスメントの実施記録だけでモニタリングの実施記録がないとの指導を受けるのではないかと心配でしたら，アセスメントの実施記録とは別立てにして，モニタリングの実施記録も残しておくようにすればよいでしょう。

【参考】
指定居宅介護支援等の事業の人員及び運営に関する基準（指定居宅介護支援の具体的取扱方針）
第13条
6　介護支援専門員は，居宅サービス計画の作成に当たっては，適切な方法により，利用者について，その有する能力，既に提供を受けている指定居宅サービス等のその置かれている環境等の評価を通じて利用者が現に抱える問題点を明らかにし，利用者が自立した日常生活を営むことができるように支援する上で解決すべき課題を把握しなければならない。
7　介護支援専門員は，前号に規定する解決すべき課題の把握（以下「アセスメント」という。）に当たっては，利用者の居宅を訪問し，利用者及びその家族に面接して行わなければならない。この場合において，介護支援専門員は，面接の趣旨を利用者及びその家族に対して十分に説明し，理解を得なければならない。
13　介護支援専門員は，居宅サービス計画の作成後，居宅サービス計画の実施状況の把握（利用者についての**継続的なアセスメントを含む。**）を行い，必要に応じて居宅サービス計画の変更，指定居宅サービス事業者等との連絡調整その他の便宜の提供を行うものとする。
13の2　[略]
14　介護支援専門員は，前号に規定する実施状況の把握（以下「モニタリング」という。）に当たっては，利用者及びその家族，指定居宅サービス事業者等との連絡を継続的に行うこととし，特段の事情のない限り，次に定めるところにより行わなければならない。

イ　少なくとも１月に１回，利用者の居宅を訪問し，利用者に面接すること。
　ロ　少なくとも１月に１回，モニタリングの結果を記録すること。

指定居宅介護支援等の事業の人員及び運営に関する基準について
第２の３の（７）指定居宅介護支援の基本取扱方針及び具体的取扱方針
⑥　課題分析の実施（基準第13条第６号）
　　居宅サービス計画は，個々の利用者の特性に応じて作成されることが重要である。このため介護支援専門員は，居宅サービス計画の作成に先立ち利用者の課題分析を行うこととなる。
　　課題分析とは，利用者の有する日常生活上の能力や利用者が既に提供を受けている指定居宅サービスや介護者の状況等の利用者を取り巻く環境等の評価を通じて利用者が生活の質を維持・向上させていく上で生じている問題点を明らかにし，利用者が自立した日常生活を営むことができるように支援する上で解決すべき課題を把握することであり，利用者の生活全般についてその状態を十分把握することが重要である。
　　なお，当該課題分析は，介護支援専門員の個人的な考え方や手法のみによって行われてはならず，利用者の課題を客観的に抽出するための手法として合理的なものと認められる適切な方法を用いなければならないものであるが，この課題分析の方式については，別途通知するところによるものである。
⑦　課題分析における留意点（第７号）
　　介護支援専門員は，解決すべき課題の把握（以下「アセスメント」という。）に当たっては，利用者が入院中であることなど物理的な理由がある場合を除き必ず利用者の居宅を訪問し，利用者及びその家族に面接して行わなければならない。この場合において，利用者やその家族との間の信頼関係，協働関係の構築が重要であり，介護支援専門員は，面接の趣旨を利用者及びその家族に対して十分に説明し，理解を得なければならない。なお，このため，介護支援専門員は面接技法等の研鑽に努めることが重要である。
　　また，当該アセスメントの結果について記録するとともに，基準第29条第２項の規定に基づき，当該記録は，２年間保存しなければならない。
⑬　居宅サービス計画の実施状況等の把握及び評価等（第13号・第13号の２）
　　指定居宅介護支援においては，利用者の有する解決すべき課題に即した適切なサービスを組み合わせて利用者に提供し続けることが重要である。このために介護支援専門員は，利用者の解決すべき課題の変化に留意することが重要であり，居宅サービス計画の作成後，居宅サービス計画の実施状況の把握（利用者についての継続的なアセスメントを含む。以下「モニタリング」という。）を行い，利用者の解決すべき課題の変化が認められる場合等必要に応じて居宅サービス計画の変更，指定居宅サービス事業者等との連絡調整その他の便宜の提供を行うものとする。
　　なお，利用者の解決すべき課題の変化は，利用者に直接サービスを提供する指定居宅サービス事業者等により把握されることも多いことから，介護支援専門員は，当該指定居宅サービス事業者等のサービス担当者と緊密な連携を図り，利用者の解決すべき課題の変化が認められる場合には，円滑に連絡が行われる体制の整備に努めなければならない。
　　［略］

⑭ モニタリングの実施(第14号)
　介護支援専門員は，モニタリングに当たっては，居宅サービス計画の作成後においても，利用者及びその家族，主治の医師，指定居宅サービス事業者等との連絡を継続的に行うこととし，当該指定居宅サービス事業者等の担当者との連携により，モニタリングが行われている場合においても，特段の事情のない限り，少なくとも1月に1回は利用者の居宅で面接を行い，かつ，少なくとも1月に1回はモニタリングの結果を記録することが必要である。
　また，「特段の事情」とは，利用者の事情により，利用者の居宅を訪問し，利用者に面接することができない場合を主として指すものであり，介護支援専門員に起因する事情は含まれない。さらに，当該特段の事情がある場合については，その具体的な内容を記録しておくことが必要である。
　なお，基準第29条第2項の規定に基づき，モニタリングの結果の記録は，2年間保存しなければならない。

介護サービス計画書の様式及び課題分析標準項目の提示について（居宅サービス計画書記載要領）
5　第5表：「居宅介護支援経過」
　モニタリングを通じて把握した，利用者やその家族の意向・満足度等，目標の達成度，事業者との調整内容，居宅サービス計画の変更の必要性等について記載する。
　漫然と記載するのではなく，項目毎に整理して記載するように努める。

Q80 連続してショートステイを利用し，居宅を訪問してのモニタリングができない利用者は減算が適用になるの？

　ご家族の事情により3カ月にまたがってショートステイを利用した方がいます。自営業で特に忙しい時期のための利用で，暦では3カ月にまたがっているのですが，入所は月の下旬，退所は月の中旬で，実際には55日間の利用でした。
　1カ月目（入所月）と3カ月目（退所月）は居宅を訪問してのモニタリングを実施したのですが，2カ月目については，居宅を訪問してご家族へのサービス利用票の交付は行ったものの，月の初日から末日まで連続してショートステイを利用していたため，居宅でのモニタリングはできませんでした。しかし，まったく本人とお会いしないのも無責任だと思い，ショートステイ事業所を訪問し，従業員から利用中の様子の情報を収集するとともに，ショートステイの居室で本人との面接は行いました。
　このように，月の初日から末日まで居宅に帰ることなくショートステイを利用している方だと，居宅でお会いしてのモニタリングは不可能なわけですが，やはりこのような場合でも運営基準減算が適用されるのでしょうか。

A80 「特段の事情」がある場合には運営基準減算は適用されません。

　適正な事業運営の原則は「少なくとも１月に１回，利用者の居宅を訪問し，利用者に面接すること」ですが，原則どおりにモニタリングができなかったとしても，即座に運営基準減算が適用されるものではありません。利用者の事情により居宅での利用者との面接ができない場合には，例外的にこの減算は適用されないことになっています。

　ご質問の利用者の場合は，介護支援専門員に起因する事情ではなく，「自営業で特に忙しい時期のため」という利用者側の事情でショートステイを利用しており，このことで居宅を訪問しての利用者との面接ができなかったわけですから，「特段の事情」に該当するものと考えてよいでしょう。そして，この「特段の事情」の具体的な内容を記録しておくことで減算なしに居宅介護支援費を請求できるのです。

　ただし，「特段の事情」に該当するからといって何もしなくてよいかといえばそうではなく，やはりあなたが行ったように，ショートステイ事業所を訪問して従業員から利用中の話を聞く，実際に利用者とお会いして変化がないかを確認するなど，居宅以外の場であってもモニタリングを行うのが望ましい業務の在り方だといえるでしょう。

【参考】
指定居宅介護支援等の事業の人員及び運営に関する基準
第13条
14　介護支援専門員は，前号に規定する実施状況の把握（以下「モニタリング」という。）に当たっては，利用者及びその家族，指定居宅サービス事業者等との連絡を継続的に行うこととし，特段の事情のない限り，次に定めるところにより行わなければならない。
　イ　少なくとも１月に１回，利用者の居宅を訪問し，利用者に面接すること。
　ロ　少なくとも１月に１回，モニタリングの結果を記録すること。

指定居宅介護支援等の事業の人員及び運営に関する基準について
第２の３の（7）　指定居宅介護支援の基本取扱方針及び具体的取扱方針
⑭　モニタリングの実施（第14号）
　　介護支援専門員は，モニタリングに当たっては，居宅サービス計画の作成後においても，利用者及びその家族，主治の医師，指定居宅サービス事業者等との連絡を継続的に行うこととし，当該指定居宅サービス事業者等の担当

者との連携により，モニタリングが行われている場合においても，特段の事情のない限り，少なくとも１月に１回は利用者の居宅で面接を行い，かつ，少なくとも１月に１回はモニタリングの結果を記録することが必要である。

　また，「特段の事情」とは，利用者の事情により，利用者の居宅を訪問し，利用者に面接することができない場合を主として指すものであり，介護支援専門員に起因する事情は含まれない。さらに，当該特段の事情がある場合については，その具体的な内容を記録しておくことが必要である。

　なお，基準第29条第２項の規定に基づき，モニタリングの結果の記録は，２年間保存しなければならない。

指定居宅介護支援に要する費用の額の算定に関する基準

別表　指定居宅介護支援介護給付費単位数表

居宅介護支援費

注２　別に厚生労働大臣が定める基準に該当する場合には，運営基準減算として，所定単位数の100分の50に相当する単位数を算定する。また，運営基準減算が２月以上継続している場合には，所定単位数は算定しない。

厚生労働大臣が定める基準

82　居宅介護支援費における運営基準減算の基準

　　指定居宅介護支援等の事業の人員及び運営に関する基準第４条第２項並びに第13条第７号，第９号から第11号まで，第14号及び第15号（これらの規定を同条第16号において準用する場合を含む。）に定める規定に適合していないこと。

指定居宅サービスに要する費用の額の算定に関する基準（訪問通所サービス，居宅療養管理指導及び福祉用具貸与に係る部分）及び指定居宅介護支援に要する費用の額の算定に関する基準の制定に伴う実施上の留意事項について

第３の６　居宅介護支援の業務が適切に行われない場合

（３）居宅サービス計画の作成後，居宅サービス計画の実施状況の把握（以下「モニタリング」という。）に当たっては，次の場合に減算されるものであること。

① 当該事業所の介護支援専門員が１月に利用者の居宅を訪問し，利用者に面接していない場合には，特段の事情のない限り，その月から当該状態が解消されるに至った月の前月まで減算する。

② 当該事業所の介護支援専門員がモニタリングの結果を記録していない状態が１月以上継続する場合には，特段の事情のない限り，その月から当該状態が解消されるに至った月の前月まで減算する。

Q81 サービス利用を開始する月にモニタリングできなければ減算なの？

1カ月前に病院の医療ソーシャルワーカーから新規利用者を紹介され，今は，病院を訪問し家族と担当看護師の同席をいただいた上でアセスメントを行い，居宅サービス計画の原案を作成している段階です。

現在，医療ソーシャルワーカーと退院に向けて調整している話の中で，家族の希望もあり退院は今月の末日になりそうだとの情報がありました。本人は1日でも早く退院することを望んでいるのですが，家族は特に下旬が忙しくなる仕事をしており，それでも末日でよければ何とか時間をつくるとのことで，末日の退院で調整しているとのことでした。居宅サービス計画の原案に位置づけた居宅サービスは通所リハビリテーションと福祉用具貸与で，通所リハビリテーションは退院の翌月から，福祉用具貸与は退院したその日からの利用を考えています。

タイミングが悪いことに，退院予定日から私は県外への2日間の出張予定が入っており，サービス利用を開始する月のモニタリング訪問ができそうにありません。「福祉用具貸与の利用開始を退院の翌月からにすればいいのに」と言う介護支援専門員もいますが，事業所の管理者は，「そうすると退院月1カ月分の居宅介護支援費を算定できないことになる」と言います。私としては，実際に月の末日から福祉用具貸与の利用を開始するのですから，退院月から福祉用具貸与費を算定するのが正当なサービス提供だと思っています。しかし，そうすることによりモニタリングが未実施となり，運営基準減算が適用されてしまうのも困ります。代わりに管理者にモニタリング訪問してもらうことは可能なのですが，担当介護支援専門員でもありませんし，そうすることが適切なのかもよくわかりません。

どのように対応したらよいのでしょうか。

A81 新規利用者の場合は，居宅サービス計画を作成した月にモニタリングが未実施であっても減算の対象にはなりません。

利用者の退院は喜ばしいことですが，介護支援専門員としては，何とも悩ましい問題ですね。今一度，運営基準減算の要件を確認することにしましょう。

居宅介護支援の運営基準（指定居宅介護支援等の事業の人員及び運営に関する基準）第13条第13号と第14号にはモニタリングの規定があり，「少なくとも1月に

1回，利用者の居宅を訪問し，利用者に面接すること」というように，原則として1月に1回の居宅訪問と利用者への面接が義務づけられています。そして，算定基準（指定居宅介護支援に要する費用の額の算定に関する基準）に「別に厚生労働大臣が定める基準に該当する場合」には運営基準減算が適用されることが規定され，厚生労働大臣が定める基準では，運営基準第13条第13号の規定に適合しない場合にも運営基準減算を適用することが規定されています。つまりは，原則としては「少なくとも1月に1回，利用者の居宅を訪問し，利用者に面接」していない場合には運営基準減算となり，居宅介護支援費が半額，あるいは算定不可となってしまうのです。

しかしこれは，継続利用者に適用される規定であり，新規利用者について居宅サービス計画を作成した月（サービス提供開始月）には，運営基準減算が適用されないことが，2003年のQ＆Aを見るとわかります。

運営基準減算が新設されたのは2003年の介護報酬の改定が最初であり，当時のモニタリングにかかる運営基準減算は，3カ月にわたりモニタリングの未実施期間が継続すると減算が適用される仕組みでした。2003年5月30日発出の介護報酬に係るQ＆A（Vol.1）にある「(例) モニタリングの実施の有無と運営基準減算の適用」の表を見ると，4月に居宅サービス計画を新規作成し，5月から8月までモニタリングが未実施の場合，運営基準減算が適用される起算月は5月であり，3カ月にわたりモニタリングの未実施期間が継続し減算が適用される最初の月は7月であることが見てとれます。このことから，「少なくとも1月に1回，利用者の居宅を訪問し，利用者に面接すること。」との規定にある1月に1回のモニタリングは，新規利用者について居宅サービス計画を作成した月は除外されていることがわかります。

なお，新規利用者について居宅サービス計画を作成した月は，モニタリング減算の対象月とはしないということであり，このことをもってモニタリングを実施しなくてもよいということではありません。退院する（居宅サービス計画を作成する）ということは，生活に大きな変化が生じる可能性があるということですので，むしろ，居宅サービス計画作成月には積極的にモニタリングを行うよう心がけたいものです。

【参考】

指定居宅介護支援等の事業の人員及び運営に関する基準

（指定居宅介護支援の具体的取扱方針）

第13条

13　介護支援専門員は，居宅サービス計画の作成後，居宅サービス計画の実施状況の把握（利用者についての継続的なアセスメントを含む。）を行い，必要に応じて居宅サービス計画の変更，指定居宅サービス事業者等との連絡調整その他の便宜の提供を行うものとする。

13の2　［略］

14　介護支援専門員は，前号に規定する実施状況の把握（以下「モニタリング」という。）に当たっては，利用者及びその家族，指定居宅サービス事業者等との連絡を継続的に行うこととし，特段の事情のない限り，次に定めるところにより行わなければならない。

イ　少なくとも1月に1回，利用者の居宅を訪問し，利用者に面接すること。

ロ　［略］

指定居宅介護支援等の事業の人員及び運営に関する基準について

第2の3の（7）　指定居宅介護支援の基本取扱方針及び具体的取扱方針

⑬　居宅サービス計画の実施状況等の把握及び評価等（第13号・第13号の2）

　指定居宅介護支援においては，利用者の有する解決すべき課題に即した適切なサービスを組み合わせて利用者に提供し続けることが重要である。このために介護支援専門員は，利用者の解決すべき課題の変化に留意することが重要であり，居宅サービス計画の作成後，居宅サービス計画の実施状況の把握（利用者についての継続的なアセスメントを含む。以下「モニタリング」という。）を行い，利用者の解決すべき課題の変化が認められる場合等必要に応じて居宅サービス計画の変更，指定居宅サービス事業者等との連絡調整その他の便宜の提供を行うものとする。

　なお，利用者の解決すべき課題の変化は，利用者に直接サービスを提供する指定居宅サービス事業者等により把握されることも多いことから，介護支援専門員は，当該指定居宅サービス事業者等のサービス担当者と緊密な連携を図り，利用者の解決すべき課題の変化が認められる場合には，円滑に連絡が行われる体制の整備に努めなければならない。

［略］

⑭　モニタリングの実施（第14号）

　介護支援専門員は，モニタリングに当たっては，居宅サービス計画の作成後においても，利用者及びその家族，主治の医師，指定居宅サービス事業者等との連絡を継続的に行うこととし，当該指定居宅サービス事業者等の担当者との連携により，モニタリングが行われている場合においても，特段の事情のない限り，少なくとも1月に1回は利用者の居宅で面接を行い，かつ，少なくとも1月に1回はモニタリングの結果を記録することが必要である。

　また，「特段の事情」とは，利用者の事情により，利用者の居宅を訪問し，利用者に面接することができない場合を主として指すものであり，介護支援専門員に起因する事情は含まれない。さらに，当該特段の事情がある場合については，その具体的な内容を記録しておくことが必要である。

　なお，基準第29条第2項の規定に基づき，モニタリングの結果の記録は，2年間保存しなければならない。

指定居宅介護支援に要する費用の額の算定に関する基準
別表　指定居宅介護支援介護給付費単位数表
居宅介護支援費
注２　別に厚生労働大臣が定める基準に該当する場合には，運営基準減算として，所定単位数の100分の50に相当する単位数を算定する。また，運営基準減算が２月以上継続している場合には，所定単位数は算定しない。

指定居宅サービスに要する費用の額の算定に関する基準（訪問通所サービス，居宅療養管理指導及び福祉用具貸与に係る部分）及び指定居宅介護支援に要する費用の額の算定に関する基準の制定に伴う実施上の留意事項について
第３の６　居宅介護支援の業務が適切に行われない場合
（３）　居宅サービス計画の作成後，居宅サービス計画の実施状況の把握（以下「モニタリング」という。）に当たっては，次の場合に減算されるものであること。
①　当該事業所の介護支援専門員が１月に利用者の居宅を訪問し，利用者に面接していない場合には，特段の事情のない限り，その月から当該状態が解消されるに至った月の前月まで減算する。
②　［略］

厚生労働大臣が定める基準
82　居宅介護支援費における運営基準減算の基準
　　指定居宅介護支援等の事業の人員及び運営に関する基準第４条第２項並びに第13条第７号，第９号から第11号まで，第14号及び第15号（これらの規定を同条第16号において準用する場合を含む。）に定める規定に適合していないこと。

2003年５月30日 介護報酬に係るＱ＆Ａ（Vol.１）
居宅介護支援

Q２　運営基準違反に該当する場合の減算の方法について

A２　運営基準に違反した月から当該状態が解消されるに至った月の前月まで減算する。
　例えば，平成15年４月に居宅サービス計画を新規に作成したにもかかわらず，サービス担当者会議等を行っていない場合は，４月分から「サービス担当者会議等を行った月の前月」分まで居宅介護支援費が減算される。
　また，平成15年４月に居宅サービスを新規に作成した後，５月から７月まで居宅サービス計画の実施状況の把握（モニタリング）を行わなかった場合は，７月分から「モニタリングを行った月の前月」分まで居宅介護支援費が減算される。なお，この場合は４月に遡及して減算しない。

（例）モニタリングの実施の有無と運営基準減算の適用

4月	5月	6月	7月	8月	9月	10月	11月	12月
新規作成	モニタリング未実施	モニタリング未実施	モニタリング未実施	モニタリング未実施	モニタリング実施	モニタリング未実施	モニタリング未実施	モニタリング未実施
			減算適用	減算適用				減算適用

Q82 利用者がインフルエンザに罹患していても，モニタリング訪問しなければならないの？

　介護者が仕事の都合で毎月25日まで忙しく，希望により26日以降にモニタリング訪問することになっている利用者がいます。本人，本人の妻，息子，息子の妻，孫1人の5人家族で，本人の妻が主な介護者です。本人は意思疎通が可能で，本人との面接でモニタリング可能ですが，かかわりの当初から介護者も同席を希望されており，介護者の時間が取れる時に訪問するようにしてきました。

　孫が小学校でインフルエンザに罹患しました。続いて利用者本人にも急な発熱や身体のだるさ，のどの痛みなどの症状が現れました。介護者から，受診した結果，利用者もインフルエンザに罹患したことが分かったと連絡がありました。幸いにも介護者や息子夫婦には移っていないようで，介護者の仕事や介護には支障がありません。

　本人は週3回の通所サービスと福祉用具貸与，月に1回，2泊3日の短期入所サービスを利用しています。短期入所サービスの予約は2週間以上先ですので，利用に支障は生じませんが，医師からは，発熱が続く間はもちろんのこと，熱が下がってからもその後の4日間は，外出や通所サービスの利用は控えるようにとの指示が出ています。

　先に述べたとおり，毎月26日以降にモニタリング訪問することになっている利用者です。モニタリング訪問を約束した矢先のインフルエンザの罹患で，完治を待っていたのでは今月中に訪問できそうにありません。モニタリングの実施について，利用者の事情により，利用者の居宅を訪問し利用者に面接することができない場合は特段の事情に該当し，例外的に居宅訪問を要しないことが通知に規定されていますが，インフルエンザへ罹患し，医師から外出や通所サービスの利用を控えるようにという指示があることは，特段の事情に該当すると判断してよいのか分かりません。

　熱が下がってもインフルエンザウイルスは排出されるので，ウイルスを拡散させないためには人との接触を避ける必要があります。介護支援専門員との接触も望ましいことではなく特段の事情に該当すると考えることもできますし，医師からは外出や通所サービスの利用を控えるようにとの限定的な指示しかないため，特段の事情には該当しないと考えることもできます。家族によると，本人の具合は悪くなく，食欲があり元気そうにしているので，訪問してもらっても差し支えないと言っています。

今月のモニタリング訪問について，どのようにしたらよいのでしょうか。

A 82 利用者側の事情がない限り，原則としてはモニタリング訪問しなければならないと考えられます。

インフルエンザへの罹患に限らず，熱が高くうなされ，また重篤な症状により意識がもうろうとしているなど，利用者の具合が明らかに悪いような場合（利用者側に面接できない理由がある場合）は，訪問を避ける必要があります。「指定居宅介護支援等の事業の人員及び運営に関する基準について」には，利用者の事情により，利用者の居宅を訪問し利用者に面接することができない場合（介護支援専門員に起因する事情は含まれない）は特段の事情に該当し，モニタリングの未実施を機械的には適用しない旨が規定されています。居宅介護支援の運営基準減算を過度に意識するあまり，利用者の心身に負担をかけることがあってはなりません。

しかし，利用者の病状が悪くないようであれば，医師からの指示により外出や通所サービスの利用を控えるように言われている期間であっても，利用者の居宅を訪問し，利用者に面接することが必要と考えます。

例えば新型インフルエンザに対し，2009年11月16日に新型インフルエンザ対策本部事務局から発出された「『基本的対処方針』等のQ＆A」を見ると，新型インフルエンザの流行により保育施設や高齢者の短期入所・通所介護などを行う事業所が臨時休業になった場合，保育サービスや介護サービスを確保するための方策についての質問があります。これに対し，高齢者の短期入所，通所介護などについては，居宅介護支援事業者，訪問介護事業者を含め，関係事業者間で連携の上，必要性の高い利用者を優先しつつ，訪問介護事業者などが代替サービスを提供することによって，必要な介護サービスを確保するよう厚生労働省や地方公共団体から事業者に対して要請していると回答しています。また，訪問介護サービスなどについては，当該地域においても手洗いやうがい，マスクの着用など感染防止策を徹底して，通常どおりサービスを提供することとしています。

短期入所や通所介護などを行う事業所では，臨時休業が想定されているものの，先述の回答を鑑みると，季節性インフルエンザも新型インフルエンザと同様の対応が求められることになるでしょう。

【参考】
指定居宅介護支援等の事業の人員及び運営に関する基準
第13条
14 介護支援専門員は，前号に規定する実施状況の把握（以下「モニタリング」という。）に当たっては，利用者及びその家族，指定居宅サービス事業者等との連絡を継続的に行うこととし，特段の事情のない限り，次に定めるところにより行わなければならない。
イ 少なくとも1月に1回，利用者の居宅を訪問し，利用者に面接すること。
ロ 少なくとも1月に1回，モニタリングの結果を記録すること。

指定居宅介護支援等の事業の人員及び運営に関する基準について
第2の3の（7） 指定居宅介護支援の基本取扱方針及び具体的取扱方針
⑭モニタリングの実施（第14号）
　介護支援専門員は，モニタリングに当たっては，居宅サービス計画の作成後においても，利用者及びその家族，主治の医師，指定居宅サービス事業者等との連絡を継続的に行うこととし，当該指定居宅サービス事業者等の担当者との連携により，モニタリングが行われている場合においても，特段の事情のない限り，少なくとも1月に1回は利用者の居宅で面接を行い，かつ，少なくとも1月に1回はモニタリングの結果を記録することが必要である。
　また，「特段の事情」とは，利用者の事情により，利用者の居宅を訪問し，利用者に面接することができない場合を主として指すものであり，介護支援専門員に起因する事情は含まれない。
　さらに，当該特段の事情がある場合については，その具体的な内容を記録しておくことが必要である。
　なお，基準第29条第2項の規定に基づき，モニタリングの結果の記録は，2年間保存しなければならない。

「基本的対処方針」等のQ＆A
（問18）保育施設や高齢者の短期入所・通所介護等を行う事業所が臨時休業になった場合，保育サービスや介護サービスを確保するための方策を考えていますか。また，その対象者はどうなるのですか。
（答）
1．略
2．高齢者の短期入所，通所介護等については，居宅介護支援事業者，訪問介護事業者を含め，関係事業者間で連携の上，必要性の高い利用者を優先しつつ，訪問介護事業者等が代替サービスを提供することによって，必要な介護サービスを確保するよう厚生労働省や地方公共団体から事業者に対し，要請をしています。
3．なお，訪問介護サービスなどについては，当該地域においても，手洗いやうがい，マスクの着用など，感染防止策を徹底して，通常通りサービスを提供することとしています。

居宅介護支援の加算算定・減算適用

Q83 特定事業所加算を算定する場合，利用者を担当しない管理者も介護支援専門員の数に含まれるの？

　訪問介護事業所と通所介護事業所を併設する居宅介護支援事業所で，介護支援専門員をしています。現在の居宅介護支援事業所の職員体制は，所長を務める管理者と私の2人です。所長（管理者）は，訪問介護事業所および通所介護事業所の所長を兼務しています。

　所長（管理者）には介護支援専門員の資格があり，主任介護支援専門員研修も修了していますが，居宅介護支援の業務には入っておらず，担当している利用者は1人もいません。このようなことから，居宅介護支援事業所に2人の職員がいるといっても，実際に利用者を担当しているのは私1人です。

　このところ，居宅サービス計画の作成を依頼してくれる利用者や地域包括支援センターからの介護予防サービス計画の作成依頼件数が増えており，私が担当している利用者数は，要介護状態の方が37件，要支援状態の方が3件となりました。新規依頼の相談は月に2～3件あるのですが，今は，ほかの居宅介護支援事業所を紹介しなければならなくなっています。

　居宅介護支援の標準担当件数である35件を超える月が続いており，利用者からの依頼があるにもかかわらず，新規の受け付けをお断りしている状況であることから，介護支援専門員を1人増員することになりました。

　これにより，居宅介護支援事業所の体制は，管理者兼主任介護支援専門員1人，介護支援専門員2人となります。いずれも常勤専従です。介護支援専門員の増員により，特定事業所加算（Ⅲ）の取得が可能な職員体制となるわけですが，実際に担当を持たない従業員がいても，特定事業所加算の算定要件にある職員体制を満たすことになるのでしょうか。

A83 居宅介護支援の提供に当たっていない従業員は，介護支援専門員の数には含めないと考えられます。

　現在の居宅介護支援事業所の職員体制は，居宅介護支援の利用者を担当せず，併

設の訪問介護事業所と通所介護事業所の所長を兼務する管理者（主任介護支援専門員研修修了）が1人，常勤専従の介護支援専門員が1人の合計2人で，このほかに，介護支援専門員を1人増員するということですね。

　まずは，この管理者について，併設するほかの事業所の所長を兼務していることから，常勤専従との扱いになるのかが気になるところではないでしょうか。居宅介護支援の運営基準や解釈通知によると，原則として管理者は常勤専従でなければならないものの，居宅介護支援事業所の管理に支障がなく，同一敷地内にあるほかの事業所の職務に従事する場合は，常勤要件を満たすことがわかります。また，算定基準の留意事項通知によると，常勤かつ専従の主任介護支援専門員などについては，当該指定居宅介護支援事業所の業務に支障がない場合は，同一敷地内にあるほかの事業所の職務を兼務しても差し支えないこともわかります。

　ところで，担当を持たない管理者を特定事業所加算の算定要件にある職員数に含めてよいかという件については，特定事業所加算の算定要件に「指定居宅介護支援の提供に当たる常勤の介護支援専門員を2人以上配置」とあります。「居宅介護支援の提供に当たる」ことを条件としていますので，居宅介護支援の提供にあたっていない従業員は，介護支援専門員の数には含めないと考えられます。

　このほか，介護支援専門員1人あたりの取り扱い件数を算出する際，担当件数を持つ管理者は計算に含め，担当件数を持たない管理者は計算に含めないとする改定関係Q&Aもあります。これに照らしても，やはり居宅介護支援の提供にあたっていない従業員は，介護支援専門員の数には含めないことが考えられます。

　現在，管理者が担当している利用者は1人もいないとのことですが，管理者が1人でも居宅介護支援の利用者を担当すれば，特定事業所加算（Ⅲ）の算定要件にある職員体制を満たすことになりますので，検討の余地は大いにあるといえるでしょう。

【参考】
指定居宅介護支援等の事業の人員及び運営に関する基準
第3条　指定居宅介護支援事業者は，指定居宅介護支援事業所ごとに常勤の管理者を置かなければならない。
2　［略］
3　第1項に規定する管理者は，専らその職務に従事する者でなければならない。ただし，次に掲げる場合は，この限りでない。
一　［略］
二　管理者が同一敷地内にある他の事業所の職務に従事する場合（その管理する指定居宅介護支援事業所の管理に支障がない場合に限る。）

指定居宅介護支援等の事業の人員及び運営に関する基準について
第2　指定居宅介護支援等の事業の人員及び運営に関する基準
2　人員に関する基準
（2）管理者

　　指定居宅介護支援事業所に置くべき管理者は，介護支援専門員であって，専ら管理者の職務に従事する常勤の者でなければならないが，当該指定居宅介護支援事業所の介護支援専門員の職務に従事する場合及び管理者が同一敷地内にある他の事業所の職務に従事する場合（その管理する指定居宅介護支援事業所の管理に支障がない場合に限る。）は必ずしも専ら管理者の職務に従事する常勤の者でなくても差し支えないこととされている。この場合，同一敷地内にある他の事業所とは，必ずしも指定居宅サービス事業を行う事業所に限るものではなく，例えば，介護保険施設，病院，診療所，薬局等の業務に従事する場合も，当該指定居宅介護支援事業所の管理に支障がない限り認められるものである。

［以下，略］

（3）用語の定義

「常勤」及び「専らその職務に従事する」の定義はそれぞれ次のとおりである。

①　「常勤」

　　当該事業所における勤務時間（当該事業所において，指定居宅介護支援以外の事業を行っている場合には，当該事業に従事している時間を含む。）が，当該事業所において定められている常勤の従業者が勤務すべき時間数（週32時間を下回る場合は週32時間を基本とする。）に達していることをいうものである。ただし，育児休業，介護休業等育児又は家族介護を行う労働者の福祉に関する法律（平成3年法律第76号）第23条第1項に規定する所定労働時間の短縮措置が講じられている者については，利用者の処遇に支障がない体制が事業所として整っている場合は，例外的に常勤の従業者が勤務すべき時間数を30時間として取り扱うことを可能とする。

　　また，同一の事業者によって当該事業所に併設される事業所の職務であって，当該事業所の職務と同時並行的に行われることが差し支えないと考えられるものについては，その勤務時間が常勤の従業者が勤務すべき時間数に達していれば，常勤の要件を満たすものであることとする。例えば，同一の事業者によって指定訪問介護事業所が併設されている場合，指定訪問介護事業所の管理者と指定居宅介護支援事業所の管理者を兼務している者は，その勤務時間が所定の時間に達していれば，常勤要件を満たすこととなる。

②　「専らその職務に従事する」

　　原則として，サービス提供時間帯を通じて当該サービス以外の職務に従事しないことをいうものである。

指定居宅サービスに要する費用の額の算定に関する基準
（訪問通所サービス，居宅療養管理指導及び福祉用具貸与に係る部分）及び指定居宅介護支援に要する費用の額の算定に関する基準の制定に伴う実施上の留意事項について
第3　居宅介護支援費に関する事項
11　特定事業所加算の取扱いについて
（3）厚生労働大臣の定める基準の具体的運用方針
⑬　特定事業所加算（Ⅲ）について

　　常勤かつ専従の主任介護支援専門員については，当該指定居宅介護支援事業所の業務に支

障がない場合は，同一敷地内にある他の事業所の職務を兼務しても差し支えないものとする。

また，常勤かつ専従の介護支援専門員2名とは別に，主任介護支援専門員を置く必要があること。したがって，当該加算を算定する事業所においては，少なくとも主任介護支援専門員及び介護支援専門員2名の合計3名を常勤かつ専従で配置する必要があること。

厚生労働大臣が定める基準
84 居宅介護支援費に係る特定事業所加算の基準
ロ 特定事業所加算（Ⅱ） 次に掲げる基準のいずれにも適合すること。
（1）［略］
（2）専ら指定居宅介護支援の提供に当たる常勤の主任介護支援専門員を配置していること。
ハ 特定事業所加算（Ⅲ） 次に掲げる基準のいずれにも適合すること。
（2）ロ（2）の基準に適合すること。
（3）専ら指定居宅介護支援の提供に当たる常勤の介護支援専門員を2名以上配置していること。

平成18年4月改定関係Q＆A（Vol.2）

> 31 ケアマネジャー1人当たりというのは，常勤換算によるものか。その場合，管理者がケアマネジャーであれば1人として計算できるのか。

（答）
　取扱件数や介護予防支援業務受託上限の計算に当たっての「ケアマネジャー1人当たり」の取扱については，常勤換算による。
　なお，管理者がケアマネジャーである場合，管理者がケアマネジメント業務を兼ねている場合については，管理者を常勤換算1のケアマネジャーとして取り扱って差し支えない。ただし，管理者としての業務に専念しており，ケアマネジメント業務にまったく従事していない場合については，当該管理者については，ケアマネジャーの人数として算定することはできない。

Q84 「利用者に関する情報又はサービス提供に当たっての留意事項に係る伝達等を目的とした会議」は，主任介護支援専門員が行わなければならないの？

居宅介護支援事業所の管理者です。2009年度以前に主任介護支援専門員研修を修了しています。事業所には私の他に常勤専従の主任介護支援専門員が1人と常勤専従の介護支援専門員が3人おり，その他，厚生労働大臣が定める基準に適合しておりますので，特定事業所加算（Ⅰ）をすでに算定しています。

　私も他の介護支援専門員と同じくらいの利用者を担当し，加えて事業所全体の管

理業務も行っているものですから，業務が多忙になっています。そのような状況を心配してくれた他の介護支援専門員から「毎週行っている会議の準備等を，管理者ではない介護支援専門員が当番制で受け持ったらどうだろう。会議の準備を行う中で自分たちの勉強になることもたくさんあるので，個々の介護支援専門員のレベルアップを図ることにもつながるだろうし，そうするのもよいのではないか」という発案がありました。

　他の介護支援専門員の気持ちが伝わる非常にうれしい発案ではあるのですが，主任介護支援専門員として位置づけられているのは私なので，会議も私が主導しなければならないのではないか，やり方を変えることで特定事業所加算（Ⅰ）の算定ができなくなるのではないかと思うと，正直いって今のやり方を変えることに大きな不安があります。

　事業所のみんなが言ってくれるように，他の介護支援専門員が中心になって行っても差し支えないのでしょうか。

A84 主任介護支援専門員に課せられた業務ではありませんので，事業所として開催していれば問題ないでしょう。

　特定事業所加算（Ⅰ）を算定するにあたっては，「専ら指定居宅介護支援の提供に当たる常勤の主任介護支援専門員を2名以上配置していること」「24時間連絡体制を確保し，かつ，必要に応じて利用者等の相談に対応する体制を確保していること」「居宅介護支援費に係る運営基準減算又は特定事業所集中減算の適用を受けていないこと」「指定居宅介護支援事業所において指定居宅介護支援の提供を受ける利用者数が当該指定居宅介護支援事業所の介護支援専門員1人当たり40名未満であること」など，11あるすべての基準に適合する場合には特定事業所加算（Ⅰ）として利用者1人につき500単位を算定できることになっています。

　その他，特定事業所加算（Ⅰ）を算定する際の基準として，「利用者に関する情報又はサービス提供に当っての留意事項に係る伝達等を目的とした会議を定期的に開催すること」があり，このことを指してのご質問だと思います。この基準を含め，特定事業所加算の算定に係るすべての基準は居宅介護支援事業所に係るものなので，誰が会議を主導するかは問わず，事業所として開催されていれば問題ありません。したがって，主任介護支援専門員以外の介護支援専門員が中心になって行っても差し支えないでしょう。

【参考】
指定居宅サービスに要する費用の額の算定に関する基準（訪問通所サービス，居宅療養管理指導及び福祉用具貸与に係る部分）及び指定居宅介護支援に要する費用の額の算定に関する基準の制定に伴う実施上の留意事項について
第3の11の（3）厚生労働大臣の定める基準の具体的運用方針
③ （3）関係
　「利用者に関する情報又はサービス提供に当たっての留意事項に係る伝達等を目的とした会議」は，次の要件を満たすものでなければならないこと。
ア　議題については，少なくとも次のような議事を含めること。
　（1）現に抱える処遇困難ケースについての具体的な処遇方針
　（2）過去に取り扱ったケースについての問題点及びその改善方策
　（3）地域における事業者や活用できる社会資源の状況
　（4）保健医療及び福祉に関する諸制度
　（5）ケアマネジメントに関する技術
　（6）利用者からの苦情があった場合は，その内容及び改善方針
　（7）その他必要な事項
イ　議事については，記録を作成し，2年間保存しなければならないこと。
ウ　「定期的」とは，おおむね週1回以上であること。

厚生労働大臣が定める基準
84　居宅介護支援費における特定事業所加算の基準
イ　特定事業所加算（Ⅰ）　次に掲げる基準のいずれにも適合すること。
　（1）・（2）［略］
　（3）利用者に関する情報又はサービス提供に当たっての留意事項に係る伝達等を目的とした会議を定期的に開催すること。
　（4）～（11）［略］

Q85 口頭での情報伝達でも，入院時情報連携加算は算定可能なの？

病院内に事務所を構える居宅介護支援事業所で介護支援専門員をしています。地域では比較的大きな病院で入院病床もあり，新規利用者のほとんどが母体病院からの紹介です。また，多くの利用者は母体病院を受診し，入院が必要な場合には母体病院へ入院します。

　本日，母体病院から，利用者のうちの1人が入院したとの連絡を受けました。家族も来ているというので，連絡を受けてすぐに病棟へ向かい，入院に至った経緯を確認すると，自宅でキャスター付きのいすへ座ろうとした際，座り方が浅かったため誤って転倒し，腰椎を圧迫骨折してしまったそうです。

その利用者は，下肢の機能低下により歩行が不安定で，歩行支援用具を使用したり介助を受けたりしないと転倒のリスクが高い状態でした。そのため，居宅サービス計画においてもその点を考慮し，身体機能の維持，歩行訓練の実施，身体機能に合った寝具や歩行支援用具の活用，移動や移乗時の見守り，入浴時の介助等を位置づけていました。具体的な居宅サービスとしては，身体機能の維持，歩行訓練の実施，移動や移乗時の見守り，入浴時の介助に対して通所リハビリテーションを，身体機能に合った寝具や歩行支援用具の活用に対して福祉用具貸与（特殊寝台，特殊寝台付属品，手すり，歩行器）を利用していました。これまで2年以上もの間，転倒することなく過ごしてきたのですが，このような事態になってしまいました。

入院時の面談には病棟の看護師も同席しており，本人と家族の承諾を得た上で，在宅生活時の歩行状況，サービスの活用状況，疾患や病歴，認知症の有無や理解力，本人の生活歴，介護者の状況等を病棟の看護師に口頭で伝えました。

その後，居宅介護支援事業所へ戻り，病棟の看護師へ情報提供した内容を記録にまとめました。そして，改めて病棟の看護師へ書面での情報提供をしようと電話連絡したところ「面談時の口頭での情報提供で十分なので，改めて書面での情報提供は不要」との返事が返ってきました。

このように，書面ではなく口頭で情報提供した場合でも，入院時情報連携加算は算定可能でしょうか。

A85 可能です。入院時情報連携加算の算定は，書面での情報提供に限っていません。

入院時情報連携加算の趣旨は，医療と介護の連携の強化や推進を図る観点から，利用者が入院する際，医療機関に対して利用者に関する必要な情報を提供することへの評価を行うというものです。

2017年度までは医療機関へ出向いて情報提供した場合とそれ以外の場合で入院時情報連携加算に報酬額の差がありましたが，2018年度からは医療機関へ訪問したかどうかは問わず，情報提供までに要した日数で所定単位数を算定する加算になっています。医療機関へ情報を提供した場合，留意事項通知「指定居宅サービスに要する費用の額の算定に関する基準（訪問通所サービス，居宅療養管理指導及び福祉用具貸与に係る部分）及び指定居宅介護支援に要する費用の額の算定に関する基準の制定に伴う実施上の留意事項について」の「総論」にあるように，情報提供を行った日時，医療機関へ出向いた場合はその場所，内容，提供手段等について記

録することが必要です。

また，同じく「総論」に，「なお，情報提供の方法としては，居宅サービス計画等の活用が考えられる」とあることから，情報提供にあたり居宅サービス計画等の何かしらの書面を準備する必要があるように読み取れますが，これは「活用」を謳っており，「書面による情報提供」に限定していません。

今回の場合は口頭での情報提供であり，医療機関の職員からは書面での情報提供は不要とのことでしたが，介護支援専門員の実務に照らすと書面を作成した後で情報提供することの方がずっと多いのではないでしょうか。「居宅サービス計画等の活用」と言われても，居宅介護支援を含む居宅サービス計画の情報は膨大なことから，居宅介護支援事業所あるいは地域で独自に入院時の情報提供用の用紙を定め，それを使用している介護支援専門員が多数を占めることと思います。医療機関へ出向いて情報提供をした後，所定の事項を記録しなければならないことを考えれば，先に情報提供する事柄をまとめ，これを用いて情報提供し，その用紙を保存しておくというのでもかまわないわけです。結局は記録としてまとめることになるわけですし，口頭での伝達だと相手方の聞き漏らしや聞き違い，記録忘れ，認識のズレ等もあり得ますから，可能な限り書面で情報提供したいものです。

なお，留意事項通知では「利用者が入院してから3日以内に，医療機関の職員に対して必要な情報を提供した場合に所定単位数を算定する」「利用者が入院してから4日以上7日以内に，医療機関の職員に対して必要な情報を提供した場合に所定単位数を算定する」とされていることから，入院後の情報提供の場合のみ算定の対象となり，入院前の情報提供の場合には算定できないと思っている方もいるようですが，算定基準には「利用者が病院又は診療所に入院するに当たって」とあります。したがって，入院前の情報提供でも算定の対象となり，遅くとも利用者の入院から7日以内までの情報提供は算定可能ということになります。

【参考】
指定居宅介護支援に要する費用の額の算定に関する基準
ニ　入院時情報連携加算
注　利用者が病院又は診療所に入院するに当たって，当該病院又は診療所の職員に対して，当該利用者の心身の状況や生活環境等の当該利用者に係る必要な情報を提供した場合は，別に厚生労働大臣が定める基準に掲げる区分に従い，利用者1人につき1月に1回を限度として所定単位数を加算する。ただし，次に掲げるいずれかの加算を算定している場合においては，次に掲げるその他の加算は算定しない。

イ　入院時情報連携加算（Ⅰ）　200単位
ロ　入院時情報連携加算（Ⅱ）　100単位

厚生労働大臣が定める基準

85　居宅介護支援費に係る入院時情報連携加算の基準
イ　入院時情報連携加算（Ⅰ）　利用者が病院又は診療所に入院してから3日以内に，当該病院又は診療所の職員に対して当該利用者に係る必要な情報を提供していること。
ロ　入院時情報連携加算（Ⅱ）　利用者が病院又は診療所に入院してから4日以上7日以内に，当該病院又は診療所の職員に対して当該利用者に係る必要な情報を提供していること。

指定居宅サービスに要する費用の額の算定に関する基準（訪問通所サービス，居宅療養管理指導及び福祉用具貸与に係る部分）及び指定居宅介護支援に要する費用の額の算定に関する基準の制定に伴う実施上の留意事項について

第3の12　入院時情報連携加算について
（1）総論
　「必要な情報」とは，具体的には，当該利用者の入院日，心身の状況（例えば疾患・病歴，認知症の有無や徘徊等の行動の有無など），生活環境（例えば，家族構成，生活歴，介護者の介護方法や家族介護者の状況など）及びサービスの利用状況をいう。当該加算については，利用者1人につき，1月に1回を限度として算定することとする。
　また，情報提供を行った日時，場所（医療機関へ出向いた場合），内容，提供手段（面談，FAX等）等について居宅サービス計画等に記録すること。なお，情報提供の方法としては，居宅サービス計画等の活用が考えられる。
（2）入院時情報連携加算（Ⅰ）
　利用者が入院してから3日以内に，医療機関の職員に対して必要な情報を提供した場合に所定単位数を算定する。
（3）入院時情報連携加算（Ⅱ）
　利用者が入院してから4日以上7日以内に，医療機関の職員に対して必要な情報を提供した場合に所定単位数を算定する。

Q86 居宅サービス計画交付前にサービスを利用した場合は，居宅介護支援運営基準減算が適用されてしまうの？

今月上旬に新規の相談をお受けし，居宅サービスの利用を開始した利用者がいます。利用を急いでいたので，居宅サービス計画を作成する前に居宅サービスの利用を開始しました。この利用者に対する居宅介護支援の介護報酬算定について教えてください。

具体的には，今月6日の午前中に利用者のご家族が市役所へ出向いて新規要介護認定の申請を行い，すぐに市役所から当居宅介護支援事業所へ新規利用の紹介がありました。紹介があった日のうちに自宅を訪問して重要事項の説明を行い，居宅介護支援を利用する意思を確認し，アセスメントの実施と併せて詳しいお話をうかがいました。

そうしたところ，面談翌日の7日午前中からの短期入所サービス利用を希望されていました。急な不幸事があったための利用希望です。併せて3泊4日の短期入所サービス利用後は，通所サービスの利用を開始したいとの希望もありました。

要介護状態が見込まれる方で，外出の機会が少なく友人などが訪ねてくることもないので，介護支援専門員の私としては通所サービスの利用も適当だろうと判断しました。幸いにも短期入所生活介護事業所に空きがあり，必要な日数の短期入所を利用できました。また，短期入所生活介護事業所に併設の通所介護事業所の利用も可能で，短期入所を利用した3日後から通所介護の利用も開始しました。

アセスメントの実施から短期入所生活介護の利用まで時間がなく，居宅サービス計画の作成や交付を行わないままの利用となりました。短期入所生活介護の利用にあたりアセスメント票を用いて情報伝達を行い，短期入所生活介護を利用した翌日に短期入所生活介護事業所と通所介護事業所の従業員を交えてのサービス担当者会議を行い，その日のうちに居宅サービス計画を交付しました。

ここまでを整理すると，次のとおりです。

6日　午前中にご家族が市役所へ出向き新規要介護認定の申請
　　　居宅介護支援の依頼，アセスメント
　　　短期入所生活介護利用の申し込み
　　　短期入所生活介護事業所従業員との利用者情報の共有
7日　短期入所生活介護の利用開始

8日　サービス担当者会議開催，居宅サービス計画交付，個別サービス計画の提出依頼
　10日　短期入所生活介護の利用終了
　13日　通所介護開始

　結果的に，アセスメント→居宅サービス計画原案の作成→サービス担当者会議の開催，居宅サービス計画原案の説明と同意→居宅サービス計画の交付，個別サービス計画の提出依頼といった流れで居宅介護支援の業務を行うことができず，居宅サービス計画が存在しないままでのサービス利用開始となってしまいました。
　このような場合，居宅介護支援事業所として行うべきことを行っていないとして，居宅介護支援運営基準減算が適用されてしまうのでしょうか。

A86 緊急的なサービス利用等のやむを得ない場合には，業務の順番は問いません。

　相談を受けた翌日から居宅サービス利用を希望，しかも理由は急な不幸事とのことですので，担当する介護支援専門員は時間のない中で大変な思いをされたことと思いますが，利用者やご家族にとっては，とても心強い存在だったのではないでしょうか。あなたが担当でよかったと，安心して相談を委ねていたことと思います。
　さて，あなたはこの利用者に対する居宅介護支援の提供について，行うべき業務の順番が違うこと，あるいは居宅サービス計画を交付する前に短期入所生活介護の利用を開始したことが気がかりで，ひょっとしたら居宅介護支援運営基準減算が適用されてしまうのではないかとご心配の様子ですが，順番の前後はあるものの，行うべきことは行っていますので心配することはありません。
　居宅介護支援の運営基準13条には原則的に行うべき業務の順序が示してありますが，あくまでも原則であって，緊急的なサービス利用等のやむを得ない場合には業務の順序が変わることも想定し，2012年に改正が加えられています。
　今回の場合，居宅サービス計画の交付よりも短期入所生活介護の利用が先になってしまいましたが，速やかに居宅サービス計画の原案を作成してサービス担当者会議を開催し，その後に居宅サービス計画の交付まで行っていますので，適正に事業運営されています。したがって，居宅介護支援運営基準減算が適用されることはないでしょう。

> 【参考】
> 指定居宅介護支援等の事業の人員及び運営に関する基準について
> 第2の3の（7） 指定居宅介護支援の基本取扱方針及び具体的取扱方針
>   基準第13条は，利用者の課題分析，サービス担当者会議の開催，居宅サービス計画の作成，居宅サービス計画の実施状況の把握などの居宅介護支援を構成する一連の業務のあり方及び当該業務を行う介護支援専門員の責務を明らかにしたものである。
>   なお，利用者の課題分析（第6号）から担当者に対する個別サービス計画の提出依頼（第12号）に掲げる一連の業務については，基準第1条の2に掲げる基本方針を達成するために必要となる業務を列記したものであり，基本的にはこのプロセスに応じて進めるべきものであるが，緊急的なサービス利用等やむを得ない場合や，効果的・効率的に行うことを前提とするものであれば，業務の順序について拘束するものではない。ただし，その場合にあっても，それぞれ位置付けられた個々の業務は，事後的に可及的速やかに実施し，その結果に基づいて必要に応じて居宅サービス計画を見直すなど，適切に対応しなければならない。

Q87 前任者の書類不備が見つかりました。どう対応したらいいの？

　前任者の退職に伴って，2カ月前に通所介護事業所から居宅介護支援事業所へ異動になりました。ほかに介護支援専門員はおらず，管理者兼介護支援専門員の1人体制です。

　当施設は通所介護事業所と訪問介護事業所を併設しており，これらの事業所での勤務経験はあるものの，居宅介護支援事業所へ勤務するのは初めてです。

　前任者が定年を迎え，前任者が担当していた利用者27人を引き継ぎました。私が通所介護事業所に所属していた時，前任者からは，利用者が新規に要介護認定を受けた際や要介護更新認定や要介護状態区分変更認定を受けた際に，居宅サービス計画を遅滞なく交付してもらっていたことから，「やるべきことはしっかりとやる人だな」という印象を持っていました。しかし，私が引き継いだ前任者担当の利用者27人分の記録を確認すると，毎月のモニタリングの記録がところどころ抜けているものが，3人分ありました。このような状況ですと，居宅介護支援運営基準減算が適用されると思うのですが，これまで運営基準減算として居宅介護支援費を請求せず，満額での請求としていたようです。

　過誤手続きが必要と思い，上司に相談したところ「今になって入金済みの居宅介護支援費を返還しろと言われても困るので，前任者の記録の不備を総点検し，運営基準減算の適用を受けないように記録を補完してほしい」と言われました。

　記録不備の3人は，どなたも併設の通所介護事業所を利用していた方々でした。

利用者・家族とは通所介護の利用時や送迎時など，月に何度もお会いし話もしているので，ある程度の状況はわかっており，また通所介護事業所の記録を見ることで記録を補完できないわけではないのですが，そうすることで不正につながってしまうのではないかと心配です。上司にも「本来は前任者が記録すべきものであり，それに不備があるのですから正直に過誤手続きを取ることが適正なのではないか」と言いましたが，経営上の理由から運営基準減算の適用は避けたいとのことで，「あなたが記録を補完できないのなら，私がするので，記録の不備がある部分のピックアップまではお願いしたい」と言われています。

なお，前任者は現在，遠方に住んでいるため，居宅介護支援事業所へ出向き，自ら記録を作成することは難しい状況にあります。どうしたらよいのでしょうか。

A87 記録はあくまでも，その時点で担当していた介護支援専門員が記載すべきだと考えます。

人事異動の早々に大変な難題にぶつかり，大変なことと思いますが，結論を先に述べると，あなたやあなたの上司が記録をさかのぼって補完すべきではありません。介護報酬算定の決まりに従い，過誤手続きをとるようにしてください。

では，どのような場合に居宅介護支援運営基準減算が適用されるかというと次の8つです。

①介護支援専門員が，利用者の居宅を訪問し，利用者およびその家族に面接していない場合

②やむを得ない事情がある場合を除き，介護支援専門員が，サービス担当者会議の開催などを行っていない場合

③介護支援専門員が，居宅サービス計画の原案の内容について利用者またはその家族に対して説明し，文書により利用者の同意を得た上で，居宅サービス計画を利用者および担当者に交付していない場合

④居宅サービス計画を新規に作成した場合であって，介護支援専門員がサービス担当者会議などを行っていない場合

⑤要介護認定を受けている利用者が要介護更新認定を受けた場合で，介護支援専門員がサービス担当者会議などを行っていない場合

⑥要介護認定を受けている利用者が要介護状態区分の変更の認定を受けた場合で，介護支援専門員がサービス担当者会議などを行っていない場合

⑦特段の事情がないのに，介護支援専門員が一月に利用者の居宅を訪問し，利用者

に面接していない場合
⑧特段の事情がないのに，当該事業所の介護支援専門員がモニタリングの結果を記録していない状態が一月以上継続する場合

　ご質問の内容から，⑧に該当しそうですが，例えば4月分のモニタリングの結果を記録していない場合は4月の一月分の居宅介護支援費が50％に減算されます。さらに，引き続き5月も記録していない場合，5月の居宅介護支援費は算定できません。また，運営基準減算の適用を受けている場合は，初回加算，特定事業所加算は算定できませんので，これらの加算は返還しなければなりません。

【参考】
指定居宅介護支援に要する費用の額の算定に関する基準
別表　指定居宅介護支援介護給付費単位数表
居宅介護支援費
イ　居宅介護支援費（1月につき）
　　（1）居宅介護支援費（Ⅰ）
　　　　　　（一）要介護1又は要介護2　　　　　1,053単位
　　　　　　（二）要介護3，要介護4又は要介護5　1,368単位
　　（2）居宅介護支援費（Ⅱ）
　　　　　　（一）要介護1又は要介護2　　　　　527単位
　　　　　　（二）要介護3，要介護4又は要介護5　684単位
　　（3）居宅介護支援費（Ⅲ）
　　　　　　（一）要介護1又は要介護2　　　　　316単位
　　　　　　（二）要介護3，要介護4又は要介護5　410単位
注2　別に厚生労働大臣が定める基準に該当する場合には，運営基準減算として，所定単位数の100分の50に相当する単位数を算定する。また，運営基準減算が2月以上継続している場合には，所定単位数は算定しない。
ロ　初回加算　　300単位
注　指定居宅介護支援事業所において，新規に居宅サービス計画（法第8条第24項に規定する居宅サービス計画をいう。）を作成する利用者に対して，指定居宅介護支援を行った場合その他の別に厚生労働大臣が定める基準に適合する場合は，1月につき所定単位数を加算する。ただし，イの注2に規定する別に厚生労働大臣が定める基準に該当する場合は，当該加算は，算定しない。

指定居宅サービスに要する費用の額の算定に関する基準
（訪問通所サービス，居宅療養管理指導及び福祉用具貸与に係る部分）及び指定居宅介護支援に要する費用の額の算定に関する基準の制定に伴う実施上の留意事項について
第3の6　居宅介護支援の業務が適切に行われない場合
　　注2の「別に厚生労働大臣が定める基準に該当する場合」については，大臣基準告示第82号に規定することとしたところであるが，より具体的には次のいずれかに該当する場合に減算される。
　　これは適正なサービスの提供を確保するためのものであり，運営基準に係る規定を遵守す

るよう努めるものとする。都道府県知事は，当該規定を遵守しない事業所に対しては，遵守するよう指導すること。当該指導に従わない場合には，特別な事情がある場合を除き，指定の取消しを検討するものとする。
（1）居宅サービス計画の新規作成及びその変更に当たっては，次の場合に減算されるものであること。
　① 当該事業所の介護支援専門員が，利用者の居宅を訪問し，利用者及びその家族に面接していない場合には，当該居宅サービス計画に係る月（以下「当該月」という。）から当該状態が解消されるに至った月の前月まで減算する。
　② 当該事業所の介護支援専門員が，サービス担当者会議の開催等を行っていない場合（やむを得ない事情がある場合を除く。以下同じ。）には，当該月から当該状態が解消されるに至った月の前月まで減算する。
　③ 当該事業所の介護支援専門員が，居宅サービス計画の原案の内容について利用者又はその家族に対して説明し，文書により利用者の同意を得た上で，居宅サービス計画を利用者及び担当者に交付していない場合には，当該月から当該状態が解消されるに至った月の前月まで減算する。
（2）次に掲げる場合においては，当該事業所の介護支援専門員が，サービス担当者会議等を行っていないときには，当該月から当該状態が解消されるに至った月の前月まで減算する。
　① 居宅サービス計画を新規に作成した場合
　② 要介護認定を受けている利用者が要介護更新認定を受けた場合
　③ 要介護認定を受けている利用者が要介護状態区分の変更の認定を受けた場合
（3）居宅サービス計画の作成後，居宅サービス計画の実施状況の把握（以下「モニタリング」という。）に当たっては，次の場合に減算されるものであること。
　① 当該事業所の介護支援専門員が一月に利用者の居宅を訪問し，利用者に面接していない場合には，特段の事情のない限り，その月から当該状態が解消されるに至った月の前月まで減算する。
　② 当該事業所の介護支援専門員がモニタリングの結果を記録してない状態が一月以上継続する場合には，特段の事情のない限り，その月から当該状態が解消されるに至った月の前月まで減算する。

厚生労働大臣が定める基準
82　居宅介護支援費における運営基準減算の基準
　　指定居宅介護支援等の事業の人員及び運営に関する基準第4条第2項並びに第13条第7号，第9号から第11号まで，第14号及び第15号（これらの規定を同条第16号において準用する場合を含む。）に定める規定に適合していないこと。
84　居宅介護支援費における特定事業所加算の基準
イ　特定事業所加算（Ⅰ）　次に掲げる基準のいずれにも適合すること。
（1）～（8）略
（9）居宅介護支援費に係る運営基準減算又は特定事業所集中減算の適用を受けていないこと。
（10）～（12）略
ロ　特定事業所加算（Ⅱ）　次に掲げる基準のいずれにも適合すること。
（1）イ（2），（3），（4）及び（6）から（12）までの基準に適合すること。
（2）略
ハ　特定事業所加算（Ⅲ）次に掲げる基準のいずれにも適合すること。
（1）イ（3），（4）及び（6）から（12）までの基準に適合すること。
（2）・（3）　略

書類の保存

Q88 保存義務のある書類は，紙でなければならないの？

2000年から事業を開始している居宅介護支援事業所の管理者です。制度開始から相当の期間が経過した現在でもなお，事業開始時からの利用者が何人かおり記録類が増え続ける状況にあります。

当事業所では，アセスメント票，サービス担当者会議の要点，居宅サービス計画，居宅介護支援経過なども印刷して保存しているのですが，書類の量が増えて利用者個々人のファイルに納まらなくなっている利用者も出てきており，今後はできるだけ印刷せずにパソコンデータとして管理していきたいと考えております。もちろん，サービス利用票などの利用者の同意が必要な一部の書類については，これまでどおりに印刷したものを保存するつもりです。

しかし，印刷せずにパソコンデータとして保存している居宅介護支援事業所が近隣にはありません。データの管理をしっかりと行い，後になって必要な書類をすぐに印刷できる状況であれば紙での保存でなくてもよいのではないかと思うのですが，本当のところ，紙以外の方法で保存すること自体認められるのかどうか自信がありません。

保存義務のある書類は，紙で保存しなければならないとの決まりはあるのでしょうか。

A88 書類の保存方法は紙だけに限定されていません。利用者の同意が必要な書類もデータでの保存が認められています。

居宅介護支援の事業に書類は付き物ですから，利用者への支援期間が長くなればなる程，これに比例して保存書類が増えていくのは仕方がないことです。サービス利用票および別表の保存だけでも毎月2枚は新たに増えることになりますし，これにアセスメント票や居宅サービス計画，居宅介護支援経過などが加わると，ほんの数年で1つのファイルには収まらなくなるのは容易に想像がつきます。

それでは，どのような対策方法があるかといえば，居宅介護支援事業所保存用の居宅サービス計画書（1），居宅サービス計画書（2），週間サービス計画表，サー

ビス利用票および別表は両面印刷して利用者の同意を得る，アセスメント票は縮小に加え両面印刷して保存するなどが考えられますが，それでもファイルに収まらなくなった場合には，ファイルを厚いものに交換する，古い書類をファイルから外して別に保存しておくなどの方法をとることになるでしょう。

しかし，紙以外の方法での書類の保存も認められています。別保存などは書類の管理が煩雑になるので避けたいというような場合には，スキャナなどを活用しデータとして書類を保存する方法であっても何ら問題はありません。

【参考】
厚生労働省の所管する法令の規定に基づく民間事業者等が行う書面の保存等における情報通信の技術の利用に関する省令
（電磁的記録による保存）
第4条　民間事業者等が，法第3条第1項の規定に基づき，別表第一の一及び二の表の上欄に掲げる法令のこれらの表の下欄に掲げる書面の保存に代えて当該書面に係る電磁的記録の保存を行う場合並びに別表第一の四の表の上欄に掲げる法令の同表の下欄に掲げる電磁的記録による保存を行う場合は，次に掲げる方法のいずれかにより行わなければならない。
　一　作成された電磁的記録を民間事業者等の使用に係る電子計算機に備えられたファイル又は磁気ディスク，シーディー・ロムその他これらに準ずる方法により一定の事項を確実に記録しておくことができる物（以下「磁気ディスク等」という。）をもって調製するファイルにより保存する方法
　二　書面に記載されている事項をスキャナ（これに準ずる画像読取装置を含む。）により読み取ってできた電磁的記録を民間事業者等の使用に係る電子計算機に備えられたファイル又は磁気ディスク等をもって調製するファイルにより保存する方法

別表第一（第三条及び第四条関係）
表一

指定居宅介護支援等の事業の人員及び運営に関する基準（平成11年厚生省令第38号）	第29条第2項の規定による居宅介護支援台帳の保存

指定居宅介護支援等の事業の人員及び運営に関する基準
（記録の整備）
第29条
2　指定居宅介護支援事業者は，利用者に対する指定居宅介護支援の提供に関する次の各号に掲げる記録を整備し，その完結の日から2年間保存しなければならない。
　一　第13条第13号に規定する指定居宅サービス事業者等との連絡調整に関する記録
　二　個々の利用者ごとに次に掲げる事項を記載した居宅介護支援台帳
　　イ　居宅サービス計画
　　ロ　第13条第7号に規定するアセスメントの結果の記録
　　ハ　第13条第9号に規定するサービス担当者会議等の記録
　　ニ　第13条第14号に規定するモニタリングの結果の記録
　三　第16条に規定する市町村への通知に係る記録
　四　第26条第2項に規定する苦情の内容等の記録
　五　第27条第2項に規定する事故の状況及び事故に際して採った処置についての記録

Q89 居宅介護支援の終了日から2年間は記録を保存しなければならないの？

2000年4月の介護保険制度開始から事業を開始した居宅介護支援事業所に勤務する介護支援専門員です。

現在，2000年の事業開始から担当している利用者が2名おり，他にも2年以上担当している利用者が19名おります。居宅介護支援の終了から2年未満の利用者も10名おります。

かかわりが長くなると書類の量も多くなり，保存義務のある書類の保管場所に困るようになってきました。アセスメント票，居宅サービス計画，サービス担当者会議の記録，居宅介護支援経過，苦情の記録などはもちろんのこと，保存義務のない重要事項説明書，居宅介護支援契約書，個人情報使用同意書，実施した認定調査の記録なども一応保存するようにしています。

電子化しているわけではないので，紙の帳票をそのまま保管しています。少し前までは整然と書庫に保管していたのですが，保管できるスペースが足りなくなったため，今はダンボール箱に入れて事業所の隅に積み上げています。

私の書類整理能力にも問題があるのかもしれませんが，それにしても扱う書類が多く，当然ながら保存しておかなければならない書類も多くあります。運営基準を読むと「完結の日から2年間保存しなければならない」とありますが，「完結の日」とは居宅介護支援の終了日を指し，記録は居宅介護支援の終了日から2年間保存しなければならないという意味なのでしょうか。

A89 その記録を使わなくなった日から2年です。

介護保険制度が始まってから19年以上が経ちますので，かかわりの長い利用者の記録が膨大な量になり，書類の保存には頭を悩ませていることでしょう。同じような悩みをお持ちの介護支援専門員も大勢いらっしゃることと思います。例えば，サービス利用票とサービス利用票別表だけでも，それぞれ片面印刷1枚ずつとして仮に19年間毎月保存あるとしても456枚になります。これにアセスメント票や居宅サービス計画，サービス担当者会議の記録，居宅介護支援経過などが加わるわけですから，2000年の事業開始当初からかかわりのある利用者でしたら，たとえ1人しかいなくても相当な量の書類があることは容易に想像がつきます。

現状としては「保存すべき書類の期間は，居宅介護支援の終了日から２年間」と指導している都道府県が多くあるようですので，これに従っている居宅介護支援事業所も数多くあることでしょう。しかし，この指導は果たして適正なのでしょうか。

居宅介護支援に関する新潟県版Ｑ＆Ａ（2009年11月新潟県福祉保健部高齢福祉保健課）によると，2007年１月30日に厚生労働省老健局振興課基準係へ確認済みの回答として「『完結の日』とは，その記録を『使わなくなった日』のことを言います」「例えば，その記録に『長期目標』や『短期目標』などの『期間』が記載されている場合は，当該期間の満了日が『完結の日』となります。（利用者との「解約日」が「完結の日」となるわけではありません。）」といったようなことが記載されていますし，「利用者との契約が継続している間は，当該利用者に関する全ての記録を保存しておかなければならないものではなく，それぞれの記録の『完結の日』に応じて，所定の期間を保存することとなります」とも記載されています。

また，2008年10月７日の国会において平野博文議員が「介護サービスにかかる提供事業者の記録等の保存・保管義務は，一般に２年間とされているようであるが，なぜ２年なのか」と質問したのに対し，麻生太郎首相は「ご指摘のサービスの内容等の記録については『指定居宅サービス等の事業の人員，設備及び運営に関する基準』等において介護事業者は２年間これを保存しなければならないこととされているが，これは，法第200条において保険給付を受ける権利についての消滅時効期限が２年とされていること等を勘案したものである。この保存期間を延長することについては介護事業者にとって過大な事務負担となることから，適当でないと考えている」と答弁しています。

この答弁から，保険給付を受ける権利についての消滅時効期限を迎えた時までしか書類の保存義務はないことがわかります。

つまり，居宅介護支援の終了日を基準日としてそこから２年間にわたり一括して書類の保存義務が生じるということではなく，同じ利用者の書類でも個々の書類でいつまで保存するかは違ってきますし，現在も居宅介護支援を受けており居宅介護支援の開始から２年以上利用者であっても，古い記録の中には保存義務の期間が過ぎている書類もあるということになります。

なお，書類の保存期間は市町村条例で定めることになっているので，必ず市町村条例を確認し，適切に取り扱うようにしてください。

【参考】
居宅介護支援に関する新潟県版Q＆A
（2009年11月　新潟県福祉保健部高齢福祉保健課）

> Q5　基準省令で定められる居宅サービス計画等の諸記録は，「その完結の日から2年間保存しなければならない」とあるが，完結の日とは具体的にいつのことか？
> 　利用者との契約が継続している間は，当該利用者に関する全ての記録を保存しておかなくてはならないのか？

A5　「完結の日」とは，その記録を「使わなくなった日」のことを言います。
（平成19年1月30日 厚生労働省 老健局 振興課 基準係へ確認済み）

　例えば，その記録に「長期目標」や「短期目標」などの「期間」が記載されている場合は，当該期間の満了日が「完結の日」となります。（利用者との「解約日」が「完結の日」となる訳ではありません。）

　従って，利用者との契約が継続している間は，当該利用者に関する全ての記録を保存しておかなければならないものではなく，それぞれの記録の「完結の日」に応じて，所定の期間を保存することとなります。

　なお，「請求に関する書類」については，過払い等の返還請求の消滅時効が地方自治法により5年であることから，介護給付費請求書等の請求に関する書類は，5年間保管することが望ましいとされていますのでご留意ください。

「介護保険制度における介護報酬請求の不正防止に関する質問主意書」及び「答弁書」
平成20年9月26日提出（質問第42号）
「介護保険制度における介護報酬請求の不正防止に関する質問主意書」
提出者 平野博文
一，二 ［略］
三 保存期限について
1　介護サービスにかかる提供事業者の記録等の保存・保管義務は，一般に2年間とされているようであるが，なぜ2年なのか
平成20年10月7日受領（答弁第42号）
「衆議院議員平野博文君提出介護保険制度における介護報酬請求の不正防止に関する質問に対する答弁書」内閣総理大臣 麻生太郎
一，二 ［略］
三について
　ご指摘のサービスの内容等の記録については「指定居宅サービス等の事業の人員，設備及び運営に関する基準」等において介護事業者は2年間これを保存しなければならないこととされているが，これは，法第二百条において保険給付を受ける権利についての消滅時効期限が2年とされていること等を勘案したものである。この保存期間を延長することについては介護事業者にとって過大な事務負担となることから，適当でないと考えている。

入院中の方への対応

Q90 退院後は在宅ではなく施設利用を希望されている方に対し，介護支援専門員が施設を紹介しなければならないの？

脳梗塞を再発して入院している利用者についての質問です。

病院の医療相談室から介護支援専門員に対し「本人は意識障害により意思疎通が困難な状況にありますが，ご家族が介護保険施設の利用を希望されております。介護保険被保険者証への記載およびご家族への確認から，入院以前に居宅介護支援を利用していることがわかりましたので電話した次第です。基準上，介護支援専門員は介護保険施設を紹介しなければならないことになっておりますし，ご家族へは介護支援専門員へ相談するように伝えてありますので，連絡があった際にはよろしくお願いします」との電話がありました。

入院中であり，今後は在宅生活を再開するわけでもないのに「何で私が」と思ったのですが，明確にお断りする理由も思いあたらず，その場は「わかりました」と電話を切りました。しかし，どうも腑に落ちません。やはり私が支援することではないような気がしています。

A90 居宅要介護者ではない方に対し，法令上の介護保険施設への紹介義務はないと考えられます。

介護保険法には，居宅介護支援およびその対象者が定義されています。

要約すると「居宅介護支援」とは，「居宅要介護者が居宅において日常生活を営むために必要な居宅サービス等を適切に利用できるよう，ケアマネジメントを行うこと」であり，ここでいう「居宅要介護者」とは，「居宅，養護老人ホーム，軽費老人ホーム，有料老人ホームで生活する要介護者」です。また，「要介護者」とは，「要介護状態にある方」を指します。

このことから，居宅介護支援事業所の利用者は「居宅において日常生活を営むために必要な居宅サービス等を利用する（利用しようとする），居宅，養護老人ホーム，軽費老人ホーム，有料老人ホームで生活する要介護状態にある方」だといえます。

加えて，指定居宅介護支援等の事業の人員および運営に関する基準では，介護保険施設等から退院（退所）しようとする要介護者に対しても，居宅における生活へ円滑に移行できるように援助しなければならないことが規定されていることから，そのような方も居宅介護支援の対象者になります。

　それでは，法令と照らした際にご質問にある利用者はどうかといえば，「介護保険施設等から退院（退所）しようとする要介護者」ではありますが，「居宅において日常生活を営むために必要な居宅サービス等」を利用しようとしているわけではありませんので「居宅介護支援」の対象者とはいえず，居宅介護支援事業所の利用者ではないことになります。

　このように，法令上の介護保険施設への紹介義務はありませんが，今回は一度お引き受けした相談ですので，責任を持って施設を紹介するのが誠意ある態度ということになるでしょう。

【参考】
介護保険法
（定義）
第7条　この法律において「**要介護状態**」とは，身体上又は精神上の障害があるために，入浴，排せつ，食事等の日常生活における基本的な動作の全部又は一部について，厚生労働省令で定める期間にわたり継続して，常時介護を要すると見込まれる状態であって，その介護の必要の程度に応じて厚生労働省令で定める区分（以下「要介護状態区分」という。）のいずれかに該当するもの（要支援状態に該当するものを除く。）をいう。

2　［略］

3　この法律において「**要介護者**」とは，次の各号のいずれかに該当する者をいう。
　一　要介護状態にある65歳以上の者
　二　要介護状態にある40歳以上65歳未満の者であって，その要介護状態の原因である身体上又は精神上の障害が加齢に伴って生ずる心身の変化に起因する疾病であって政令で定めるもの（以下「特定疾病」という。）によって生じたものであるもの

第8条

2　この法律において「**訪問介護**」とは，**要介護者であって，居宅**（老人福祉法（昭和38年法律第133号）第20条の6に規定する軽費老人ホーム，同法第29条第1項に規定する有料老人ホーム（第11項及び第21項において「**有料老人ホーム**」という。）その他の厚生労働省令で定める施設における居室を含む。以下同じ。）**において介護を受けるもの**（以下「**居宅要介護者**」という。）について，その者の居宅において介護福祉士その他政令で定める者により行われる入浴，排せつ，食事等の介護その他の日常生活上の世話であって，厚生労働省令で定めるもの（定期巡回・随時対応型訪問介護看護（第15項第2号に掲げるものに限る。）又は夜間対応型訪問介護に該当するものを除く。）をいう。

24　この法律において「**居宅介護支援**」とは，**居宅要介護者が第41条第1項に規定する指定居宅サービス又は特例居宅介護サービス費に係る居宅サービス若しくはこれに相当するサービ

ス，第42条の２第１項に規定する指定地域密着型サービス又は特例地域密着型介護サービス費に係る地域密着型サービス若しくはこれに相当するサービス及びその他の居宅において日常生活を営むために必要な保健医療サービス又は福祉サービス（以下この項において「指定居宅サービス等」という。）の適切な利用等をすることができるよう，当該居宅要介護者の依頼を受けて，その心身の状況，その置かれている環境，当該居宅要介護者及びその家族の希望等を勘案し，利用する指定居宅サービス等の種類及び内容，これを担当する者その他厚生労働省令で定める事項を定めた計画（以下この項，第115条の45第２項第３号及び別表において「居宅サービス計画」という。）を作成するとともに，当該居宅サービス計画に基づく指定居宅サービス等の提供が確保されるよう，第41条第１項に規定する指定居宅サービス事業者，第42条の２第１項に規定する指定地域密着型サービス事業者その他の者との連絡調整その他の便宜の提供を行い，並びに当該居宅要介護者が地域密着型介護老人福祉施設又は介護保険施設への入所を要する場合にあっては，地域密着型介護老人福祉施設又は介護保険施設への紹介その他の便宜の提供を行うことをいい，「居宅介護支援事業」とは，居宅介護支援を行う事業をいう。

介護保険法施行規則

（法第８条第２項の厚生労働省令で定める施設）
第４条　法第８条第２項の厚生労働省令で定める施設は，老人福祉法（昭和38年法律第133号）第20条の４に規定する養護老人ホーム（以下「養護老人ホーム」という。），同法第20条の６に規定する軽費老人ホーム（以下「軽費老人ホーム」という。）及び同法第29条第１項に規定する有料老人ホーム（以下「有料老人ホーム」という。）とする。

指定居宅介護支援等の事業の人員及び運営に関する基準

第13条
18　介護支援専門員は，介護保険施設等から退院又は退所しようとする要介護者から依頼があった場合には，居宅における生活へ円滑に移行できるよう，あらかじめ，居宅サービス計画の作成等の援助を行うものとする。

Q91 入院中で在宅生活の再開を予定している利用者については課題分析を行わなくてもいいの？

2012年の居宅介護支援の解釈通知の改正により，「課題分析における留意点（第７号）」に「利用者が入院中であることなど物理的な理由がある場合を除き」の文言が追加され，入院中の方から居宅介護支援の依頼あるいは再開の依頼があった場合には，居宅を訪問しての面接は必須ではないことが明確にされました。

この文言の追加により，新たな混乱が生じていますので教えてください。居宅で

生活されている方であろうと入院中の方であろうと，課題分析は必ず行うものだと思っていたのですが，入院中の方についてはアセスメントを行わずに居宅サービス計画を作成できるということなのでしょうか。

A91 入院中の方についてもアセスメントは行わなければなりません。

　ご質問にもあるように，2012年に居宅介護支援の解釈通知の内容も見直され，「課題分析における留意点（第7号）」に「利用者が入院中であることなど物理的な理由がある場合を除き」の文言が追加になりました。そして，このことにより，入院中の方の居宅サービス計画の原案を作成するにあたっては，居宅を訪問しての面接は必須ではないことが明確にされました。

　入院中の方の居宅サービス計画作成援助については，以前から介護保険施設との連携（第18号）に規定があり，こちらは何も改正が加えられていません。したがって，居宅を訪問しての面接は必須でなくなったものの，居宅での生活を前提とした課題分析はこれまでのとおり行う必要があり，その結果に基づいて居宅サービス計画の原案を作成し，サービス担当者会議等を経て利用者から計画原案への同意を得ることになります。

【参考】
指定居宅介護支援等の事業の人員及び運営に関する基準について
第2の3の（7）　指定居宅介護支援の基本取扱方針及び具体的取扱方針
⑦　課題分析における留意点（第7号）
　介護支援専門員は，解決すべき課題の把握（以下「アセスメント」という。）に当たっては，利用者が入院中であることなど物理的な理由がある場合を除き必ず利用者の居宅を訪問し，利用者及びその家族に面接して行わなければならない。この場合において，利用者やその家族との間の信頼関係，協働関係の構築が重要であり，介護支援専門員は，面接の趣旨を利用者及びその家族に対して十分に説明し，理解を得なければならない。なお，このため，介護支援専門員は面接技法等の研鑽に努めることが重要である。
　また，当該アセスメントの結果について記録するとともに，基準第29条第2項の規定に基づき，当該記録は，2年間保存しなければならない。
⑱　介護保険施設との連携（第18号）
　介護支援専門員は，介護保険施設等から退院又は退所しようとする要介護者から居宅介護支援の依頼があった場合には，居宅における生活へ円滑に移行できるよう，あらかじめ，居宅での生活における介護上の留意点等の情報を介護保険施設等の従業者から聴取する等の連携を図るとともに，居宅での生活を前提とした課題分析を行った上で居宅サービス計画を作成する等の援助を行うことが重要である。

要介護認定の申請

Q92 認定の申請はどのような利用者であれ，介護支援専門員が申請を代行しなければならないの？

利用者から更新認定申請手続きのことで相談がありました。「要介護認定の更新手続きのお知らせが郵送で届いたので，代わりに手続きを行ってほしい」との相談です。

「指定居宅介護支援等の事業の人員及び運営に関する基準」に，「要介護認定の申請に係る援助」の規定があることは知っています。しかし，この利用者は自分でも申請ができそうな人です。市役所までは1km程度ありますが，市役所のすぐそばにある医療機関まではご自身で通院しています。

なぜ，代わりに手続きを行ってほしいと思ったのか話を伺うと，どうやら「慣れない書類に記入しなければならず，書くのが面倒くさそうなのでお願いしたい」というのが理由のようです。

この人のように，自分で申請できそうな利用者であっても，介護支援専門員は申請代行の援助を行わなければならないのでしょうか。

A92 「利用者が有する能力に応じて支援内容を決定すること」が大原則です。

介護保険法第1条に，「その有する能力に応じ自立した日常生活を営むことができるよう」とあるように，その目的は利用者に対してサービスを提供することではありません。したがって，単に「困っているから」とか「できないと言っているから」との理由だけで支援提供を決めるのではなく，「利用者が有する能力に応じて支援内容を決定すること」が大変重要になってきます。

できないことを補うことは時として必要な支援ですが，できそうなことをできるようにする，できることを増やすといった視点を持つことも，介護支援専門員には大切なことです。

この利用者の場合，「慣れない書類」に「書くのが面倒くさい」ことが理由として挙げられていますが，発想を変えれば，この2点をクリアできれば自分で申請できるのではないか，と見ることができます。そうであれば，介護支援専門員は，書類

の書き方を説明することで、この利用者の有する能力を活用できることになります。
　確かに、「指定居宅介護支援等の事業の人員及び運営に関する基準」には、「要介護認定の申請に係る援助」の規定がありますが、内容をよく見ると、「必要な協力を行わなければならない」「必要な援助を行わなければならない」と書かれており、「申請代行の便宜を提供しなければならない」という書き方ではありません。つまり、「必要な協力」や「必要な援助」は、利用者によってさまざまだといえるでしょう。

【参考】
介護保険法
（要介護認定）
第27条　要介護認定を受けようとする被保険者は、厚生労働省令で定めるところにより、申請書に被保険者証を添付して市町村に申請をしなければならない。この場合において、当該被保険者は、厚生労働省令で定めるところにより、第46条第1項に規定する指定居宅介護支援事業者、地域密着型介護老人福祉施設若しくは介護保険施設であって厚生労働省令で定めるもの又は第115条の46第1項に規定する地域包括支援センターに、当該申請に関する手続を代わって行わせることができる。

指定居宅介護支援等の事業の人員及び運営に関する基準
第8条　指定居宅介護支援事業者は、被保険者の要介護認定に係る申請について、利用申込者の意思を踏まえ、必要な協力を行わなければならない。
2　指定居宅介護支援事業者は、指定居宅介護支援の提供の開始に際し、要介護認定を受けていない利用申込者については、要介護認定の申請が既に行われているかどうかを確認し、申請が行われていない場合は、当該利用申込者の意思を踏まえて速やかに当該申請が行われるよう必要な援助を行わなければならない。
3　指定居宅介護支援事業者は、要介護認定の更新の申請が、遅くとも当該利用者が受けている要介護認定の有効期間の満了日の30日前には行われるよう、必要な援助を行わなければならない。

指定居宅介護支援等の事業の人員及び運営に関する基準について
第2の3の（3）　要介護認定の申請に係る援助
① 　基準第8条第1項は、法第27条第1項に基づき、被保険者が居宅介護支援事業者に要介護認定の申請に関する手続きを代わって行わせることができること等を踏まえ、被保険者から要介護認定の申請の代行を依頼された場合等においては、居宅介護支援事業者は必要な協力を行わなければならないものとしたものである。
② 　同条第2項は、要介護認定の申請がなされていれば、要介護認定の効力が申請時に遡ることにより、指定居宅介護支援の利用に係る費用が保険給付の対象となり得ることを踏まえ、指定居宅介護支援事業者は、利用申込者が要介護認定を受けていないことを確認した場合には、要介護認定の申請が既に行われているかどうかを確認し、申請が行われていない場合は、当該利用申込者の意思を踏まえて速やかに当該申請が行われるよう必要な援助を行わなければならないこととしたものである。
③ 　同条第3項は、要介護認定の有効期間が付されているものであることを踏まえ、指定居宅介護支援事業者は、要介護認定の有効期間を確認した上、要介護認定等の更新の申請が、遅くとも当該利用者が受けている要介護認定の有効期間が終了する1月前にはなされるよう、必要な援助を行わなければならないこととしたものである。

Q93 要支援から要介護への変更は，どうして区分変更認定じゃないの？

　現在支援提供している利用者の認定についての質問です。この利用者はもともと要支援2の認定を受けていたので，地域包括支援センターから介護予防支援業務の委託を受けて介護予防サービス計画を作成していました。ところが，最近になって物忘れの進行が目立つ，トイレへ間に合わなくなってきたなど状態の変化が見られたため，本人や家族とも相談した結果，要介護状態になるだろうとの予測で要介護度の見直しの申請を行うことにしました。そこで，本人立ち会いのもとでご家族から要介護状態区分変更認定申請書を記載していただき，本人もご家族も近いうちに市役所方面へ行く用事がないとのことから，私が市役所へ申請代行することにして書類と介護保険被保険者証を預かりました。

　利用者のお宅から真っ直ぐ市役所へ向かい，介護保険担当窓口に書類と介護保険被保険者証を提出すると，応対した職員は不思議そうな顔をしています。続いて，何か書類に不備な点があったのか，念を押すように「現在は要支援2ですよね？」と確認され，他の市役所職員へ相談をしに行きました。しばらくして職員は，提出した要介護状態区分変更認定申請書に加え，もう一通の違う書類も持って戻ってきて，「今回の申請は要介護状態区分変更認定申請書ではなく，こちらの新規要介護認定申請書を提出していただきたかったのですが，せっかく記入してご持参いただきましたので，今回の申請は要介護状態区分変更認定申請書でよいことにします。これをもって受理いたしました。暫定介護保険被保険者証（資格者証）を利用者宅に郵送しておきます。次回からは新規要介護認定申請書を使用してください」と言いました。

　結局は申請書を書き直すことなく，ご家族に記入していただいた要介護状態区分変更認定申請書を受理してもらいました。要介護度の変更をお願いしたいので変更認定申請書でよいと思ったのですが，何がいけなかったのかがよくわかりません。

A93 要支援から要介護への変更は状態の変更であり，状態の細かな区分の変更ではないからです。

　利用者が介護サービスを受けようとする際，利用者が直接，あるいは申請の代行を依頼して，市町村に対し保険給付の要件に該当するかどうかの確認を受けるための手続きをします。そして，申請が受理されると認定調査や主治医意見書の作成と

いった審査書類の作成が行われ，これらがそろうと介護認定審査会による審査を経て，最終的には市町村が認定することになります。市町村は何を認定するかというと，認定審査会からの通知内容，つまりは，要介護者や要支援者に該当するか，そして該当する場合は，要介護状態や要支援状態の程度（区分），認定の有効期間などを認定します。

　ご存じのとおり，認定の区分には非該当（自立），要支援1，要支援2，要介護1，要介護2，要介護3，要介護4，要介護5の8とおりがあり，「要支援1と要支援2」を総称して要支援状態，「要介護1～5」を総称して要介護状態と呼びます。そして，要支援状態にある40歳以上65歳未満の者で特定疾病に該当する者および65歳以上の者を「要支援者」，要介護状態にある40歳以上65歳未満の者で特定疾病に該当する者および65歳以上の者を「要介護者」と呼びます。

　実は介護保険法上，要介護認定にかかる申請と要支援認定にかかる申請は区別されており，新たに要介護認定を受けようとする者は「要介護認定」の申請を，要介護認定の更新を行おうとする者は「要介護更新認定」の申請を，現在の要介護状態区分以外の要介護状態区分に該当すると考えられる場合には「要介護状態区分の変更の認定」の申請を行うことになります。要支援認定についても同じで，新たに要支援認定を受けようとする者は「要支援認定」の申請を，要支援認定の更新を行おうとする者は「要支援更新認定」の申請を，現在の要支援状態区分以外の要支援状態区分に該当すると考えられる場合には「要支援状態区分の変更の認定」の申請を行うことになります。

　ご質問の利用者を具体的に見ていくと，要介護状態区分変更認定申請書を提出したとのことですが，「もともと要支援2の認定を受けていた」ということは，そもそもの始まりとして要介護状態にはないので，要介護状態区分の変更を審査・認定すること自体が不可能ということになります（要支援2で要介護状態区分変更の認定申請を行うということは，要支援1を見込んでいるということになります）。したがって，「新たに要介護認定を受けようとする者」に該当するので，新規要介護認定申請書により申請することになります。

　なお，「要支援認定の更新申請を行ったら要介護の認定を受けた」「要介護認定の更新申請を行ったら要支援の認定を受けた」というように，申請していない（申請とは違う）要介護・要支援状態で認定された経験がある介護支援専門員も多いと思いますが，これは要介護認定等の手続きの特例が設けられているためです。例えば，要支援状態にある方が要支援更新認定の申請を行ったが，認定審査会では要介護状態であるとの結論であった場合，特例がなければ市町村は要介護状態であると認定

することができず,利用者に対して新規要介護認定の申請を求めなければならなくなってしまいます。これでは,時間も費用も労力も無駄になってしまうことから,申請とは違う区分で認定する特例が設けられているのです。

【参考】
介護保険法
(要介護認定)
第27条　要介護認定を受けようとする被保険者は,厚生労働省令で定めるところにより,申請書に被保険者証を添付して市町村に申請をしなければならない。[略]
4　市町村は,第2項の調査(第24条の2第1項第2号の規定により委託された場合にあっては,当該委託に係る調査を含む。)の結果,前項の主治の医師の意見又は指定する医師若しくは当該職員で医師であるものの診断の結果その他厚生労働省令で定める事項を認定審査会に通知し,第1項の申請に係る被保険者について,次の各号に掲げる被保険者の区分に応じ,当該各号に定める事項に関し審査及び判定を求めるものとする。
一　第一号被保険者　要介護状態に該当すること及びその該当する要介護状態区分
二　第二号被保険者　要介護状態に該当すること,その該当する要介護状態区分及びその要介護状態の原因である身体上又は精神上の障害が特定疾病によって生じたものであること。
(要介護認定の更新)
第28条
2　要介護認定を受けた被保険者は,有効期間の満了後においても要介護状態に該当すると見込まれるときは,厚生労働省令で定めるところにより,市町村に対し,当該要介護認定の更新(以下「要介護更新認定」という。)の申請をすることができる。
(要介護状態区分の変更の認定)
第29条　要介護認定を受けた被保険者は,その介護の必要の程度が現に受けている要介護認定に係る要介護状態区分以外の要介護状態区分に該当すると認めるときは,厚生労働省令で定めるところにより,市町村に対し,要介護状態区分の変更の認定の申請をすることができる。
(要支援認定)
第32条　要支援認定を受けようとする被保険者は,厚生労働省令で定めるところにより,申請書に被保険者証を添付して市町村に申請をしなければならない。[略]
3　市町村は,前項において準用する第27条第2項の調査(第24条の2第1項第2号の規定により委託された場合にあっては,当該委託に係る調査を含む。)の結果,前項において準用する第27条第3項の主治の医師の意見又は指定する医師若しくは当該職員で医師であるものの診断の結果その他厚生労働省令で定める事項を認定審査会に通知し,第1項の申請に係る被保険者について,次の各号に掲げる被保険者の区分に応じ,当該各号に定める事項に関し審査及び判定を求めるものとする。
一　第一号被保険者　要支援状態に該当すること及びその該当する要支援状態区分
二　第二号被保険者　要支援状態に該当すること,その該当する要支援状態区分及びその要支援状態の原因である身体上又は精神上の障害が特定疾病によって生じたものであること。

（要支援認定の更新）

第33条

2　要支援認定を受けた被保険者は，有効期間の満了後においても要支援状態に該当すると見込まれるときは，厚生労働省令で定めるところにより，市町村に対し，当該要支援認定の更新（以下「要支援更新認定」という。）の申請をすることができる。

（要支援状態区分の変更の認定）

第33条の2　要支援認定を受けた被保険者は，その支援の必要の程度が現に受けている要支援認定に係る要支援状態区分以外の要支援状態区分に該当すると認めるときは，厚生労働省令で定めるところにより，市町村に対し，要支援状態区分の変更の認定の申請をすることができる。

（要介護認定等の手続の特例）

第35条　認定審査会は，第27条第4項（第28条第4項において準用する場合を含む。）の規定により審査及び判定を求められた被保険者について，要介護者に該当しないと認める場合であっても，要支援者に該当すると認めるときは，第27条第5項（第28条第4項において準用する場合を含む。）の規定にかかわらず，その旨を市町村に通知することができる。

2　市町村は，前項の規定による通知があったときは，当該通知に係る被保険者について，第32条第1項の申請がなされ，同条第3項の規定により認定審査会に審査及び判定を求め，同条第4項の規定により認定審査会の通知を受けたものとみなし，要支援認定をすることができる。この場合において，市町村は，当該被保険者に，要支援認定をした旨を通知するとともに，同条第6項各号に掲げる事項を当該被保険者の被保険者証に記載し，これを返付するものとする。

3　認定審査会は，第32条第3項（第33条第4項において準用する場合を含む。）の規定により審査及び判定を求められた被保険者について，要介護者に該当すると認めるときは，第32条第4項（第33条第4項において準用する場合を含む。）の規定にかかわらず，その旨を市町村に通知することができる。

4　市町村は，前項の規定による通知があったときは，当該通知に係る被保険者について，第27条第1項の申請がなされ，同条第4項の規定により認定審査会に審査及び判定を求め，同条第5項の規定により認定審査会の通知を受けたものとみなし，要介護認定をすることができる。この場合において，市町村は，当該被保険者に，要介護認定をした旨を通知するとともに，同条第7項各号に掲げる事項を当該被保険者の被保険者証に記載し，これを返付するものとする。

5　認定審査会は，第31条第2項において準用する第27条第4項の規定により審査及び判定を求められた被保険者について，要介護者に該当しないと認める場合であっても，要支援者に該当すると認めるときは，第31条第2項において準用する第27条第5項の規定にかかわらず，その旨を市町村に通知することができる。

6　市町村は，前項の規定による通知があったときは，当該通知に係る被保険者について，第32条第1項の申請がなされ，同条第3項の規定により認定審査会に審査及び判定を求め，同条第4項の規定により認定審査会の通知を受けたものとみなし，要支援認定をすることができる。この場合において，市町村は，厚生労働省令で定めるところにより，当該通知に係る被保険者に対しその被保険者証の提出を求め，これに同条第6項各号に掲げる事項を記載し，これを返付するものとする。

要介護認定の訪問調査

Q94 認定調査員が事実と異なることを調査票に記載しても問題ないの？

人口が15万人程度の市にある居宅介護支援事業所に勤務する介護支援専門員です。私が所属する居宅介護支援事業所は，管理者のほかに3人の介護支援専門員がおり，4人で110人程度の利用者を担当しています。内訳としては，管理者が20人程度，ほかの介護支援専門員がそれぞれ30人程度を受け持っています。市では多くの市町村と同じように，要支援更新認定と要介護更新認定の訪問調査を介護保険施設や居宅介護支援事業所へ委託しています。居宅要支援者と居宅要介護者については市を何ブロックかに分け，そのうち1ブロックの訪問調査を当居宅介護支援事業所が受託しています。居宅介護支援事業所では1カ月に15〜20件の訪問調査を実施し，管理者にも介護支援専門員にも等しく振り分けていますので，介護支援専門員1人あたり4〜5件の訪問調査を実施しています。

当居宅介護支援事業所の取り決めとして，認定調査票を仕上げたあと，市へ提出する前に管理者が最終確認を行うことになっています。先日，この確認を受けた際に，管理者と私とで次のようなやり取りがありました。

管理者：現在は要介護2ですが，まとめてもらった認定調査票では要介護1になるのですね？

私：そうなんです。前回は入院中の訪問調査でした。今よりも具合が良くなかったこともあり，歩行や移動，洗顔や座位保持など，今回の訪問調査よりも重い選択肢にチェックしてある項目が複数ありました。

管理者：確か，現在は区分支給限度基準額に近い居宅サービスの利用状況になっている方ですよね。要介護1という認定結果になると，区分支給限度基準額を超過し，全額自己負担が発生することになるのではないですか？

私：そのとおりです。現在，3月や5月など日数が31日ある月でも，何とか超過分の全額自己負担が発生することなく，区分支給限度基準額内で居宅サービスを利用することができています。以前に確認した際には，区分支給限度基準額を超えてしまうと経済的な負担が増すので，「区分支給限度基準額内に収めてほしい，超過するのであれば利用するサービスを減らすようにしたい」とおっしゃっていました。

管理者：つまり，区分支給限度基準額を超過すると困る利用者なのですね？

私：そうですね。超過の程度にもよるでしょうが，要介護度が軽度に変わるのであれば，利用している居宅サービスの回数を減らすことになると思います。

管理者：分かりました。利用者に影響が出ないよう，うまく要介護2の一次判定結果となるように認定調査票を仕上げてください。

　認定調査票を作成していて選択に迷った項目はなく，管理者から最終確認してもらった内容以外に修正する箇所はありません。仮に管理者の言うことに従い，認定調査票に事実とは異なることを記載してこれが明るみに出た場合，何か処罰の対象になるのでしょうか。

A94 介護支援専門員登録の消除，事業所指定の取り消し，刑法の適用などを受ける可能性があります。

　要支援認定と要介護認定の訪問調査は，居宅介護支援の業務ではなく，本来は市町村の業務として位置付けられています。ただし，要支援更新認定と要介護更新認定に限り，介護保険施設や居宅介護支援事業者などへの委託が認められています。このため，罰則については「みなし公務員」として，公務員と同じ扱いを受けることになります。

　介護保険法では，認定調査の委託を受けた場合において，認定調査の結果について虚偽の報告をした時，居宅介護支援事業所の指定を取り消し，または期間を定めてその指定の全部，もしくは一部の効力を停止することができるとされています。このことから，故意に認定調査結果を操作すると，居宅介護支援事業所の指定取り消しや事業の一時停止などの罰則が適用されることになります。

　また，個々の介護支援専門員では，文書偽造の罪に抵触する重大な法令違反であることを強く認識しなければなりません。有罪判決により罰金あるいは禁錮刑が確定した場合，介護支援専門員の登録が消除され，介護支援専門員として働くことができなくなります。人生を台なしにしてしまう出来事になるかもしれません。これは，介護支援専門員にとっても法人にとっても，そして認定調査の対象者や居宅介護支援事業所の利用者などにとっても不幸なことです。相手を案じての行動だとしても，これが免罪符とはならないのです。改めて，重大な法令違反であることを肝に銘じ，適正な認定調査に努めるようにしましょう。

【参考】
介護保険法
（要介護認定）
第27条
2 市町村は，前項の申請があったときは，当該職員をして，当該申請に係る被保険者に面接させ，その心身の状況，その置かれている環境その他厚生労働省令で定める事項について調査をさせるものとする。この場合において，市町村は，当該被保険者が遠隔の地に居所を有するときは，当該調査を他の市町村に嘱託することができる。

（要介護認定の更新）
第28条
4 前条（第8項を除く。）の規定は，前2項の申請及び当該申請に係る要介護更新認定について準用する。この場合において，同条の規定に関し必要な技術的読替えは，政令で定める。
5 市町村は，前項において準用する前条第2項の調査を第46条第1項に規定する指定居宅介護支援事業者，地域密着型介護老人福祉施設，介護保険施設その他の厚生労働省令で定める事業者若しくは施設（以下この条において「指定居宅介護支援事業者等」という。）又は介護支援専門員であって厚生労働省令で定めるものに委託することができる。
6 前項の規定により委託を受けた指定居宅介護支援事業者等は，介護支援専門員その他厚生労働省令で定める者に当該委託に係る調査を行わせるものとする。
8 第5項の規定により委託を受けた指定居宅介護支援事業者等若しくはその職員又は介護支援専門員で，当該委託業務に従事するものは，刑法その他の罰則の適用については，法令により公務に従事する職員とみなす。

（要介護状態区分の変更の認定）
第29条
2 第27条及び前条第5項から第8項までの規定は，前項の申請及び当該申請に係る要介護状態区分の変更の認定について準用する。この場合において，これらの規定に関し必要な技術的読替えは，政令で定める。

（要支援認定）
第32条
2 第27条第2項及び第3項の規定は，前項の申請に係る調査並びに同項の申請に係る被保険者の主治の医師の意見及び当該被保険者に対する診断命令について準用する。

（要支援認定の更新）
第33条
4 前条（第7項を除く。）及び第28条第5項から第8項までの規定は，前2項の申請及び当該申請に係る要支援更新認定について準用する。この場合において，これらの規定に関し必要な技術的読替えは，政令で定める。

（要支援状態区分の変更の認定）
第33条の2
2 第28条第5項から第8項まで及び第32条の規定は，前項の申請及び当該申請に係る要支援状態区分の変更について準用する。この場合において，これらの規定に関し必要な技術的読替えは，政令で定める。

（介護支援専門員の登録）
第69条の2　厚生労働省令で定める実務の経験を有する者であって，都道府県知事が厚生労働省令で定めるところにより行う試験（以下「介護支援専門員実務研修受講試験」という。）に合格し，かつ，都道府県知事が厚生労働省令で定めるところにより行う研修（以下「介護支援専門員実務研修」という。）の課程を修了したものは，厚生労働省令で定めるところにより，当該都道府県知事の登録を受けることができる。ただし，次の各号のいずれかに該当する者については，この限りでない。
　一　成年被後見人又は被保佐人
　二　禁錮以上の刑に処せられ，その執行を終わり，又は執行を受けることがなくなるまでの者
　三　この法律その他国民の保健医療若しくは福祉に関する法律で政令で定めるものの規定により罰金の刑に処せられ，その執行を終わり，又は執行を受けることがなくなるまでの者
（登録の消除）
第69条の39　都道府県知事は，その登録を受けている介護支援専門員が次の各号のいずれかに該当する場合には，当該登録を消除しなければならない。
　一　第69条の2第1項第1号から第3号までのいずれかに該当するに至った場合
（指定の取消し等）
第84条　市町村長は，次の各号のいずれかに該当する場合においては，当該指定居宅介護支援事業者に係る第46条第1項の指定を取り消し，又は期間を定めてその指定の全部若しくは一部の効力を停止することができる。
　五　第28条第5項の規定により調査の委託を受けた場合において，当該調査の結果について虚偽の報告をしたとき。
第92条　都道府県知事は，次の各号のいずれかに該当する場合においては，当該指定介護老人福祉施設に係る第48条第1項第1号の指定を取り消し，又は期間を定めてその指定の全部若しくは一部の効力を停止することができる。
　五　第28条第5項の規定により調査の委託を受けた場合において，当該調査の結果について虚偽の報告をしたとき。

刑法
第十七章　文書偽造の罪
（公文書偽造等）
第155条　行使の目的で，公務所若しくは公務員の印章若しくは署名を使用して公務所若しくは公務員の作成すべき文書若しくは図画を偽造し，又は偽造した公務所若しくは公務員の印章若しくは署名を使用して公務所若しくは公務員の作成すべき文書若しくは図画を偽造した者は，1年以上10年以下の懲役に処する。
2　公務所又は公務員が押印し又は署名した文書又は図画を変造した者も，前項と同様とする。
3　前2項に規定するもののほか，公務所若しくは公務員の作成すべき文書若しくは図画を偽造し，又は公務所若しくは公務員が作成した文書若しくは図画を変造した者は，3年以下の懲役又は20万円以下の罰金に処する。
（虚偽公文書作成等）
第156条　公務員が，その職務に関し，行使の目的で，虚偽の文書若しくは図画を作成し，又は文書若しくは図画を変造したときは，印章又は署名の有無により区別して，前2条の例による。

要介護認定の認定結果

Q95 要支援状態と見込んでいたが要介護状態との認定結果だった場合，前月の給付管理票はどうしたらいいの？

介護予防支援事業所より「こちらで要支援2と見込んで暫定の介護予防サービス計画を作成したのですが，認定の結果，要介護1となった利用者がいます。利用者の希望もあり，今後はそちらで担当していただきたく思います。先月から居宅サービスを利用しておりますので，その分の給付管理票の提出もお願いします」と言われました。

件数には余裕があるのでこちらで担当することはできるのですが，お受けした場合，実際にはかかわっていなかった前月分の給付管理票もこちらで提出することになるのでしょうか。

A95 見なし自己作成として給付管理票を作成することになります。

給付管理票は，介護支援専門員の手元に保管してあるサービス利用票（控）とサービス利用票別表（控）から必要な項目を転記して作成するものです。ご質問の利用者の場合，前月は居宅介護支援を提供していませんので，当然のことながら，あなたは利用者に対してサービス利用票とサービス利用票別表を交付していないはずです。つまりは，手元に控えは存在せず，給付管理票を作成するのは不可能な状況にあるということになります。

実際問題として，その利用者はすでに居宅サービスを利用しているわけですから，その実績に応じて給付管理票を作成することは可能です。また，介護予防支援事業所あるいは居宅介護支援事業所の変更の届出書については，前月にさかのぼった日付で提出することができますから，市町村あるいは国民健康保険団体連合会による審査で突合不一致となることは考えにくいです。このようなことから，請求上のエラーは生じないことになります。

しかしこの場合，あなたは一連のケアマネジメントの手順を踏んでいませんので，居宅介護支援費を満額で請求できないのはもちろんのこと，満額ではないにしろ居宅介護支援業務を何も行っていないのにその介護報酬を得るわけですから，不

正請求を疑われても仕方がない状況を自分でつくってしまうことになります。最悪の場合，居宅介護支援事業所の指定取り消し処分を受ける可能性も否定できません。

今回のように，要支援状態と要介護状態との間で見込み違いがあった場合には，「改定関係Q＆A」で示されているとおり，利用者自らが介護予防サービス計画あるいは居宅サービス計画を作成したと見なす方法を取るようにしましょう。見なし自己作成としての居宅サービス計画がありますので，償還払いになるなどの利用者に不利となるようなことは生じません。

【参考】
平成18年4月改定関係Q＆A（Vol.2）

> 52　要介護・要支援認定の新規申請，区分変更申請など，認定申請後に要介護度（要支援度）が確定するまでの間のいわゆる暫定ケアプランについては，どこが作成し，また，その際には，介護給付と予防給付のどちらを位置付ければよいのか。

（答）

　いわゆる暫定ケアプランについては，基本的にはこれまでと同様とすることが考えられる。したがって，要介護認定又は要支援認定を申請した認定前の被保険者は，市町村に届出の上で，居宅介護支援事業者又は介護予防支援事業者に暫定ケアプランを作成してもらい，又は自ら作成し，当該暫定ケアプランに基づきサービスを利用することが考えられる。

　その際，居宅介護支援事業者（介護予防支援事業者）は，依頼のあった被保険者が明らかに要支援者（要介護者）であると思われるときには，介護予防支援事業者（居宅介護支援事業者）に作成を依頼するよう当該被保険者に介護予防支援事業者（居宅介護支援事業者）を推薦することが考えられる。また，**仮に居宅介護支援事業者において暫定ケアプランを作成した被保険者が，認定の結果，要支援者となった場合については，当該事業者の作成した暫定ケアプランについては，当該被保険者が自ら作成したものとみなし，当該被保険者に対して給付がなされないことがないようにすることが望ましい。**

　なお，いずれの暫定ケアプランにおいても，仮に認定の結果が異なった場合でも利用者に給付がなされるよう介護予防サービス事業者及び居宅サービス事業者の両方の指定を受けている事業者をケアプラン上は位置付けることが考えられる。

国保連請求

Q96 居宅サービス事業所が過剰に保険請求してしまった場合，居宅介護支援事業所からも再度国保連へ書類を提出しないといけないの？

　通所介護事業所から「前々月の○○さんについてなのですが，欠席の電話があって利用しなかった日があったにもかかわらず，間違って欠席した日の分も算定して国保連（国民健康保険団体連合会）に請求してしまったことに気が付きました。すでに審査と支払いが終わってしまいましたので，大変ご迷惑をお掛けしますが，居宅介護支援についての過誤（取り下げ）手続きを行い，改めて必要書類を国保連へ提出していただくようお願いします」との依頼がありました。

　このように，居宅サービス事業所で過剰に保険請求してしまったが，実績単位数が予定単位数を超過していない場合でも，居宅介護支援事業所からも保険者へ取り下げ依頼を行い，国保連へ改めて必要書類を提出する必要があるのでしょうか。

A96 居宅サービス事業所からの手続きだけでOKです。

　国保連では，居宅介護支援事業所が提出する給付管理票と居宅サービス事業所が提出する介護給付費請求書の突合を行い，これらの内容の審査を行います。審査の内容は多岐にわたりますが，計画単位数（給付管理票の単位数）と実績単位数（介護給付費請求書の単位数）に関しては，これらが一致しているかを審査するものではなく，支給限度額内において，事業所ごと，サービスごとに，計画単位数はいくらであったか，これに対して実績単位数はいくらであったかを審査します。

　計画単位数と同じ実績単位数，あるいは計画単位数を下回る実績単位数の場合には，介護給付費請求書に記載したとおりの実績単位数が居宅サービス事業所へ支払われますが，計画単位数を上回る実績単位数の場合には，居宅サービス事業所へは，計画単位数分の報酬が支払われ，超過分については，減算査定として通知が届くことになります。

　もしも，本来は計画すべき居宅サービスをサービス利用票に位置づけるのを忘れてしまったなど，居宅介護支援事業所のミスで給付管理票に誤りが生じ，計画単位

数を上回る実績単位数となってしまっていた場合は，翌月に給付管理票を修正して提出することで，改めて修正後の給付管理票と介護給付費請求書の突合（再審査）を行うことになります。

　それでは，質問にあるような場合ではどうでしょうか。計画単位数と同じ実績単位数，あるいは計画単位数を下回る実績単位数での突合ですので，審査の結果，返戻や査定はなく，審査は問題なしに終わっていることになります。このように，審査が済んだ後では，翌月に修正した書類を提出すればよいかというとそうではなく，保険者に対して過誤申し立ての依頼を行わなければなりません。しかし，今回の場合は給付管理票を修正する必要はありませんので，過誤申し立ての依頼を行うのは居宅サービス事業所からだけになります。

【参考】
介護給付費の請求
2．請求書等の再請求・過誤及び給付管理票の再提出・修正について
○返戻・再請求
　　居宅介護支援事業所又は居宅サービス事業所は，要介護者等に提供した居宅介護支援又は居宅サービスの請求書等について，国保連合会において審査を行った結果，返戻となった場合に，その内容について確認を行い，請求内容に誤りがある場合は，請求書等を修正し翌月以降に再度国保連合会に提出する。
　　また，返戻の理由が保険者から国保連合会に送る台帳に誤りがある場合，保険者に対し台帳の修正を依頼し，国保連合会に再請求を行う。

> ○過誤申し立ての依頼
> 　　居宅介護支援事業所又は居宅サービス事業所は，国保連合会の審査において一度決定済みの請求について取り下げを行う場合，保険者にその旨を連絡し，国保連合会に過誤申し立てを行うよう依頼する。

○給付管理票の再提出
　　居宅介護支援事業所は，居宅サービス事業所が要介護者等に提供したサービスに基づいて作成した給付管理票について，国保連合会における審査の結果，返戻となった場合，その内容について確認を行い，給付管理票を修正し翌月再度国保連合会に提出する。

○給付管理票（修正）の提出
　　居宅介護支援事業所は，国保連合会において行う審査の結果，正当と判断された給付管理票について修正を行う場合，給付管理票（修正）を国保連合会に提出する。

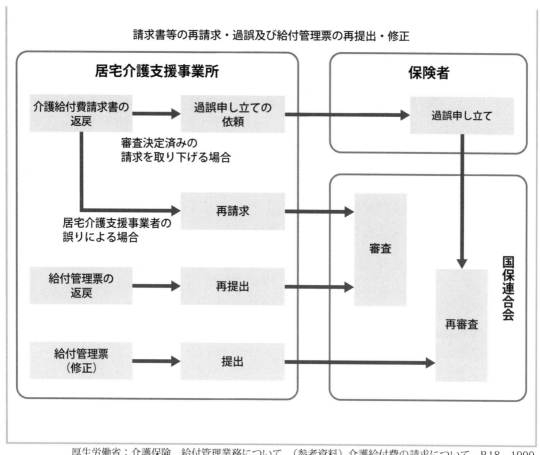

厚生労働省：介護保険，給付管理業務について，（参考資料）介護給付費の請求について，P.18, 1999.

居宅介護支援事業所の変更

Q97 居宅介護支援事業所を変更する場合，どのような書類を交付しなければならないの？

　利用者の事情により，居宅介護支援事業所の変更を予定している方がいます。次の居宅介護支援事業所も決まり，来月中旬までは私がいるD居宅介護支援事業所で，それ以降は引き続きK居宅介護支援事業所が担当することになっています。

　利用者がK居宅介護支援事業所へ申し込みに行った際，「現在受けているサービスがわかる書類が必要で，本来は利用者に交付するものなのですが，直接こちらからD居宅介護支援事業所へ問い合わせを行って，必要書類を事業所間で提供してもらってもよいでしょうかと聞かれたので，『はい』と答えた」とのことでした。

　その後，K居宅介護支援事業所から連絡があり，「アセスメントの結果，居宅サービス計画書（1），居宅サービス計画書（2），週間サービス計画表，来月分のサービス利用票とサービス利用票別表を送ってほしい」と言われました。来月分のサービス利用票とサービス利用票別表は，利用者への説明がまだなのでそれが済み次第お送りすることにしたのですが，なぜアセスメントの結果も送らなければならないのかと疑問に思っています。

A97 給付管理の事務に必要な書類の交付が求められています。

　居宅介護支援の基準では，利用者が居宅介護支援事業者を変更するなどの理由により利用者からの請求があった場合には，直近の居宅サービス計画およびその実施状況に関する書類を交付しなければならないとされています。

　なぜこのようなことが必要かといえば，変更後の居宅介護支援事業者が滞りなく給付管理票の作成と届け出の事務を行うことができるように配慮しているためです。この目的から考えると，「その実施状況に関する書類」とは給付管理票を指すものであり，居宅介護支援事業者あるいは居宅介護支援事業所を変更する直近の居宅サービス計画および給付管理票を交付することで事足りると考えられます。したがって，アセスメントの結果を交付する必要はないといえます。

　また，基準では利用者に対して書類を交付することとされていますが，今回のよ

うに同意があったうえであれば，居宅介護支援事業所間でのやりとりでも問題はないでしょう。

なお，同一保険者で居宅介護支援事業所を変更した場合は，変更のあった月の末日に担当している居宅介護支援事業所が給付管理票を提出することになります。

【参考】
指定居宅介護支援等の事業の人員及び運営に関する基準
第15条　指定居宅介護支援事業者は，利用者が他の居宅介護支援事業者の利用を希望する場合，要介護認定を受けている利用者が要支援認定を受けた場合その他利用者からの申出があった場合には，当該利用者に対し，直近の居宅サービス計画及びその実施状況に関する書類を交付しなければならない。

指定居宅介護支援等の事業の人員及び運営に関する基準について
第2の3
（9）利用者に対する居宅サービス計画等の書類の交付
　　基準第15条は，利用者が指定居宅介護支援事業者を変更した場合に，**変更後の指定居宅介護支援事業者又は指定介護予防支援事業者が滞りなく給付管理票の作成・届出等の事務を行うことができるよう**，指定居宅介護支援事業者は，利用者が他の居宅介護支援事業者の利用を希望する場合，要介護認定を受けている利用者が要支援認定を受けた場合，その他利用者からの申し出があった場合には，**当該利用者に対し，直近の居宅サービス計画及びその実施状況に関する書類を交付しなければならない**こととしたものである。

【参考】
全国介護保険担当者会議資料－第2分冊－(2000年3月8日開催) 42ページ

「給付管理票」作成上の注意事項

（1）月の途中で居宅介護支援事業者が変更になった場合（居宅介護支援事業者→居宅介護支援事業者）
　※保険者の変更の場合を除く。
　○月末時点に市町村への届出対象となっている居宅介護支援事業者が給付管理票を作成する。（居宅介護支援費を請求できるのは給付管理票を作成した居宅介護支援事業者に限られる。）
　○なお，利用者は，市町村に対して居宅サービス計画作成依頼の変更届を提出する必要がある。
　○また，月の途中で解約となった場合，当初の居宅介護支援事業者は，運営基準上サービス利用票等それまでの当月中の計画と実績に関する情報を利用者に提供しなければならず，併せて，解約日以降の当初の居宅サービス計画上位置づけられているサービス提供について実施予定のあるサービス事業者に対しても，以後の計画変更の可能性があることを連絡する必要がある。

（2）月の途中で自己作成から居宅介護支援を受けることとなった場合（自己作成→居宅介護支援事業者）
　○居宅介護支援事業者は自己作成の居宅サービス計画（サービス利用票）を参考にして作成した居宅サービス計画を基に，給付管理票等の作成を行う。

（3）月の途中で居宅介護支援を受けることを取りやめ，自己作成の居宅サービス計画に切り替えた場合（居宅介護支援事業者→自己作成）
　○居宅介護支援をとりやめた日以降は，利用者自らが事業者とのサービス調整を行い「サービス利用票」を作成し，市町村に届け出る必要がある。（給付管理票の作成は，市町村が行うこととなる。）

（4）月の途中から，それまで償還払いによりサービスを受けていた者が新たに居宅介護支援を受ける場合
　○月の途中で，それまで償還払いでサービスを受けていた者から，居宅介護支援の依頼があった場合は，居宅介護支援事業者は，利用者からサービス提供証明書，領収書等の提示を受け，当月中にすでに受けているサービス内容を確認した上で，残月分の居宅サービス計画書を作成し，その計画を基に給付管理票の作成を行う。

（5）月の途中で利用者が資格喪失した場合
　※保険者の変更の場合を除く。
　○居宅サービス計画の対象となっている利用者が，月の途中で被保険者の資格を喪失した場合は，資格喪失日までの実績については法定代理受領の対象となるので，資格喪失日までの居宅サービス計画を基に給付管理票を作成する。

居宅サービス事業所との関係

Q98 お中元やお歳暮を受け取ってはいけないの？

近隣の居宅サービス事業所で，いつもお中元やお歳暮を持ってきてくれるところがあります。「指定居宅介護支援等の事業の人員及び運営に関する基準」で「居宅サービス事業者等からの利益収受の禁止等」が規定されていることから，いただくことはできないとお断りするのですが，「気持ちですから」「少しですから」と何度も繰り返されるので，毎回受け取らざるを得ないのが実情です。

これに対し，所属する居宅介護支援事業所としては，これといって受け取ってはならないとの取り決めはなく，「お中元やお歳暮として極端に高額なものでなければ，いただいても差し支えないのではないか」との見解です。

他の居宅介護支援事業所にも尋ねてみたところ，絶対にいただかないようにしている，原則としてはお断りするが押しに負けていただくことが常である，断るのも失礼だと思うのでいただくようにしているなど，対応はさまざまでした。

言われてみれば，こちらから催促しているわけでもないので，せっかくのお気持ちを踏みにじるのも失礼なように思います。しかし，もしも受け取ったことが基準に違反するのであればと思うと心配です。

A98 単に金品を受け取っただけでは「居宅サービス事業者等からの利益収受の禁止等」にはあたりません。

あなたが思っているように，日頃の感謝の気持ちとして相手がお中元やお歳暮を送っているのだとしたら，受け取りを拒んだ場合には相手の気持ちを踏みにじる結果になってしまうおそれがあります。

そこで，どのような場合に利益収受の禁止として基準違反が問われるかということをまず正確に理解しておかなければなりません。運営基準では「利用者に対して特定の居宅サービス事業者等によるサービスを利用させることの対価として，当該居宅サービス事業者等から金品その他の財産上の利益を収受してはならない」とされていますので，居宅サービス等を利用させる見返りとしての金品収受の場合には基準違反を問われることになります。

お中元とは，もともとは中国の道教にまつわる行事である三元のうち1つ，7月15日の中元に由来するものです。1月15日の上元，7月15日の中元，10月15日の下元を指して三元といい，これらはそれぞれ3人の神様の誕生日で，人々はお供え物などをしてお祝いするのが習わしです。この習わしが日本に伝わって盆礼と結び付き，親類や知人の間で行う霊前に供える品物のやりとりが転じ，日頃お世話になっている方へ贈り物をする風習ができたといわれています。

　また，お歳暮とは，歳暮の礼といって新年に先祖の霊を迎えるために必要な供物を本家や親元に持っていく行事があり，これが転じて日頃お世話になっている方へ贈り物をする風習ができたのだそうです。

　このような風習は，感謝の気持ちを形にするすばらしいものではありますが，あらぬ疑いをかけられるようなことがあっては考えものです。

【参考】
指定居宅介護支援等の事業の人員及び運営に関する基準
第25条
　3　指定居宅介護支援事業者及びその従業者は，居宅サービス計画の作成又は変更に関し，**利用者に対して特定の居宅サービス事業者等によるサービスを利用させることの対償として，**当該居宅サービス事業者等から金品その他の財産上の利益を収受してはならない。

指定居宅介護支援等の事業の人員及び運営に関する基準について
第1　基準の性格
　2　指定居宅介護支援の事業を行う者又は行おうとする者が満たすべき基準等を満たさない場合には，指定居宅介護支援事業者の指定又は更新は受けられず，また，基準に違反することが明らかになった場合には，①相当の期限を定めて基準を遵守する勧告を行い②相当の期限内に勧告に従わなかったときは，事業者名，勧告に至った経緯，当該勧告に対する対応等を公表し，③正当な理由が無く，当該勧告に係る措置をとらなかったときは，相当の期限を定めて当該勧告に係る措置をとるよう命令することができるものであること。ただし，③の命令をした場合には事業者名，命令に至った経緯等を公表しなければならない。なお，③の命令に従わない場合には，当該指定を取り消すこと，又は取り消しを行う前に相当の期間を定めて指定の全部若しくは一部の効力を停止すること（不適正なサービスが行われていることが判明した場合，当該サービスに関する介護報酬の請求を停止させる）ができる。
　　ただし，次に掲げる場合には，基準に従った適正な運営ができなくなったものとして，指定の全部若しくは一部の停止又は直ちに取り消すことができるものであること。
　　①　指定居宅介護支援事業者及びその従業者が，居宅サービス計画の作成又は変更に関し，**利用者に対して特定の居宅サービス事業者等によるサービスを利用させることの対償として，**当該居宅サービス事業者等から金品その他の財産上の利益を収受したときその他の自己の利益を図るために基準に違反したとき
　　②・③　[略]
第2の3の（16）居宅サービス事業者等からの利益収受の禁止等
　　③　同条第3項は，居宅介護支援の公正中立性を確保するために，指定居宅介護支援事業者及びその従業者が，**利用者に対して特定の居宅サービス事業者等によるサービスを利用させることの対償として，**当該居宅サービス事業者等から，金品その他の財産上の利益を収受してはならないこととしたものである。

Q99 居宅サービス事業所から「支払いが滞っている利用者がいるので次の訪問時に集金してきてほしい」と言われたが，介護支援専門員が行うべきなの？

　介護支援専門員2人体制の居宅介護支援事業所で働いています。私は常勤専従の介護支援専門員で，私の他に管理者がおります。

　私が居宅介護支援を担当している利用者について，併設するデイサービスセンターの生活相談員と事務員から「デイサービス利用料金の支払いが滞っているので，次の訪問時に集金してきてもらえないか」との相談がありました。

　この利用者は，何年も前から併設のデイサービスセンターを利用しています。以前は支払いが滞ることはありませんでしたが，約半年前に夫が亡くなり，収入状況が変化してからは請求どおりの支払いをしなくなっています。そうは言ってもまったく支払う意思がないわけではなく，3～4カ月くらい遅れて支払うような状況です。

　併設のデイサービスセンターとしても，再三にわたり生活相談員や事務員が利用者宅へ電話をかけたり足を運んだりして支払いについて協議したり，計画的に未払い金を減らしていけるよう支払い計画作成の相談に乗ったりもしているそうです。この利用者は支払いを完全に拒んでいるわけではないので，デイサービスセンターとしてはサービス提供を中止するといった強硬手段に出ることは考えていないとのことですが，やはりデイサービス利用料金の支払いが恒常的に遅れるのでは事業所としても困るということで，定期的に訪問している私に相談があったようです。

　居宅介護支援事業所とデイサービスセンターは同じ法人が運営する事業ですし，同じ屋根の下で事業を行っています。今回の相談を断ると，私とデイサービスセンターの生活相談員や事務員との人間関係が悪くなるのではないかといったことも心配しています。介護支援専門員は，担当する利用者の居宅サービスの利用料の集金まで行わなければならないのでしょうか。

A99 通所介護の利用料の集金は，通所介護事業所の業務です。

　何か困ったことがあると介護支援専門員に相談され，「何で私がそんなことまで引き受けなければならないの」と内心では思いながらも，困っているのであれば仕方がないとついつい引き受けてしまう——さまざまなところで耳にするお話です。

未曾有の超高齢社会を迎え，高齢者介護が社会問題として取り上げられるようになって久しいですが，まだまだ十分に制度が整っているとはいい難いのが実情です。介護保険制度，それ以前ではゴールドプランなどの施策を推し進めたことにより，保健医療サービス，あるいは福祉サービスが以前よりは充実していますが，それでも公的なサービスだけで利用者の生活すべてを支えられるわけではありません。それゆえに制度のはざまで誰の役割なのかわからないこともたくさんあり，不本意ながら介護支援専門員が引き受けざるを得ないこともあるでしょう。

　しかし，ご質問にある「次の訪問時に集金してきてもらえないか」との相談は，制度のはざまにあるお話なのでしょうか。デイサービスセンターを利用し，それによる利用料の支払いが滞っているのですから，これは居宅介護支援事業所にかかるものではなく通所介護事業所にかかるものであることは明確であり，通所介護事業所の責任において取り扱わなければならないものです。併設事業所であり，しかも同一法人が運営する通所介護だからとの理由で，担当する介護支援専門員がデイサービスの利用料を集金してもよいかというと，これは専従規定に違反する可能性があります。

　「指定居宅介護支援等の事業の人員及び運営に関する基準」において，居宅介護支援事業所の管理に支障がない範囲で同一敷地内にある他の事業所の職務に従事している場合であっても「専らその職務に従事する者（専従）」として取り扱うことができるとする例外規定が設けられています。そして，「指定居宅介護支援等の事業の人員及び運営に関する基準について」では，「専らその職務に従事する」というのは「原則として，サービス提供時間帯を通じて当該サービス以外の職務に従事しないことをいうものである」とされています。これらのことから，居宅介護支援事業所の管理者であれば，同じ屋根の下にある通所介護事業所の職務を兼務しても「常勤専従」に該当することとなり，このような管理者であれば通所介護事業所職員との立場でデイサービスの利用料を集金することもあり得るでしょう。しかし，この例外規定は管理者にのみ適用されるものであり，管理者以外の介護支援専門員には適用されませんので，あなたは集金できる立場にはないといえます。

> 【参考】
> **指定居宅介護支援等の事業の人員及び運営に関する基準**
> 　第3条　指定居宅介護支援事業者は，指定居宅介護支援事業所ごとに常勤の管理者を置かなければならない。
> 　2　前項に規定する管理者は，介護保険法施行規則（平成11年厚生省令第36号）

第140条の66第1号イに規定する主任介護支援専門員でなければならない。
3　第1項に規定する管理者は，専らその職務に従事する者でなければならない。ただし，次に掲げる場合は，この限りでない。
一　管理者がその管理する指定居宅介護支援事業所の介護支援専門員の職務に従事する場合
二　管理者が同一敷地内にある他の事業所の職務に従事する場合（その管理する指定居宅介護支援事業所の管理に支障がない場合に限る。）

指定居宅介護支援等の事業の人員及び運営に関する基準について
第2の2の（3）用語の定義
　「常勤」及び「専らその職務に従事する」の定義はそれぞれ次のとおりである。
① 「常勤」
　当該事業所における勤務時間（当該事業所において，指定居宅介護支援以外の事業を行っている場合には，当該事業に従事している時間を含む。）が，当該事業所において定められている常勤の従業者が勤務すべき時間数（週32時間を下回る場合は週32時間を基本とする。）に達していることをいうものである。ただし，育児休業，介護休業等育児又は家族介護を行う労働者の福祉に関する法律（平成3年法律第76号）第23条第1項に規定する所定労働時間の短縮措置が講じられている者については，利用者の処遇に支障がない体制が事業所として整っている場合は，例外的に常勤の従業者が勤務すべき時間数を30時間として取り扱うことを可能とする。
　また，同一の事業者によって当該事業所に併設される事業所の職務であって，当該事業所の職務と同時並行的に行われることが差し支えないと考えられるものについては，その勤務時間が常勤の従業者が勤務すべき時間数に達していれば，常勤の要件を満たすものであることとする。例えば，同一の事業者によって指定訪問介護事業所が併設されている場合，指定訪問介護事業所の管理者と指定居宅介護支援事業所の管理者を兼務している者は，その勤務時間が所定の時間に達していれば，常勤要件を満たすこととなる。
② 「専らその職務に従事する」
　原則として，サービス提供時間帯を通じて当該サービス以外の職務に従事しないことをいうものである。

居宅介護支援の人員体制

Q100 常勤専従の介護支援専門員は, 39件まで担当してもいいの?

私が配属になる前は管理者だけの1人体制でしたが,私が配属になったことで介護支援専門員は管理者と私の2人体制となり,当初は合わせて40名の利用者を担当していました。うちの事業所の社長は居宅介護支援事業所の所長を兼務していますが,介護支援専門員の資格は持っていませんので受け持ちの利用者はおりません。私の配属後,地域内の別の居宅介護支援事業所が休止するということでその利用者を引き継いだり,新規の利用者を受けたりということがあり,現在,管理者は32名,私は36名を担当し,合わせて68名の利用者がいます。なお,うちの事業所では,地域包括支援センターからの介護予防支援の利用者はお受けしておりません。

今後も利用者が増えそうなため,先日,社長を交え管理者と私の3人でこれから先の事業運営について話し合いの機会を持ちました。社長としては,「居宅介護支援費の算定基準から考えると,介護支援専門員2人体制であれば79名までは居宅介護支援費(Ⅰ)で算定できる。現在の利用者数は68名であり,あと11名は現体制のままで受け入れできるのではないか。そうすると,いずれ近いうちに介護支援専門員を増員する時が来るだろうが,早急に介護支援専門員を増員しなければならないというタイミングでもないだろう」との考えでした。運営基準では介護支援専門員1名あたりの基準担当件数は35名とされていることにも触れたのですが,「基準とは目安ということであり,35名を超えたからすぐに不適切ということではないだろう」ということでした。

運営基準によれば基準担当件数35名,算定基準によれば40名未満であれば居宅介護支援費(Ⅰ)で算定可能,この違いをどう考えたらよいのでしょうか。

A100 担当できることと算定できることとは, 分けて考えなければなりません。

運営基準(厚生労働省令)では基準担当件数35名,算定基準では40名未満と違う数字で規定されているので,確かにわかりづらいかもしれません。これらはいずれも居宅介護支援の利用者数に関連した数字ですが,担当できることと算定でき

こととは分けて考えてください。

　運営基準といわれる「指定居宅介護支援等の事業の人員及び運営に関する基準」によると，「前項に規定する員数の基準は，利用者の数が35又はその端数を増すごとに1とする」とあります。ここでいう「前項に規定する員数」というのは，居宅介護支援事業所には必ず常勤の介護支援専門員を1人以上配置しなさいというものです。したがって，常勤の介護支援専門員の基準担当件数は35名の利用者であり，これより利用者が増える場合には介護支援専門員を増員しなさいと規定されていることがわかります。

　また，解釈通知といわれる「指定居宅介護支援等の事業の人員及び運営に関する基準について」によると，「当該常勤の介護支援専門員の配置は利用者の数35人に対して1人を基準とするものであり，利用者の数が35人又はその端数を増すごとに増員することが望ましい」とされていますので，何カ月にもわたって恒常的にこの件数を超えて担当している場合には，指導の対象になり得ると考えられます。

　一方，算定基準といわれる「指定居宅介護支援に要する費用の額の算定に関する基準」によると，居宅介護支援費（Ⅰ）は，次のような計算を行い，40名未満の部分について算定することが，計算式ではなく文章で規定されています。ただしこれは，40名未満までは居宅介護支援費（Ⅰ）を算定できるという意味であって，この利用者数まで担当しても差し支えないという趣旨ではありません。

$$\left[\text{居宅介護支援の利用者数} + \text{介護予防支援事業者から委託を受けて行う介護予防支援の利用者数} \div 2 \right] \div \text{常勤換算方法で算定した介護支援専門員の数}$$

　なぜこのように運営基準では基準担当件数35名，算定基準では40名未満というように数が違うのかといえば，算定基準も35名までとしてしまった場合，利用者が居宅介護支援事業所を変更しなければならない状況が生じる可能性があるなどの理由があるように思います。

　AさんはY居宅介護支援事業所（介護支援専門員1人体制）を利用しています。Y居宅介護支援事業所では，Aさんを含め35名の利用者を担当しています。Aさんはn月に入院しました。退院時期は未定です。翌月の初め（n月の翌月）Y居宅介護支援事業所へBさんから居宅介護支援の依頼があり，Aさんの欠員が生じたことによりBさんをお受けすることにしました。Aさんの代わりにBさんが入り，35名の利用者に変わりはありません。この数日後，Aさんが退院するとの連絡が

あり引き続き居宅介護支援を頼みたいとの意向でしたが，36名になるためお断りしなければなりませんでした。

　具体的には，このように継続的な居宅介護支援を受けることができない状況が生じてしまいます。入退院を繰り返す利用者の場合，居宅介護支援事業所を頻繁に変えなければならないこともあるでしょう。このような利用者への不利益となる事態を避けることも考慮されて，現在の運営基準と算定基準があるのではと推測できます。

　現在の事業所の介護支援専門員は2人，これに対し利用者数は68名であり，介護支援専門員1人あたりの担当は34名となっています。今後利用者が増加するだろうと見込むのであれば，早急に介護支援専門員の増員を検討する必要がありそうです。

【参考】
指定居宅介護支援等の事業の人員及び運営に関する基準
第2条　指定居宅介護支援事業者は，当該指定に係る事業所（以下「指定居宅介護支援事業所」という。）ごとに1以上の員数の指定居宅介護支援の提供に当たる介護支援専門員であって常勤であるものを置かなければならない。
2　前項に規定する員数の基準は，利用者の数が35又はその端数を増すごとに1とする。

指定居宅介護支援等の事業の人員及び運営に関する基準について
第2の2の（1）　介護支援専門員の員数
　介護支援専門員は，指定居宅介護支援事業所ごとに必ず1人以上を常勤で置くこととされており，常勤の考え方は（3）の①のとおりである。常勤の介護支援専門員を置くべきこととしたのは，指定居宅介護支援事業所の営業時間中は，介護支援専門員は常に利用者からの相談等に対応できる体制を整えている必要があるという趣旨であり，介護支援専門員がその業務上の必要性から，又は他の業務を兼ねていることから，当該事業所に不在となる場合であっても，管理者，その他の従業者等を通じ，利用者が適切に介護支援専門員に連絡が取れる体制としておく必要がある。
　なお，介護支援専門員については，他の業務との兼務を認められているところであるが，これは，居宅介護支援の事業が，指定居宅サービス等の実態を知悉する者により併せて行われることが効果的であるとされる場合もあることに配慮したものである。
　また，当該常勤の介護支援専門員の配置は利用者の数35人に対して1人を基準とするものであり，利用者の数が35人又はその端数を増すごとに増員することが望ましい。ただし，当該増員に係る介護支援専門員については非常勤とすることを妨げるものではない。
　また，当該非常勤の介護支援専門員に係る他の業務との兼務については，介護保険施設に置かれた常勤専従の介護支援専門員との兼務を除き，差し支えないものであり，当該他の業務と

は必ずしも指定居宅サービス事業の業務を指すものではない。

指定居宅介護支援に要する費用の額の算定に関する基準

別表　指定居宅介護支援介護給付費単位数表

居宅介護支援費

イ　居宅介護支援費（1月につき）

　（1）居宅介護支援費（Ⅰ）

　　（一）要介護1又は要介護2　　　　　　　　　　　　　　1,053単位

　　（二）要介護3，要介護4又は要介護5　　　　　　　　　1,368単位

　（2）居宅介護支援費（Ⅱ）

　　（一）要介護1又は要介護2　　　　　　　　　　　　　　527単位

　　（二）要介護3，要介護4又は要介護5　　　　　　　　　684単位

　（3）居宅介護支援費（Ⅲ）

　　（一）要介護1又は要介護2　　　　　　　　　　　　　　316単位

　　（二）要介護3，要介護4又は要介護5　　　　　　　　　410単位

注1　（1）から（3）までについては，利用者に対して指定居宅介護支援（介護保険法（平成9年法律第123号。以下「法」という。）第46条第1項に規定する指定居宅介護支援をいう。以下同じ。）を行い，かつ，月の末日において指定居宅介護支援等の事業の人員及び運営に関する基準（平成11年厚生省令第38号。以下「基準」という。）第14条第1項の規定により，同項に規定する文書を提出している指定居宅介護支援事業者（法第46条第1項に規定する指定居宅介護支援事業者をいう。以下同じ。）について，次に掲げる区分に応じ，それぞれ所定単位数を算定する。

イ　居宅介護支援費（Ⅰ）指定居宅介護支援事業所（基準第2条第1項に規定する指定居宅介護支援事業所をいう。以下同じ。）において指定居宅介護支援を受ける1月当たりの利用者数に，当該指定居宅介護支援事業所が法第115条の23第3項の規定に基づき指定介護予防支援事業者（法第58条第1項に規定する指定介護予防支援事業者をいう。）から委託を受けて行う指定介護予防支援（同条第1項に規定する指定介護予防支援をいう。）の提供を受ける利用者数（基準第13条第26号に規定する厚生労働大臣が定める基準に該当する地域に住所を有する利用者数を除く。）に2分の1を乗じた数を加えた数を当該指定居宅介護支援事業所の介護支援専門員の員数（指定居宅サービス等の事業の人員，設備及び運営に関する基準（平成11年厚生省令第37号）第2条第8号に規定する常勤換算方法で算定した員数をいう。以下同じ。）で除して得た数（以下「取扱件数」という。）が40未満である場合又は40以上の場合において，40未満の部分について算定する。

ロ　居宅介護支援費（Ⅱ）取扱件数が40以上である場合において，40以上60未満の部分について算定する。

ハ　居宅介護支援費（Ⅲ）取扱件数が40以上である場合において，60以上の部分について算定する。

Q101 日直時に併設事業所の業務に入っているが、専従の取り扱いになるの？

常勤の介護支援専門員が3人在籍する居宅介護支援事業所の管理者です。私が籍を置く法人では、居宅介護支援のほか、指定介護老人福祉施設（特別養護老人ホーム）、訪問介護、通所介護、短期入所生活介護を行っています。居宅介護支援事業所の営業は、基本的に月曜から金曜の午前9時から午後6時までで、土日および祝日は休業日としています。

しかし、指定介護老人福祉施設を併設していることから、建物は24時間365日稼働しており、1カ月に1回程度、居宅介護支援事業所の介護支援専門員3人にも日直として土日の出勤があります。この出勤時の主な業務は、アセスメント票のコンピュータへの入力、居宅サービス計画原案の作成、利用者への訪問調整のための電話連絡、交付予定のサービス利用票やサービス提供票の作成、認定調査票の作成など、居宅介護支援に関する業務です。

実は、この日直時に行っている業務の中で気になることが1つあります。それは、短期入所生活介護の送迎も行っていることです。運転手は別におり、介護支援専門員は同乗者という位置づけです。送迎に出て日直者が留守になる間の電話は、勤務しているほかの職員が対応しています。送迎に出ている時間は、午前・午後共に1時間程度です。

最近、私が主任介護支援専門員研修を修了したことから、今後は特定事業所加算の算定を目指していきたいと考えていますが、算定の要件では、「常勤かつ専従の主任介護支援専門員、および介護支援専門員を配置すること」とされている点が引っ掛かります。送迎に出るのは、居宅介護支援事業所の休業日なので、この場合、「兼務」ではなく「専従（専ら）」に該当すると考えて大丈夫でしょうか。

A101 専従の取り扱いは難しいでしょう。

まず、質問内容にある事業所の体制および業務を整理します。

質問者は居宅介護支援事業所の主任介護支援専門員研修を修了した管理者で、ほかに介護支援専門員が2人おり、すべてが常勤の方で、合計3人いると理解しました。また、基本的に月曜から金曜の営業日ですが、1カ月に1回程度は日直のためにこれ以外の日の勤務があり、その際には短期入所生活介護の送迎に出る業務もあ

ると理解しました。これを前提として話を進めます。

まずは人員体制からの見解ですが，主任介護支援専門員が1人に介護支援専門員が2人いますので，これらの従業員すべてが「常勤かつ専従」であれば，特定事業所加算（Ⅲ）の算定要件の一部を満たすことになります。主任介護支援専門員が管理者を兼ねていることから，これは「常勤かつ専従」にあたるのか気になる点だと思いますが，常勤かつ専従の主任介護支援専門員については，「当該指定居宅介護支援事業所の業務に支障がない場合は，同一敷地内にある他の事業所の職務を兼務しても差し支えない」とされています。そのため，厳密には「常勤兼務」なのですが，扱いとしては「常勤かつ専従」にあたります。

それでは，介護支援専門員2人についてはどうかというと，「兼務しても差し支えない」とされている対象は主任介護支援専門員だけなので，兼務は認められず，「サービス提供時間帯を通じて当該サービス以外の職務に従事しないこと」が必要条件となります。

次に，業務体制からの見解ですが，休業日に日直として出勤すること自体は問題はありません。ただし，通常であれば営業日に出勤すべきところを，これに替えて休業日に出勤しているという考え方に立てば，前述したアセスメント票のコンピュータへの入力などの居宅介護支援に関する業務だけを行っているのであれば何ら問題はなく「専従」にあたるといえるでしょう。しかし，現状のように居宅介護支援の業務以外の，明らかに短期入所生活介護の固有の業務に該当する送迎にも従事していれば，たとえ月に1時間や2時間程度の職務従事とはいえ，「専従」にはあたらず「兼務」にあたると考えられます。

なお，前述のとおり，主任介護支援専門員については，「当該指定居宅介護支援事業所の業務に支障がない場合は，同一敷地内にある他の事業所の職務を兼務しても差し支えない」とされていますので，短期入所生活介護の送迎に従事していても，扱いとしては「常勤かつ専従」にあたります。

これらのことから，送迎に従事している現状のままでは，主任介護支援専門員（管理者兼務）1人は「常勤専従」，介護支援専門員2人は「常勤兼務」となり，特定事業所加算（Ⅲ）の算定はできないことになるでしょう。

【参考】
指定居宅介護支援等の事業の人員及び運営に関する基準
（管理者）

第３条　指定居宅介護支援事業者は，指定居宅介護支援事業所ごとに常勤の管理者を置かなければならない。

２　前項に規定する管理者は，介護保険法施行規則（平成11年厚生省令第36号）第140条の66第１号イに規定する主任介護支援専門員でなければならない。

３　第一項に規定する管理者は，専らその職務に従事する者でなければならない。ただし，次に掲げる場合は，この限りでない。

一　管理者がその管理する指定居宅介護支援事業所の介護支援専門員の職務に従事する場合

二　管理者が同一敷地内にある他の事業所の職務に従事する場合（その管理する指定居宅介護支援事業所の管理に支障がない場合に限る。）

指定居宅介護支援等の事業の人員及び運営に関する基準について
第２の２の（３）　用語の定義

「常勤」及び「専らその職務に従事する」の定義はそれぞれ次のとおりである。

① 「常勤」

　　当該事業所における勤務時間（当該事業所において，指定居宅介護支援以外の事業を行っている場合には，当該事業に従事している時間を含む。）が，当該事業所において定められている常勤の従業者が勤務すべき時間数（週32時間を下回る場合は週32時間を基本とする。）に達していることをいうものである。ただし，育児休業，介護休業等育児又は家族介護を行う労働者の福祉に関する法律（平成３年法律第76号）第23条第１項に規定する所定労働時間の短縮措置が講じられている者については，利用者の処遇に支障がない体制が事業所として整っている場合は，例外的に常勤の従業者が勤務すべき時間数を30時間として取り扱うことを可能とする。

　　また，同一の事業者によって当該事業所に併設される事業所の職務であって，当該事業所の職務と同時並行的に行われることが差し支えないと考えられるものについては，その勤務時間が常勤の従業者が勤務すべき時間数に達していれば，常勤の要件を満たすものであることとする。例えば，同一の事業者によって指定訪問介護事業所が併設されている場合，指定訪問介護事業所の管理者と指定居宅介護支援事業所の管理者を兼務している者は，その勤務時間が所定の時間に達していれば，常勤要件を満たすこととなる。

② 「専らその職務に従事する」

　　原則として，サービス提供時間帯を通じて当該サービス以外の職務に従事しないことをいうものである。

指定居宅介護支援に要する費用の額の算定に関する基準
別表　指定居宅介護支援介護給付費単位数表

居宅介護支援費

ハ　特定事業所加算

注　別に厚生労働大臣が定める基準に適合しているものとして市町村長（特別区の区長を含む。以下同じ。）に届け出た指定居宅介護支援事業所は，当該基準に掲げる区分に従い，1月につき次に掲げる所定単位数を加算する。ただし，特定事業所加算（Ⅰ）から特定事業所加算（Ⅲ）までのいずれかの加算を算定している場合においては，特定事業所加算（Ⅰ）から特定事業所加算（Ⅲ）までのその他の加算は算定しない。

　イ　特定事業所加算（Ⅰ）　500単位
　ロ　特定事業所加算（Ⅱ）　400単位
　ハ　特定事業所加算（Ⅲ）　300単位
　ニ　特定事業所加算（Ⅳ）　125単位

指定居宅サービスに要する費用の額の算定に関する基準（訪問通所サービス，居宅療養管理指導及び福祉用具貸与に係る部分）及び指定居宅介護支援に要する費用の額の算定に関する基準の制定に伴う実施上の留意事項について

第3の11の（3）　厚生労働大臣の定める基準の具体的運用方針

⑬　特定事業所加算（Ⅲ）について

　常勤かつ専従の主任介護支援専門員については，当該指定居宅介護支援事業所の業務に支障がない場合は，同一敷地内にある他の事業所の職務を兼務しても差し支えないものとする。

　また，常勤かつ専従の介護支援専門員2名とは別に，主任介護支援専門員を置く必要があること。したがって，当該加算を算定する事業所においては，少なくとも主任介護支援専門員及び介護支援専門員2名の合計3名を常勤かつ専従で配置する必要があること。

厚生労働大臣が定める基準

84　居宅介護支援費における特定事業所加算の基準

ロ　特定事業所加算（Ⅱ）　次に掲げる基準のいずれにも適合すること。
（1）［略］
（2）専ら指定居宅介護支援の提供に当たる常勤の主任介護支援専門員を配置していること。
ハ　特定事業所加算（Ⅲ）次に掲げる基準のいずれにも適合すること。
（2）ロ（2）の基準に適合すること。
（3）専ら指定居宅介護支援の提供に当たる常勤の介護支援専門員を2名以上配置していること。

Q102　管理者が月をまたいで入院する予定だが，管理者変更の手続きは必要なの？

　私は，従業員2人体制の居宅介護支援事業所の管理者兼介護支援専門員です。私のほかに介護支援専門員がもう1人おり，事業所全体では58人の利用者を担当しています。

　実は，私は来月の25日からその翌月の5日まで入院することになりました。退

院後は5日間，自宅療養する予定です。その間の居宅サービス利用実績の有無の確認や居宅介護支援費の請求，給付管理票の作成および国保連への提出など，毎月10日までに行わなければならない業務については，もう1人の介護支援専門員に依頼することにしてあるので心配ないのですが，私が2週間程度にわたって出勤できなくなることから，常勤の要件を満たさなくなり，管理者変更の手続きが必要なのではないかと心配しております。

　幸いにも，2週間程度の療養で復帰できそうなので，私が不在となる期間にほかの職員を充てることは考えていませんが，私が一時的に出勤できなくなることで職員体制の不足を招くとすれば，ほかの職員を充てることを考えなければなりません。私が所属する法人では，1週間あたりの勤務時間を40時間と定めていますが，入院によりこれを満たさなくなってしまいます。また，基準上は勤務時間が32時間以上でなければ常勤として取り扱うことができないとされていますが，入院や自宅療養のため，来月と再来月共に，この常勤要件も満たさないことになります。

　居宅介護支援の業務自体は，入院するまでに翌月分の利用票の交付などの必要な業務を完遂できそうですし，再来月についても職場復帰後から必要な業務を行うことで，無理なくとはいかないでしょうが，何とか滞りなく遂行できそうです。

　このように，管理者が月をまたいで入院する予定なのですが，一時的なこととはいえ，管理者変更の手続きは必要なのでしょうか。

A102 暦月で1月のうちに勤務する日があるのであれば，管理者変更の手続きは不要です。

　居宅介護支援の基準省令（運営基準）において，「指定居宅介護支援事業所ごとに常勤の管理者を置かなければならない」「管理者は，介護支援専門員でなければならない」「管理者は，専らその職務に従事する者でなければならない」と規定しています。また，解釈通知においては「常勤」の定義を「当該事業所における勤務時間（当該事業所において，指定居宅介護支援以外の事業を行っている場合には，当該事業に従事している時間を含む。）が，当該事業所において定められている常勤の従業者が勤務すべき時間数（週32時間を下回る場合は週32時間を基本とする。）に達していることをいうものである」と，「専らその職務に従事する」の定義を「原則として，サービス提供時間帯を通じて当該サービス以外の職務に従事しないことをいうものである」としています。

　これらのことから，入院することにより2カ月間にわたって勤務すべき時間数で

ある週32時間を下回り,「常勤」の要件を満たさなくなるのではないかとご心配なのですね。

運営基準や解釈通知ではこのように規定されており,これ以上のことは明らかにされていませんが,2002年3月28日発出の運営基準等に係るＱ＆Ａに,解釈通知以上に具体的な取り扱いが示されています。これによると,「常勤の従業者の休暇等の期間についてはその期間が暦月で1月を超えるものでない限り,常勤の従業者として勤務したものとして取り扱う」としていることから,1月を通じての休暇でない限り,常勤の従業者として勤務したという取り扱いになります。現在のところ,翌月およびその翌月に勤務する予定であるならば,所轄する都道府県への管理者変更の手続きは不要です。

【参考】
指定居宅介護支援等の事業の人員及び運営に関する基準
第3条　指定居宅介護支援事業者は,指定居宅介護支援事業所ごとに常勤の管理者を置かなければならない。
2　前項に規定する管理者は,介護保険法施行規則(平成11年厚生省令第36号)第140条の66第1号イに規定する主任介護支援専門員でなければならない。
3　第一項に規定する管理者は,専らその職務に従事する者でなければならない。ただし,次に掲げる場合は,この限りでない。
一　管理者がその管理する指定居宅介護支援事業所の介護支援専門員の職務に従事する場合
二　管理者が同一敷地内にある他の事業所の職務に従事する場合(その管理する指定居宅介護支援事業所の管理に支障がない場合に限る。)

指定居宅介護支援等の事業の人員及び運営に関する基準について
第2の2
(2)管理者
　　指定居宅介護支援事業所に置くべき管理者は,主任介護支援専門員であって,専ら管理者の職務に従事する常勤の者でなければならないが,当該指定居宅介護支援事業所の介護支援専門員の職務に従事する場合及び管理者が同一敷地内にある他の事業所の職務に従事する場合(その管理する指定居宅介護支援事業所の管理に支障がない場合に限る。)は必ずしも専ら管理者の職務に従事する常勤の者でなくても差し支えないこととされている。この場合,同一敷地内にある他の事業所とは,必ずしも指定居宅サービス事業を行う事業所に限るものではなく,例えば,介護保険施設,病院,診療所,薬局等の業務に従事する場合も,当該指定居宅介護支援事業所の管理に支障がない限り認められるものである。　[以下略]
(3)用語の定義
　「常勤」及び「専らその職務に従事する」の定義はそれぞれ次のとおりである。

① 「常勤」
　当該事業所における勤務時間（当該事業所において，指定居宅介護支援以外の事業を行っている場合には，当該事業に従事している時間を含む。）が，当該事業所において定められている常勤の従業者が勤務すべき時間数（週32時間を下回る場合は週32時間を基本とする。）に達していることをいうものである。ただし，育児休業，介護休業等育児又は家族介護を行う労働者の福祉に関する法律（平成3年法律第76号）第23条第1項に規定する所定労働時間の短縮措置が講じられている者については，利用者の処遇に支障がない体制が事業所として整っている場合は，例外的に常勤の従業者が勤務すべき時間数を30時間として取り扱うことを可能とする。

　また，同一の事業者によって当該事業所に併設される事業所の職務であって，当該事業所の職務と同時並行的に行われることが差し支えないと考えられるものについては，その勤務時間が常勤の従業者が勤務すべき時間数に達していれば，常勤の要件を満たすものであることとする。例えば，同一の事業者によって指定訪問介護事業所が併設されている場合，指定訪問介護事業所の管理者と指定居宅介護支援事業所の管理者を兼務している者は，その勤務時間が所定の時間に達していれば，常勤要件を満たすこととなる。

② 「専らその職務に従事する」
　原則として，サービス提供時間帯を通じて当該サービス以外の職務に従事しないことをいうものである。

運営基準等に係るQ＆A
I　常勤換算方法により算定される従業者の休暇等の取扱い

> 常勤換算方法により算定される従業者が出張したり，また休暇を取った場合に，その出張や休暇に係る時間は勤務時間としてカウントするのか。

（答）常勤換算方法とは，非常勤の従業者について「事業所の従業者の勤務延時間数を当該事業所において常勤の従業者が勤務すべき時間数で除することにより，常勤の従業者の員数に換算する方法」（居宅サービス運営基準第2条第8号等）であり，また，「勤務延時間数」とは，「勤務表上，当該事業に係るサービスの提供に従事する時間（又は当該事業に係るサービスの提供のための準備等を行う時間（待機の時間を含む））として明確に位置づけられている時間の合計数」である（居宅サービス運営基準解釈通知第2－2－(2)等）。以上から，非常勤の従業者の休暇や出張（以下「休暇等」）の時間は，サービス提供に従事する時間とはいえないので，常勤換算する場合の勤務延時間数には含めない。

　なお，常勤の従業者（事業所において居宅サービス運営基準解釈通知第2－2－(3)における勤務体制を定められている者をいう。）の休暇等の期間についてはその期間が暦月で1月を超えるものでない限り，常勤の従業者として勤務したものとして取り扱うものとする。

Q103 月の途中で介護支援専門員が減員となり、補充されずに1人当たり40件以上を担当することになった場合、その月の居宅介護支援費はどうなるの？

　居宅介護支援事業所で働く介護支援専門員です。それほど大きな会社ではなく、居宅介護支援のほかに、地域密着型通所介護と小規模多機能型居宅介護、障害者関係の事業を運営しています。

　居宅介護支援事業所には、私を含め常勤専従の介護支援専門員が3人おり、地域包括支援センターから委託を受けた介護予防支援として要支援の利用者を20件、居宅介護支援として要介護の利用者を92件担当しています。算定基準上の換算では102件を担当していることになり、介護支援専門員1人当たりの担当件数は34件（102件÷3人）で40件未満ですので、今のところは居宅介護支援費（Ⅰ）を算定できる状況にあります。

　しかし、今月末の前日（例：6月29日）をもって介護支援専門員が1人退職することになっています。3カ月前から介護支援専門員補充のための求人を出しているのですが、応募者がないまま、退職する月を迎えてしまいました。退職予定の介護支援専門員は、来月から別法人の居宅介護支援事業所での勤務が決まっており、引き続き来月もこの居宅介護支援事業所へ残ってもらうことはできません。このままでは、今月末日（例：6月30日）には介護支援専門員が2人体制になります。その場合、6月の請求は居宅介護支援費（Ⅱ）を算定することになるのでしょうか。

　退職予定の介護支援専門員は、もしも居宅介護支援費（Ⅱ）を算定することになるのであれば、末日まで籍を置いても構わないと言ってくれているのですが、社長は予定どおりに今月末の前日での退職でよいと言っています。

　Q102では、管理者が月をまたいで入院する場合、2002年3月28日発出の『運営基準等に係るQ＆A』で「常勤の従業者の休暇等の期間についてはその期間が暦月で1月を超えるものでない限り、常勤の従業者として勤務したものとして取り扱う」としているので、1カ月を通じての休暇でない限り常勤の従業者として勤務したという取り扱いになることは分かりました。

　ただ今回のケースは、休暇ではなく退職です。休暇ですと法人に籍があるわけですが、退職では籍がなくなることから、同じようには考えられないのではないでしょうか。

　また、特定事業所加算（Ⅲ）も算定していますが、今月末日に介護支援専門員2人体制であった場合、6月も特定事業所加算（Ⅲ）を算定できるのでしょうか。

A103 月の途中で介護支援専門員が減員となった場合，その介護支援専門員はカウントされません。

　算定基準『指定居宅介護支援に要する費用の額の算定に関する基準』や留意事項通知（『指定居宅サービスに要する費用の額の算定に関する基準〈訪問通所サービス，居宅療養管理指導及び福祉用具貸与に係る部分〉及び指定居宅介護支援に要する費用の額の算定に関する基準の制定に伴う実施上の留意事項について』），これまで発出されたＱ＆Ａを探しても，今回の質問に答えられるものは残念ながら見当たりません。

　しかし厚生労働省は，新潟県からの質問に対し，2007年3月22日の段階で，「『常勤』の従業者が月途中で『退職』した場合，当該月の常勤換算は，月末時点で数えて『0』となります」との見解を示しています。これを質問内容に照らすと，退職予定の介護支援専門員（常勤専従）が6月29日で退職した場合，6月の常勤換算は，6月30日時点で数えて「0」であり，常勤専従の介護支援専門員数は2人ということになります。6月30日時点で要支援者を20件，要介護者を92件担当している状況では，介護支援専門員1人当たり51件（102件÷2人）担当していることになります。

　居宅介護支援費の算定方法は，まずは要支援者の件数に2分の1を除した数をカウントし，続けて契約日が古い要介護者をカウントしていくことになります。これにより，計算した79件目までの要介護者は居宅介護支援費（Ⅰ）を，80件目以降の利用者は居宅介護支援費（Ⅱ）を算定することになりますが，79件目の要介護者と80件目の要介護者の契約日が同日の場合は，介護度が低い方の利用者を79件目としてカウントする決まりです。つまり，要支援者10件を冒頭にカウントし，要介護者1件目から69件目までが居宅介護支援費（Ⅰ），要介護者70件目から92件目までが居宅介護支援費（Ⅱ）という計算になります。

　特定事業所加算（Ⅲ）については，算定の要件に「指定居宅介護支援事業所において指定居宅介護支援の提供を受ける利用者数が当該指定居宅介護支援事業所の介護支援専門員一人当たり40名未満であること」「取り扱う利用者数については，原則として事業所単位で平均して介護支援専門員1名当たり40名未満であれば差し支えないこととするが，ただし，不当に特定の者に偏るなど，適切なケアマネジメントに支障がでることがないよう配慮しなければならないこと」とあります。常勤専従の介護支援専門員が2人となり，1人あたり51件を担当する状況では，残念ながら6月分から特定事業所加算（Ⅲ）を算定できなくなります。

【参考】

指定居宅介護支援に要する費用の額の算定に関する基準

別表　指定居宅介護支援介護給付費単位数表

居宅介護支援費

イ　居宅介護支援費（1月につき）

（1）居宅介護支援費（Ⅰ）

　　（一）要介護1又は要介護2　　　　　　　　1,053単位
　　（二）要介護3，要介護4又は要介護5　　　1,368単位

（2）居宅介護支援費（Ⅱ）

　　（一）要介護1又は要介護2　　　　　　　　527単位
　　（二）要介護3，要介護4又は要介護5　　　684単位

（3）居宅介護支援費（Ⅲ）

　　（一）要介護1又は要介護2　　　　　　　　316単位
　　（二）要介護3，要介護4又は要介護5　　　410単位

注1　（1）から（3）までについては，利用者に対して指定居宅介護支援（介護保険法（平成9年法律第123号。以下「法」という。）第46条第1項に規定する指定居宅介護支援をいう。以下同じ。）を行い，かつ，月の末日において指定居宅介護支援等の事業の人員及び運営に関する基準（平成11年厚生省令第38号。以下「基準」という。）第14条第1項の規定により，同項に規定する文書を提出している指定居宅介護支援事業者（法第46条第1項に規定する指定居宅介護支援事業者をいう。以下同じ。）について，次に掲げる区分に応じ，それぞれ所定単位数を算定する。

イ　居宅介護支援費（Ⅰ）　指定居宅介護支援事業所（基準第2条第1項に規定する指定居宅介護支援事業所をいう。以下同じ。）において指定居宅介護支援を受ける1月当たりの利用者数に，当該指定居宅介護支援事業所が法第115条の23第3項の規定に基づき指定介護予防支援事業者（法第58条第1項に規定する指定介護予防支援事業者をいう。）から委託を受けて行う指定介護予防支援（同項に規定する指定介護予防支援をいう。）の提供を受ける利用者数（基準第13条第26号に規定する厚生労働大臣が定める基準に該当する地域に住所を有する利用者数を除く。）に2分の1を乗じた数を加えた数を当該指定居宅介護支援事業所の介護支援専門員の員数（指定居宅サービス等の事業の人員，設備及び運営に関する基準（平成11年厚生省令第37号）第2条第8号に規定する常勤換算方法で算定した員数をいう。以下同じ。）で除して得た数（以下「取扱件数」という。）が40未満である場合又は40以上である場合において，40未満の部分について算定する。

ロ　居宅介護支援費（Ⅱ）　取扱件数が40以上である場合において，40以上60未満の部分について算定する。

ハ　居宅介護支援費（Ⅲ）　取扱件数が40以上である場合において，60以上の部分について算定する。

平成21年4月改定関係Q＆A（Vol.1）

（問59）取扱件数39・40件目又は59・60件目に当たる利用者について，契約日は同一であるが，報酬単価が異なる利用者（「要介護1・2：1,000単位/月」と「要介護3・4・5：1,300単位/月」）であった場合，当該利用者をどのように並べるのか。

（答）利用者については，契約日順に並べることとしているが，居宅介護支援費の区分が異なる39件目と40件目又は59件目と60件目において，それぞれに当たる利用者の報酬単価が異っていた場合については，報酬単価が高い利用者（「要介護3・4・5：1,300単位/月」）から先に並べることとし，40件目又は60件目に報酬単価が低い利用者（「要介護1・2：1,000単位/月」）を位置付けることとする。

注）単位は，Ｑ＆Ａ発出当時のもの

厚生労働大臣が定める基準（厚生労働省告示第95号）
84　居宅介護支援費における特定事業所加算の基準
イ　特定事業所加算（Ⅰ）　次に掲げる基準のいずれにも適合すること。
　（1）～（9）略
　（10）指定居宅介護支援事業所において指定居宅介護支援の提供を受ける利用者数が当該指定居宅介護支援事業所の介護支援専門員1人当たり40名未満であること。
　（11）・（12）略
ロ　特定事業所加算（Ⅱ）　次に掲げる基準のいずれにも適合すること。
　（1）イ（2），（3），（4）及び（6）から（12）までの基準に適合すること。
　（2）略
ハ　特定事業所加算（Ⅲ）　次に掲げる基準のいずれにも適合すること。
　（1）イ（3），（4）及び（6）から（12）までの基準に適合すること。
　（2）・（3）略

指定居宅サービスに要する費用の額の算定に関する基準（訪問通所サービス，居宅療養管理指導及び福祉用具貸与に係る部分）及び指定居宅介護支援に要する費用の額の算定に関する基準の制定に伴う実施上の留意事項について
第3の7　基本単位の取扱いについて
（1）取扱件数の取扱い
　基本単位の居宅介護支援費（Ⅰ），居宅介護支援費（Ⅱ），居宅介護支援費（Ⅲ）を区分するための取扱件数の算定方法は，当該指定居宅介護支援事業所全体の利用者（月末に給付管理を行っている者をいう。）の総数に指定介護予防支援事業者から委託を受けた指定介護予防支援に係る利用者（120条告示に規定する厚生労働大臣が定める地域に該当する地域に住所を有する利用者を除く。）の数に2分の1を乗じた数を加えた数を当該事業所の常勤換算方法により算定した介護支援専門員の員数で除して得た数とする。

（2）居宅介護支援費の割り当て

　居宅介護支援費（Ⅰ），（Ⅱ）又は（Ⅲ）の利用者ごとの割り当てに当たっては，利用者の契約日が古いものから順に，1件目から39件目（常勤換算方法で1を超える数の介護支援専門員がいる場合にあっては，40にその数を乗じた数から1を減じた件数まで）については居宅介護支援費（Ⅰ）を算定し，40件目（常勤換算方法で1を超える数の介護支援専門員がいる場合にあっては，40にその数を乗じた件数）以降については，取扱件数に応じ，それぞれ居宅介護支援費（Ⅱ）又は（Ⅲ）を算定すること。

第3の11　特定事業所加算について

（3）厚生労働大臣の定める基準の具体的運用方針

　大臣基準告示第84号に規定する各要件の取扱については，次に定めるところによること。

①～⑧略

⑨（10）関係

　取り扱う利用者数については，原則として事業所単位で平均して介護支援専門員1名当たり40名未満であれば差し支えないこととするが，ただし，不当に特定の者に偏るなど，適切なケアマネジメントに支障がでることがないよう配慮しなければならないこと。

⑩～⑮略

居宅介護支援に関する新潟県版Q＆A（平成28年3月）

4　居宅介護支援に係るその他事項

Q1　常勤の介護支援専門員が，月途中で病休等により不在となった場合，常勤換算はどのように計算するのか？

A1　「常勤」の従業者については，休暇等の期間が暦月（＝月の初日から末日まで）で1月を超えない限り，常勤の従業者として勤務したものとして取り扱います。

（平成14年3月28日運営基準等に係る厚生労働省Q＆A参照）

　　ただし，「常勤」の従業者が月途中で「退職」した場合，当該月の常勤換算は，月末時点で数えて「0」となります。

（平成19年3月22日厚生労働省老健局振興課人材研修係へ確認済み）

運営基準等に係るQ＆A

Ⅰ　常勤換算方法により算定される従業者の休暇等の取扱い

　常勤換算方法により算定される従業者が出張したり，また休暇を取った場合に，その出張や休暇に係る時間は勤務時間としてカウントするのか。

（答）常勤換算方法とは，非常勤の従業者について「事業所の従業者の勤務延時間数を当該事業所において常勤の従業者が勤務すべき時間数で除することにより，常勤の従業者の員数に換算する方法」（居宅サービス運営基準第2条第8号等）であり，また，「勤務延時間数」とは，「勤務表上，当該事業に係るサービスの提供に従事する時間（又は当該事業に係るサービスの提供のための準備等を行う時間（待機の時間を含む））として明確に位置づけられている時間の合計数」である（居宅サービス運営基準解釈通知第2－2－（2）等）。以上から，非常勤の従業者の休暇や出張（以下「休暇等」という。）の時間は，サービス提供に従事する時間とはいえないので，常勤換算する場合の勤務延時間数には含めない。

　なお，常勤の従業者（事業所において居宅サービス運営基準解釈通知第2－2－（3）における勤務体制を定められている者をいう。）の休暇等の期間についてはその期間が暦月で1月を超えるものでない限り，常勤の従業者として勤務したものとして取り扱うものとする。

引用・参考文献

1）商法（明治32年3月9日　法律第48号）
2）介護保険法（平成9年12月17日　法律第123号）
3）介護保険法施行規則（平成11年3月31日　厚生省令第36号）
4）指定居宅サービス等の事業の人員，設備及び運営に関する基準（平成11年3月31日　厚生省令第37号）
5）指定居宅介護支援等の事業の人員及び運営に関する基準（平成11年3月31日　厚生省令第38号）
6）厚生労働省の所管する法令の規定に基づく民間事業者等が行う書面の保存等における情報通信の技術の利用に関する省令（平成17年3月25日厚生労働省令第44号）
7）指定地域密着型サービスの事業の人員，設備及び運営に関する基準（平成18年3月14日厚生労働省令第34号）
8）指定居宅サービスに要する費用の額の算定に関する基準（平成12年2月10日　厚生省告示第19号）
9）指定居宅介護支援に要する費用の額の算定に関する基準（平成12年2月10日　厚生省告示第20号）
10）厚生労働大臣が定める者等（平成12年2月10日　厚生省告示第23号）
11）厚生労働大臣が定める基準（平成12年2月10日　厚生省告示第25号）
12）指定居宅介護支援等の事業の人員及び運営に関する基準について（平成11年7月29日　老企第22号）
13）指定居宅サービス等及び指定介護予防サービス等に関する基準について（平成11年9月17日　老企第25号）
14）介護サービス計画書の様式及び課題分析標準項目の提示について（平成11年11月12日　老企第29号）
15）指定居宅サービスに要する費用の額の算定に関する基準（訪問通所サービス，居宅療養管理指導及び福祉用具貸与に係る部分）及び指定居宅介護支援に要する費用の額の算定に関する基準の制定に伴う実施上の留意事項について（平成12年3月1日　老企第36号）
16）指定居宅介護支援事業者等の事業の公正中立な実施について（平成11年9月14日　事務連絡　厚生省老人保健福祉局介護保険制度施行準備室）
17）WAM NET掲載資料「給付管理業務について」（平成11年12月8日掲載）2015年10月閲覧
http://www.wam.go.jp/wamappl/bb05Kaig.nsf/0/44c24840e870afbf4925689a003b875e?OpenDocument
18）WAM NET掲載資料「『給付管理業務』の一部変更及び追加について」（平成11年12月27日掲載）2015年10月閲覧
http://www.wam.go.jp/wamappl/bb05kaig.nsf/vKaigoHokenKanren/f29396baed82ab3f4925689a003b8760?OpenDocument
19）全国介護保険担当者会議資料－第2分冊－（平成12年3月8日開催）
20）介護報酬等に係るQ＆A　Vol.2（平成12年4月28日　事務連絡　厚生省老人保健福祉局老人保健課）
21）「介護サービス計画書の様式及び課題分析標準項目の提示について」の一部改正について（平成12年12月12日　老振第85号　厚生省老人保健福祉局振興課長）
22）運営基準等に係るQ＆A（平成13年3月28日　事務連絡　厚生労働省老健局振興課）

23）指定居宅サービス事業者，指定居宅介護支援事業者及び介護保険施設の指定基準等の一部改正に対して寄せられた御意見について（平成15年3月13日公示　パブリックコメント　厚生労働省老健局振興課）

24）介護報酬に係るＱ＆Ａについて（平成15年5月30日　事務連絡　厚生労働省老健局老人保健課）

25）平成17年10月改定関係Ｑ＆Ａ（追補版）（平成17年10月27日　介護制度改革INFORMATION Vol.37　厚生労働省介護制度改革本部）

26）平成18年4月改定関係Ｑ＆Ａ（Vol.1）（平成18年3月22日　介護制度改革INFORMATION Vol.78　厚生労働省介護制度改革本部）

27）平成18年4月改定関係Ｑ＆Ａ（Vol.2）（平成18年3月27日　厚生労働省老健局振興課）

28）要介護認定における「認定調査票記入の手引き」，「主治医意見書記入の手引き」及び「特定疾病にかかる診断基準」について（平成18年3月31日　老老発第0331001号　厚生労働省老健局老人保健課長通知）

29）介護支援専門員資質向上事業の実施について（平成18年6月15日　老発第0615001号　厚生労働省老健局長通知）

30）「指定居宅サービスに要する費用の額の算定に関する基準（訪問通所サービス，居宅療養管理指導及び福祉用具貸与に係る部分）及び指定居宅介護支援に要する費用の額の算定に関する基準の制定に伴う実施上の留意事項について」等の一部改正について（平成20年9月1日　老計発第0901001号・老振発第0901001号・老老発第0901001号　厚生労働省老健局計画課長・振興課長・老人保健課長）

31）居宅介護支援費の退院・退所加算（Ⅰ）・（Ⅱ）に係る様式例の提示について（平成21年3月13日　老振発第0313001号　厚生労働省老健局振興課長）

32）平成21年4月改定関係Ｑ＆Ａ（Vol.1）（平成21年3月23日　介護保険最新情報　Vol.69　厚生労働省老健局計画課・振興課・老人保健課）

33）大阪府ホームページ（健康福祉部　地域福祉推進室　事業者指導課　事業者様式ライブラリー）2015年10月閲覧
居宅サービス計画の同意書
http://www.pref.osaka.lg.jp/attach/1598/00001822/02_careplan_douisyo.pdf
居宅サービス計画の交付書兼受領書
http://www.pref.osaka.lg.jp/attach/1598/00001822/03_careplan_juryosyo.pdf

34）厚生労働省：介護保険，給付管理業務について，（参考資料）介護給付費の請求について，P.18，1999.
http://www.wam.go.jp/wamappl/bb05Kaig.nsf/0/44c24840e870afbf4925689a003b875e/$FILE/Shiryo-9.PDF（2015年10月閲覧）

35）成澤正則：法令遵守！居宅サービス計画書作成と手続きのルール，P.36，日総研出版，2008.

36）第55回社会保障審議会介護給付費分科会資料　沖藤委員提出資料，P.1，2008.
http://www.mhlw.go.jp/shingi/2008/10/dl/s1003-11i.pdf（2015年10月閲覧）

37）第58回社会保障審議会介護給付費分科会資料　木村委員提出資料，P.2，2008.
http://www.mhlw.go.jp/shingi/2008/11/dl/s1114-9o_0001.pdf（2015年10月閲覧）

38）第58回社会保障審議会介護給付費分科会資料，P.26，2008.
http://www.mhlw.go.jp/shingi/2008/11/dl/s1114-9f_0002.pdf（2015年10月閲覧）

39）第63回社会保障審議会介護給付費分科会資料，P.8，2008.
http://www.mhlw.go.jp/shingi/2008/12/dl/s1226-5c.pdf（2015年10月閲覧）

40）介護支援専門員テキスト編集委員会編：[五訂]介護支援専門員基本テキスト　第1巻，P.41，91，長寿社会開発センター，2009.

41) 厚生省：指定居宅介護支援等の事業の人員及び運営に関する基準（平成11年3月31日厚生省令第38号）

42) 厚生省：指定居宅介護支援等の事業の人員及び運営に関する基準について（平成11年7月29日老企第22号）

43) 厚生省：指定居宅介護支援に要する費用の額の算定に関する基準（平成12年2月10日厚生省告示第19号）

44) 厚生省：指定居宅サービスに要する費用の額の算定に関する基準（訪問通所サービス，居宅療養管理指導及び福祉用具貸与に係る部分）及び指定居宅介護支援に要する費用の額の算定に関する基準の制定に伴う実施上の留意事項について（平成12年3月1日老企第36号）

45) 厚生省：介護サービス計画書の様式及び課題分析標準項目の提示について（平成11年11月12日老企第29号）

46) 厚生労働省：「介護保険制度に係る書類・事務手続きの見直し」に関するご意見への対応について（平成22年7月30日）

47) 厚生労働省老健局老人保健課：介護報酬に係るQ＆A（事務連絡介護保険最新情報，Vol.151，平成15年5月30日）

48) 介護保険法，居宅介護サービス等に係る支給限度額　第43条　4，5（平成9年12月17日法律第123号）　最終改正：平成27年5月29日法律第31号

49) 厚生労働省：介護サービス関係Q＆A集

50) 居宅介護支援に関する新潟県版Q＆A（平成25年6月　新潟県福祉保健部 高齢福祉保健課）
http://www.pref.niigata.lg.jp/HTML_Article/60/537/04-57sonohoka.pdf（2015年10月閲覧）

51)「介護保険制度における介護報酬請求の不正防止に関する質問主意書」及び「衆議院議員平野博文君提出介護保険制度における介護報酬請求の不正防止に関する質問に対する答弁書」
http://www.shugiin.go.jp/internet/itdb_shitsumon.nsf/html/shitsumon/a170042.htm（2015年10月閲覧）
http://www.shugiin.go.jp/internet/itdb_shitsumon.nsf/html/shitsumon/b170042.htm（2015年10月閲覧）

52) 厚生省老人保健福祉局企画課長：介護サービス計画書の様式及び課題分析標準項目の提示について（老企第29号平成11年11月12日）

53) 厚生労働省老健局振興課：介護保険最新情報Vol.155「介護保険制度に係る書類・事務手続きの見直し」に関するご意見への対応について（平成22年7月30日）

54) 厚生労働省老健局：訪問通所サービス及び短期入所サービスの支給限度額の一本化に係るQ＆A及び関連帳票の記載例の送付について（平成13年8月29日）

55) 指定居宅サービスに要する費用の額の算定に関する基準（短期入所サービス及び特定施設入居者生活介護に係る部分）及び指定施設サービス等に要する費用の額の算定に関する基準の制定に伴う実施上の留意事項について（平成12年3月8日老企第40号厚生省老人保健福祉局企画課長通知）

56) 仙台市ホームページ：平成24年度指定居宅介護支援事業所・指定介護予防支援事業所集団指導資料3-1「平成24年度実地指導等結果と留意事項について～指定居宅介護支援事業所～」
http://www.city.sendai.jp/business/d/__icsFiles/afieldfile/2013/03/08/siryou3-1.pdf（2015年10月閲覧）

57) 新型インフルエンザ対策本部事務局：「基本的対処方針」等のQ＆A（平成21年11月16日）

著者プロフィール

なりさわまさのり
成澤正則
介護支援センター「よつばの里」管理者
主任介護支援専門員
山形県介護支援専門員養成研修講師

　広告代理店社員から介護業界へ転身。特別養護老人ホームの介護職員や生活相談員，在宅介護支援センターのソーシャルワーカーなどの職務経験を有する。現在は居宅介護支援事業所に従事する一方，介護支援専門員養成研修，介護サービス事業所や各種団体向けの研修講師も務めている。

著書：居宅サービス計画書 作成と手続きのルール
　　　居宅ケアマネ重要ルール ○ or ×
　　　ショートステイプランのつくり方
　　　居宅ケアマネ業務効率化実現の具体策
　　　（いずれも日総研出版）

居宅ケアマネ 超実務的現場ルールブック

2009年7月20日 発行	第1版第1刷	2019年6月29日 発行	第5版第1刷
2010年7月12日 発行	第2版第1刷		
2012年8月17日 発行	第3版第1刷		
2015年11月19日 発行	第4版第1刷		

著者：成澤正則 ©

企　画：日総研グループ
代　表　岸田良平
発行所：日総研出版

本部　〒451-0051 名古屋市西区則武新町3-7-15（日総研ビル）
☎ (052) 569-5628　FAX (052) 561-1218

日総研お客様センター
名古屋市中村区則武本通1-38
日総研グループ縁ビル　〒453-0017
電話 ☎ 0120-057671　FAX ☎ 0120-052690

［札　幌］☎(011)272-1821　［仙　台］☎(022)261-7660　［東　京］☎(03)5281-3721
［名古屋］☎(052)569-5628　［大　阪］☎(06)6262-3215　［広　島］☎(082)227-5668
［福　岡］☎(092)414-9311　［編　集］☎(052)569-5665　［流通センター］☎(052)443-7368

・乱丁・落丁はお取り替えいたします。
・本書の無断複写複製（コピー）やデータベース化は著作権・出版権の侵害となります。
・この本に関するご意見は，ホームページまたはEメールでお寄せください。E-mail cs@nissoken.com
・この本に関する訂正等はホームページをご覧ください。www.nissoken.com/sgh